西部区域创新能力经济增长的影响研究

李 涛◎著

中国经济出版社
CHINA ECONOMIC PUBLISHING HOUSE
北 京

图书在版编目（CIP）数据

西部区域创新能力对经济增长的影响研究/李涛著. --北京：中国经济出版社，2021.10

ISBN 978-7-5136-6795-1

Ⅰ.①西… Ⅱ.①李… Ⅲ.①西部经济-区域经济发展-研究 Ⅳ.①F127

中国版本图书馆 CIP 数据核字（2021）第 267861 号

责任编辑　孙晓霞　张　巍

责任印制　马小宾

出版发行　中国经济出版社

印 刷 者　北京艾普海德印刷有限公司

经 销 者　各地新华书店

开　　本　710mm×1000mm　1/16

印　　张　12.75

字　　数　230 千字

版　　次　2021 年 10 月第 1 版

印　　次　2021 年 10 月第 1 次

定　　价　68.00 元

广告经营许可证　京西工商广字第 8179 号

中国经济出版社　**网址** www.economyph.com　**社址** 北京市东城区安定门外大街 58 号　**邮编** 100011

本版图书如存在印装质量问题，请与本社销售中心联系调换（联系电话：010-57512564）

序言
preface

改革开放以来，我国依靠低成本的劳动力、大量的政府投资、潜在的市场以及丰富的自然资源实现了经济的快速增长。然而，由于国家区域非均衡发展战略等原因，经济整体呈现东强西弱的格局。西部地大物博且资源丰富，却是我国的经济欠发达地区。同时，西部的区域创新能力水平也是全国的低洼地带。在“科学技术是第一生产力”的今天，西部应依托现有优势特色产业，通过提升区域创新能力，增强西部的竞争力，实现由资源驱动向创新驱动的增长模式转换，从而实现西部经济长期快速增长，也有利于区域发展不平衡问题的解决。因此，区域创新能力的提升对于西部经济具有重要意义。

通过深入剖析区域创新能力的内涵，分析西部区域创新能力现实状况和制约因素，准确把握西部区域创新能力的形成机理及其对经济增长的作用路径和作用关系，从空间视角探讨区域创新能力对经济增长影响的空间效应，有利于我们更加精确地分析和全面认识西部区域创新能力与经济增长之间的关系，且具有重要的理论和现实意义。

本书的研究以上述问题为切入点，在借鉴国内外相关研究成果的基础上展开分析。首先，以创新系统的视角从知识创造、知识获取和转化、企业创新、创新环境、创新绩效五个方面阐述区域创新能力的形成，并从宏观、微观两个层面分析创新能力对经济增长的作用机理。其次，通过对西部区域创新能力与经济增长率的空间动态演化趋势的研究，得出二者呈非线性关系的推断；为进一步分析西部区域创新能力如何非线性地作用于经济增长，构建了区域创新能力评价指标体系并进行因子分析，得出西部区域创新能力在全国的具体排名情况以及影响西部区域创新能力的主要因素；利用系统动力学研究方法，刻画西部区域创新能力与经济增长的作用路径，进行系统仿真模拟和敏感性分析，从能力构成的角度分析目前促进西部经济增长的关键能力。再次，构建了西部区域创新能力与经济增长的空间计量模型，分析了西部区域创新能力与经济增长的时空效应。最后，归纳并总结本书的主要研究结论，并有针对性地提出提升西部区域创新能力、促进经济增长的对策建议。具体来看，本书的主要内容如下：

（1）构建西部区域创新能力的指标体系并进行评价分析。从创新系统的视角，构建了包含27个指标的区域创新能力的评价指标体系，并通过因子分析进行评价，得出西部区域创新能力在全国的整体排名。通过实证分析可以看出，创新的投入不够、知识产出和转化水平低、创新环境的条件较差、产业化程度不高等因素直接导致西部区域创新的绩效产出较低，是西部区域创新能力水平整体偏低的主要原因。

（2）刻画西部区域创新能力与经济增长的作用路径。根据区域创新能力与经济增长的作用机理，从企业和产业两个层面分析西部区域创新能力与经济增长的作用与反馈的因果关系，从知识创造、知识获取和转化、企业创新、创新环境、创新产出的产业化等层面来刻画西部区域创新能力与经济增长的作用路径。采用2000—2014年的数据，构建系统动力学模型，并通过Vensim PLE软件进行模拟仿真和敏感性检验。实证检验的结果表明：在这五条作用路径中，西部经济增长对企业创新能力和知识创造能力比较敏感，企业创新能力的作用最强；对创新环境支撑能力、创新产出的产业化能力以及知识获取和转化能力不够敏感，且敏感度依次递减。而知识获取和转化能力的影响最小，是目前制约西部经济增长的关键能力。

（3）从空间计量经济学视角来研究西部区域创新能力与经济增长的空间效应问题。第一，西部区域多数省域的经济增长与创新能力要素之间的关系多表现为低低聚类的状态，即本域和邻域的经济增长很少来自创新能力的带动效应。第二，西部区域经济增长主要是靠工业企业新产品销售拉动，且该指标对西部作用远高于东部，甚至高于全国水平。而创新能力对西部经济增长的贡献最低，就连西部的市场化程度与对外开放程度也在全国处于垫底水平。第三，我们发现东部区域创新能力对经济增长的促进作用最明显，东北部、中部次之，西部最小。由此可以得出，我国创新能力对经济增长的促进作用存在较大的区域差异性，整体上表现出东部、东北、中部、西部的拉动作用效果依次递减的空间分布特征。

（4）西部区域创新能力促进经济增长的对策建议。根据实证分析的结论和创新能力促进经济增长的理论，要缩小西部与东部经济发展水平的差距，就必须提升西部区域创新能力的水平。因此，针对西部区域创新能力对经济增长作用过程中存在的问题，提出西部区域应增强地方政府的创新意识和服务意识，从人力和资金方面建立创新投入的长效机制，开展广泛的区域合作交流，通过整合科技资源、完善知识创新产出的服务体系以及对西部区域创新环境的优化来提升西部区域创新能力，并结合自身产业特色和优势来合理安排创新驱动经济发展的实施重点。

目录
contents

第6章 西部区域创新能力的技术追赶模式选择

第7章 西部区域创新能力促进经济增长的作用路径分析

第8章 西部区域创新能力与经济增长的空间计量分析

第1章 绪论

1.1 研究背景和研究意义

1.1.1 研究背景

创新是国家经济持续、平稳、快速增长的关键，对促进社会进步及提升综合国力起着至关重要的作用，随着科学技术对社会经济影响的不断深入，创新能力越来越受到经济学家、各国政府乃至各区域地方政府的关注。

创新能力与经济发展紧密相连，我们认为经济发展是创新的结果，也是创新能力的函数，创新能力是经济发展过程中内生的能力。创新推动一个地区诞生了新的产业和行业，打破了已有的均衡，改进了新的技术范式，然后持续有新的创新，进一步打破原有的均衡。要让这个过程反复迭代，并由此促进产业不断优化升级，从而引领经济快速高质量发展，就要求其创新能力应始终保持在一个较高的水平上。

区域创新能力是实现经济增长的关键，然而不同区域所依托的载体——区域创新系统的构成不尽相同。实施区域创新战略需要以区域禀赋资源的优势为基础，在重点突出的战略选择上也应按需定制，正确认识区域创新能力的形成机理，发现制约其的关键要素，通过提升区域创新能力来提高生产率，在改变要素投入比例和数量的同时使区域实现更多的经济产出。此外，区域创新能力的提升有利于改变原有的生产要素组合，使各个区域能以更加适宜的要素组合方式发展，一改旧有的增长方式，从而促进地区经济的稳定健康发展。

在全球经济一体化的宏观背景下，区域创新能力作为重要的生产力越来越受到国内外学者和各级政府的重视。综观世界，可以看出经济发展较好的国家或地区的创新能力往往处于领先位置，且区域创新能力对这些地区经济发展做出的贡献较大。全球的有限生产资源正持续向创新能力较强的区域转移并且表现出大规模集聚特征，进一步带动这些创新能力较强区域的经济快速持续增长，从而引领周边区域，乃至整个世界经济的发展。比如美国的硅谷高新技术产业园，瑞典的基斯塔科技园，德国的慕尼黑科技园，中国的台湾新竹高科技园区、北京中关村科技园、西安高技术产业开发区、成都龙泉驿经济技术开发区等，这些产业园区不断强化本区域的创新能力，并进一步推动区域经济持续健康地快速发展。

我国地域辽阔，不同区域的自然环境和社会环境存在着显著的差异。尽管国家已实施了一系列区域发展举措来缩小区域发展的差距，如两次西部大开发、中部崛起、振兴东北老工业基地等相应的发展战略措施，但各区域经济发展差距仍然较大，各地区的创新能力也大相径庭。创新能力的强弱决定了区域经济发展的现状以及未来发展的潜力，而创新能力的强弱则取决于创新能力水平的高低。西部区域地域广阔，总面积和耕地面积分别占全国的71.4%和37.8%。全国全部矿产资源保有储量潜在总值的65.8%和45种主要矿产资源保有储量潜在总值的66.3%分布在西部地区。虽然西部区域具备地大物博且资源丰富的自然优势，但未能弥补其区域创新能力水平较低的短板，而西部区域创新能力没有真正发挥推动西部经济社会发展的作用，重庆、四川和陕西的创新能力水平在全国大致处于中游水平，其他西部省域基本都处于垫底位置，这也是西部亟待解决的重要问题。

基于我国经济社会发展战略的统筹考虑和西部区域经济社会发展的实际需要，以“一带一路”倡议为契机，优化西部经济发展的空间格局，打破区域间封锁和利益藩篱，全面提高资源配置效率，推进产业结构升级，推动新型城镇化建设，提升区域竞争力与经济发展显得尤为重要。因此，本书以西部区域创新能力对经济增长的影响为研究的切入点，期待能通过找出制约西部区域创新能力的关键因素，以创新引领区域经济发展，把西部区域打造为我国最大的内部市场与经济发展基地，推动区域经济均衡发展。

1.1.2 研究意义

1. 理论意义

第一，有助于我们加深对区域创新能力作用机理的认识，完善区域创新系统理论。区域创新能力是系统概念，它与区域创新系统的构建紧密相连。区域创新系统内部各子系统之间、各创新主体之间以及创新主体与创新环境之间通过一定的方式联系在一起，彼此之间相互影响、相互制约，通过提升区域创新系统内部各生产要素的投入效率，改善区域经济增长环境，刺激区域经济持续增长。这种区域创新系统内的创新主体彼此间互相影响且互相促进，带来新产品和新知识，并最终导致经济增长的能力就是区域创新能力。可见，区域创新能力的强弱依赖于区域创新系统内部各子系统之间的融合度，对区域创新能力的作用机理进行深入的研究，有助于我们厘清区域创新系统内部创新主体与创新子系统之间的关系，从而合理构建适合于西部的区域创新系统，丰富和完善区域创新系统理论。

第二，有助于我们梳理区域创新能力与区域经济增长之间的关系。区域创新能力是区域经济增长的重要原动力，创新能力的提升主要通过微观生产组织中的生产过程创新和产品创新提高企业的利润率，进而带动产业结构变迁，最终促进区域经济增长。反过来，区域经济增长会拉动需求结构的升级，进而提出对供给侧结构性改革的要求，并从市场竞争的角度对微观经济主体产生利润刺激，最终形成创新激励。在这一过程中，区域创新能力与经济增长之间互相影响，其作用路径不再是简单的单向线性关系，更多地表现出系统性、交互性和非线性的关系。通过本书的研究，有助于我们加深对这一问题的理解，认清区域经济增长的客观规律，为科学制定区域经济增长政策提供理论依据。

第三，有助于我们进一步丰富和发展经济增长理论。从经济增长理论的发展历程来看，其经历了无技术因素的经济增长理论、技术因素外生的经济增长理论和技术因素内生的经济增长理论三个阶段。虽然新经济增长理论肯定了技术因素作为增长源泉对于经济增长的重要性，但对于技术究竟是如何通过对劳动力、资本产生影响，进而促进经济增长，不同的学者给出的回答存在较大的差异。尤其是这些理论主要是建立在对于西方发达国家经济增长的分析基础上，而对于发展中国家及落后国家的经济增长还缺乏解释力。加之这些理论模型都以严苛的假设为研究起点，对于现实的解释是否具有说服力，必须通过现实经济增长的实际数据进行验证。本书通过研究西部区域创新能力对经济增长的影响，对新经济增长理论的结论进行检验，这不仅有助于完善我国西部区域的经济增长理论研究，也有助于我们增强经济增长理论在不同区域、不同经济条件下的现实解释力。

2. 现实意义

第一，分析区域创新能力与经济增长的关系必然涉及对区域创新能力进行客观评价。对西部各省域在一定时期内创新能力的发展态势进行量化，有助于我们更透彻地研究二者的非线性作用关系，有助于更系统地把握其空间特征与动态演化趋势，更全面地分析并认识到西部区域创新能力从时间和空间维度需要改进之处以及发展的目标，从而促进西部以区域创新能力提升引领区域经济快速且科学地发展。

第二，有助于政府制定合理的区域发展政策，为缩小区域间创新能力差异进而缩小区域间经济发展差异提供政策支持。东部等发达省份的经济发展水平长期以来都高于中西部省份。与此同时，东部区域省份的创新能力也高于中西部省份。对于这种现象，一方面，我们可以说东部区域较强的创新能力造就了该区域较高的经济发展水平，另一方面，也可以说正是东部发达区域较高的经济增长，使得该区域产业升级具有较好的物质基础，从而使得该区域在创新投入方面有较强的实力，区域创新能力随之上升。技术创新程度的差异以及与经济增长关联程度的差异，是造成各区域经济增长速度不平衡和发达程度差异的主要原因。区域间技术创新的差异与区域间经济增长的差异息息相关，说明要解决当前我国区域间经济发展的不平衡必须正视区域间的创新能力差异。

本书的研究一方面将说明各区域政府通过采取有利于提高创新能力的政策能够更快地促进经济增长，从而为政府制定提高区域创新能力的政策提供理论依据。另一方面本书将用专门篇幅对区域创新能力促进经济增长的机理和作用路径等方面进行研究，这将为各区域政策制定者依据本地实际情况选择适当的科技政策和采取正确的措施提供参考。

1.2 国内外研究综述

1.2.1 创新能力理论研究综述

最早深入研究区域创新的学者是英国卡迪夫大学的Cooke教授，Cooke认为区域创新系统是企业、政府、高等学校（以下简称“高校”）以及金融机构等相关组织之间相互作用并有机地结合的系统。通过对近年来有关区域创新能力的相关文献进行梳理，笔者发现有关研究主要围绕区域创新能力内涵的界定、如何对区域创新能力进行评价、区域创新能力的影响因素分析等方面。

1. 区域创新能力内涵的界定

目前，关于区域创新能力内涵的界定在学术界并没有形成统一的标准，国内外许多学者分别从不同视角来界定区域创新能力。

关注创新过程和机制的一部分学者通常认为区域要素被创新重新整合的能力才真正体现区域创新能力的水平。Schiuma和Lerro认为区域潜在的和实际的创新能力相互结合一起构成了区域创新能力。这种创新能力包括创新机制在内，并通过这种创新机制对正在进行的管理活动施加影响，使要素管理更具有效率。Tura等认为区域创新能力是通过区域创新网络来重新配置现有资源，包括对现有资源的开发、更新和再利用，以达到在该地区不断维持竞争优势的目的。Foss认为企业技术创新能力作为区域创新能力的来源，在企业之间、企业与个人之间形成的交互网络作用下，形成远超企业内部的技术创新，成为区域创新能力的原点。Cooke等认为企业与企业之间、企业与高校或研究机构之间进行互动，并与社会资本和社会文化等资源有机结合形成区域创新能力。Antonelli指出区域创新能力具有独特个性且很难被复制，是能够将经济、智力和社会等一系列的资源有效结合并合理应用的能力。Dosi和Teece认为创新能力是随着个体对环境变化的感知，通过开展创新活动对现有资源进行整合，从而增强其竞争力所表现出来的能力。甄峰、黄朝永和罗守贵认为区域创新能力是依托现代信息通信的技术平台，在社会生产过程中不断纳入技术、知识和信息等一系列要素的能力。吴林海认为区域创新能力是创新行为主体在市场运行机制作用下，整合并集成区域创新资源，形成竞争力强且技术密集的高技术产业的能力。关注创新结果的另一部分学者则认为区域创新能力即创新成果的商业化应用效果是评判区域创新是否成功的关键。例如，Furman、Porter、Stern 以及 Riddel 和 Schwer 大都支持该观点，他们认为创新能力是一种隐性能力，是区域内能够将创新进行商业化的潜力，表现为创造新知识并产生商机的能力。柳卸林、胡志坚将区域创新能力定义为一个地区能够将知识转化为新产品、新工艺、新服务的能力。此外，还有一些学者从区域创新能力的自身特有属性进行分析研究，例如张治河等结合创新理论前沿，构建了包含创新能力的以多学科交叉的创新学体系，有利于从创新系统视角来理解创新能力的内涵及特性。Romijn 和 Albu 就强调区域创新能力和所在地区经济、制度环境密切相关，具有高度异质性，其创新的途径和形成机理很难在经济、制度背景差异的地区进行有效复制。

2. 区域创新能力评价

科学评价一个区域创新能力的水平，涉及从创新投入到产出的全过程。学者们希望构建一个系统的指标体系对区域创新能力进行更具有说服力的评价。欧洲工商管理学院构建了全球创新指数，主要通过制度、人力技能、公共建设、商业和市场的成熟度以及科学产出和创意产出来衡量一个经济体广泛的经济创新能力，是目前全球范围内比较权威的指标体系之一。由瑞士洛桑国际管理学院发布的《全球竞争力报告》，将国内经济、国际化程度以及国民素质等多个指标纳入区域创新能力评价指标体系中，从宏观经济环境、政府公共部门以及科技准备程度的角度对全球竞争力和企业竞争力进行评价。欧盟成员国创新记分牌从创新投入和创新产出两个主要方面设计指标体系，其中创新投入包含创新驱动力、知识创造以及创新与企业家精神，创新产出包括创新应用和知识产权两个部分。除此之外，哈佛大学更多地从公共创新基础设施的强度、支持创新集群的环境以及二者之间的关联互动关系对其进行评价。国内有关区域创新能力评价体系的建立也日趋成熟。中国科技发展战略研究小组从1999年开始编写《中国区域创新能力报告》，对我国省（自治区、直辖市）年度创新能力进行评价，该报告的指标体系以区域创新系统为框架，共设计了包括知识创造、知识获取、企业创新、创新环境和创新绩效在内的5个一级指标、20个二级指标、40个三级指标和132个四级指标。朱海就在考虑了创新投入和产出、创新环境投入和产出因素之外，还考虑了网络密集度和网络绩效指标。刘凤朝、潘雄峰和施定国则更加注重对于创新成果的评价，所以他们将成果与品牌方面的能力也考虑进指标体系。张军涛和陈蕾构建了包括企业自主创新的能力、高校和研究机构自主创新的能力、创新相关载体的能力、创新支撑的能力等方面的指标体系，将区域创新系统中的高校和研究机构的创新重要性大大提升。总体来说，国际上的评价体系比较成熟，国内构建的评价体系相对松散。这主要是因为我国幅员辽阔，经济发展的区域性差异较大，国内学者根据研究视角的不同及研究区域在自然条件、历史传承和文化水平及经济发展方面存在的差异，通常根据研究的实际需要，从区域发展实际情况考虑，有针对性地进行指标体系的设计。

3. 区域创新能力差异化分析

基于区域创新能力的异质性和不可复制性特征，不同区域创新能力的现状有所不同，其形成原因也不尽相同。Porter和Stern采用了17个经济合作与发展组织（OECD）成员国1973—1996年的专利活动数据，通过建立生产函数对不同国家之间创新能力差异的原因进行研究分析。Mikel、Joost和Thomas利用因子分析方法从4个维度研究西班牙的5种类型的区域所表现出来的创新能力差异的原因。李习保利用我国除西藏外的30个省（自治区、直辖市）1985—2000年的数据，构建随机前沿分析模型，对区域创新能力差异的问题进行研究。Quatraro利用广义最小二乘法（OLS）研究了意大利区域创新能力差异问题。王晓光和方娅采取主成分分析法，从产业集群视角研究哈尔滨、大庆、齐齐哈尔等城市区域创新能力。陈雄辉、张本祥和徐毅等从创新网络系统的角度对广东省主要城市的创新能力进行研究。巴吾尔江、董彦斌和孙慧等选取全国30个省级行政区域为研究对象，采用主成分分析和聚类方法研究区域科技创新能力差异的原因。郭丽芳、王汉斌和樊小霞通过 TOPSIS 法构建区域科技创新能力测评模型，分析了我国中部六省的区域创新能力发展状态。张彦红、范勇和田晓琴借鉴了《中国区域创新能力报告》中的数据对西南 5 个省份区域创新能力差异进行研究。吴汉利针对除西藏外的西部区域其他 11 个省份的创新能力进行研究。高晓霞、芮雪琴、宋燕对我国 30 个省（自治区、直辖市）2001—2010 年数据进行处理并对结果进行分析，明确我国各区域创新能力的动态变化趋势。方玉梅提出了以组织运行能力为核心的高新区创新能力四维理论模型，并运用熵值法对我国 53 个国家高新区的创新能力进行评价。刘凤朝和冯婷婷则利用系统动力学模型从宏观角度阐释国家创新能力的来源及作用机理。齐亚伟从企业、高校、科研机构等创新主体的相互作用关系以及创新环境进行区域创新能力的指标体系设计，运用因子分析模型分析了 2009—2012 年各省（自治区、直辖市）的创新能力。李博通过 Shapley 值分解对我国各地区的研发创新能力的差距进行深入研究。

4. 区域创新能力的影响因素分析

Furman 等构建的有关国家创新能力研究框架，是我们对区域创新能力影响因素进行深入分析研究所参考的权威理论体系。国家创新能力依赖于创新的基础设施、导致产业集聚的创新环境以及创新基础与创新环境间的联系。邵云飞、范群林等选用中国 30 个省（自治区、直辖市）的数据对我国的区域创新能力做了实证分析，发现文化的积淀、区域高技术产业从业人员数以及专利存续量等都是影响区域创新能力的因素。官建成和刘顺忠通过对 Furman 分析框架的进一步深入研究，发现如果提高企业创新资源投入，创新能力会明显提高。魏守华和吴贵生等也对 Furman 分析框架进行了进一步分析，通过选用 1998—2007 年全国省级指标，研究创新活动的规模、创新基础条件以及创新效率对区域创新能力的制约。张宗和、彭昌奇研究发现，研究与开发（R&D）配置和创新主体内外制度等因素对技术创新的绩效有重要影响。范柏乃、陈玉龙、胡超君对全国 178 个县（市、区）的政府官员、企业家、科研人员和专家学者进行了问卷调查，并进行因子分析，数据分析结果表明，区域自主创新能力受到创新服务人才、投资、法规政策和知识产权保护等因素的影响。

另一部分学者针对外商投资的技术溢出等空间因素来研究其对区域创新能力的影响。陈劲、陈钰芬和余芳珍发现 FDI（外国直接投资）对提高区域创新能力的作用是有限的。陈柳、刘志彪针对长三角地区进行研究，通过面板数据（1987—2003 年）分析，发现在一定条件下，FDI 技术外溢对经济增长作用不够显著。徐磊、黄凌云采用 1985—2005 年中国省际面板数据进行实证研究，发现区域的创新能力处于较低水平时，区域技术溢出效应将不再显著；而创新能力处于较高水平时，它的技术溢出效应将显著增强。李晓钟、张小蒂研究发现，FDI 对区域一般技术创新能力和区域核心技术创新能力的作用存在区别。刘和东从时间的角度进行研究，发现短期和长期 FDI 的技术外溢作用不同。

学者们通过进一步验证发现，在更加开放的环境中，区域互动关系对创新能力的影响更明显。Greunz 采用了 153 个欧洲地区的相关面板数据，通过实证检验发现：当两个区域之间的空间距离比较近时，相邻的外部区域的研发投入将对本地的创新能力产生较大作用，当两个区域之间的空间距离较远时，这种作用将不再显著；外部区域的技术差距对本地的创新能力有负向作用，本地的技术差距会产生对本地创新能力的正向作用。王锐淇等在各地区间互动的前提条件下，探寻影响区域创新能力的最核心的要素。Yam、Lo 和 Tang 等探讨了中国香港地区的组织互动，发现各主体的研发能力及创新系统内各组织的交互学习均影响区域的创新能力。这种学习有时候是通过人才流动来完成的，例如张家峰、赵顺龙针对大中型企业的人才辐射作用进行研究，发现其对区域创新产出的促进作用非常显著。李习保通过对知识生产者与使用者之间的互动关系进行研究，发现这种创新主体间的联系对创新能力有不同程度的影响作用。

有些学者侧重社会资本对于区域创新能力的影响因素分析。例如 Fromhold - Eisebith 针对德国亚琛地区的实际创新环境和社会资本展开研究，分析了其对创新能力的影响效果以及之间关系。李新功通过对创新环境的进一步研究，得出创新环境能够激励区域创新，而通过社会资本的不断投入试用将更能满足企业对创新的需求。徐娟发现社会资本对高水平创新的作用效用更加显著。从地域的研究来看，社会资本的作用对发达区域的非发明专利影响较大，而对于发展中地区的发明专利影响较大。

1.2.2 创新能力与区域经济增长的研究综述

1. 区域经济增长研究

经济增长的有关研究主要包括古典经济增长理论、新古典经济增长理论以及新经济增长理论。而古典经济增长理论则以 Smith 和 Richardo 为典型代表，Harrod 和 Domar 提出的 Harrod – Domar 模型是古典经济增长理论的杰出典范。马克思从劳动价值理论、剩余价值理论、资本积累理论、资本主义再生产理论、社会总资本的再生产和流通理论等多视角分析研究了西方资本主义国家经济增长，提出科学技术能够推动社会发展。20 世纪 50 年代末，Solow 和 Swan 对 Harrod – Domar 模型进行了进一步修正，构建了著名的 Solow – Swan 模型，在该模型中，他们分别将资本、劳动、技术以及土地等一系列生产要素纳入经济增长模型中，建立了所谓的新古典经济增长理论。到了 20 世纪 80 年代，新经济增长理论开始将技术进步作为内生变量考虑到模型中，主要产生了四类模型：以 Romer 为代表的内生技术进步的增长模型、Schultz 和 Lucas 人力资本积累的增长模型、劳动分工演进的增长模式（Younge、杨小凯）以及制度变迁的经济增长模型（North、陈晓红）。

区域经济的均衡增长和非均衡增长理论是目前区域经济增长的两类主要研究。目前处于主导地位的是区域经济均衡增长理论，比如 Barro 和 Nurkse 都以不同角度设定前提，并从不同角度阐述经济增长的原因。由于区域经济的均衡增长理论过于简单，且与发展中国家的现实客观情况存在一定差异，很多经济学家在此基础上纷纷提出了区域经济的非均衡增长理论，具体包括二元经济结构理论（Lewis）、增长极理论（Perroux）、产业关联效应理论（Hirschman）、中心—外围理论（Krugman）、倒 U 形理论（Williamson）等。

2. 创新能力与区域经济增长相关性研究

在创新能力促进经济增长的理论研究方面，国内学者主要从技术创新对经济增长的影响及技术创新促进经济增长的动力机制方面展开研究。陈英认为技术创新可划分为生产过程创新和产品创新。前者提高生产率，因而能够推动经济增长速度的提高；后者改变产品的质量和差异性，不一定加速经济增长。王瑾研究认为，区域经济增长是以具有特色的区域主导产业增长为核心的全区经济增长，技术创新在这一增长过程中发挥着主导作用，以区域经济是特色经济这一视角阐释技术创新对于区域主导产业、区域产业结构的决定性作用及对区域经济增长的影响。解学梅把技术创新放到一个区域中研究，并分析其对区域经济增长的作用机理。纪玉山、吴勇民从微观传导机制的视角分析了科技创新如何促进经济增长，进而对日本与中国经济持续增长阶段的科技创新进行了比较。方丰、唐龙从历史演进的角度，在深化科技创新内涵与新动态理解的基础上，探讨其促进经济发展方式转变的支撑机制。一部分学者则注意到创新与制度变迁和经济增长的关系，并进行了相关的研究。陈建青，扬甦华认为创新、经济增长与制度变迁是一个具有互依性的有机系统。刘洪军、陈柳钦指出通过制度创新来脱离低效制度路径是跨越贫困陷阱的关键，而具有利他主义行为特征的政治企业家是推动制度创新的重要力量。吕晓刚则认为路径依赖的不同使得制度创新的经济绩效表现出比较大的地区差距。其中农业制度创新、产业制度创新和地方政府制度创新是制约区域经济增长的重要因素。

另一些学者则在实证研究方面做了大量的工作。惠树鹏从创新投入、产出以及转化三个方面来研究不同区域的技术创新能力差异以及对经济增长的贡献，最终得出了区域技术创新能力的差异是导致其对经济增长贡献的差异的原因。李正辉、徐维利用中国 30 个省（自治区、直辖市）2002—2008 年的相关数据进行实证检验并建立了区域创新能力与经济增长的含有时期个体影响的固定效应变截距模型，对区域创新能力对经济增长的贡献进行了测算。一些学者重点对技术外溢与经济增长的关系进行研究。王家庭运用空间计量方法实证研究了技术创新的空间溢出效应影响我国工业经济增长，以及研发经费投入、研发人力投入和政府区域优惠政策的空间溢出在区域技术创新中的作用。欧阳秋珍、陈昭利用我国与主要贸易投资伙伴 1990—2010 年的数据，实证分析了技术溢出、自主创新与我国经济波动的关系。殷德生将技术创新、知识溢出范围、经济增长与产品竞争之间建立起理论联系，发现知识的国内溢出对发展中国家的技术进步与产品竞争同样具有重要的促进作用。

一些学者重点探讨了创新能力中人力资本对经济增长的作用。黄健柏、谢良、钟美瑞运用协整理论及其分析方法和比较分析方法，研究我国创新型人力资本和经济增长的关系。王宵雅基于2004—2013 年中国30 个省级行政区域的面板数据，通过系统 GMM 两步法实证研究了物质资本和人力资本分别对区域创新差距的影响效果，研究结果显示，物质资本对区域创新差距产生了显著的正向影响效应，这说明我国现阶段的物质资本投入扩大了区域创新差距；而人力资本对区域创新差距的影响效应不显著。钱晓烨、迟巍、黎波利用省际数据，引入空间回归方法，估计了人力资本对技术创新水平的影响和人力资本通过创新影响经济增长的间接作用。杜伟、杨志江和夏国平在全国整体范围内进行研究，发现人力资本与经济增长并不表现显著的直接作用效果，人力资本主要通过影响技术创新、技术模仿而间接作用于经济增长；在我国中西部区域，这种情况更为明显，即西部区域人力资本对经济增长的直接作用不显著，其通过技术创新间接推动经济增长。吴宇晖、付淳宇认为劳动力的高等教育水平对发达地区经济增长具有显著影响；相反，高级人力资本对欠发达地区经济增长的作用均不显著。

一些学者从产业结构变迁角度对创新和经济增长的相关性进行了研究。徐小钦、黄蕾分析了产业集聚、持续创新和经济增长三者间的内在关系。金祥荣、余冬筠的研究表明，创新以产业为中间传导环节促进区域经济发展，因此产业类型和发展状态影响该区域创新产出效率，并发现东部地区产业结构较优，而中西部地区产业基础较差、结构不合理，在中西部创新能力尚未成为促进经济增长的关键要素。谢波基于 1990—2010 年的省际面板数据，将全国划分为中、东、西部来研究资源型产业集聚等因素与区域创新能力之间的作用机制，最终得出中西部地区的资源产业集聚对区域技术创新存在显著的“挤出效应”的结论。企业家精神是熊彼特创新能力研究中非常重要的因素，大量学者对这一要素进行了深入的分析和研究。李宏彬等通过引入企业家精神这一变量，深入分析了企业家创业和创新精神如何促进经济增长。周方召、刘文革对企业家精神差异配置的内生化理论模型发展做了较为详细的阐释。除此以外，学者们还从管理创新（李子奈、鲁传一）、资本积累（严成樑）、外商投资（葛顺奇、罗伟）、贸易开放度（万勇）等角度对创新能力与经济增长的关系进行了深入研究。

1.2.3 小结

在当前关于区域经济增长的研究中，创新已经成为经济增长最为重要的因素。劳动、资本等投入要素通过创新活动提高自身的效率，增加了产出水平和产出质量。区域创新活动能通过改变要素的组合方式，使劳动、资本等要素更有效地结合以带来生产方式、生产技术等的创新，从而提高产出水平，引起持续的经济增长。因此，创新能力的强弱直接决定了经济增长的动力和潜力。目前对于创新能力及其对经济增长的影响的研究中，国内外学者的观点如下：

首先，对于创新能力内涵的界定，总的来说，学者们并未达成一致观点：第一，区域创新能力的定义是什么；第二，区域创新能力是如何产生的；第三，区域创新能力的差异来源；第四，区域创新能力的影响因素有哪些；第五，区域创新能力的特殊性和不可复制性。

其次，创新能力因区域的经济和社会等条件不同表现出来的异质性，使得学者们从国家、地区、省市等层面的不同视角展开研究。第一，学者们在选取研究对象时的区域划分方法不相同，有的通过地理区域进行划分，有的按照经济发展程度进行划分，还有的选取相关指标并进行聚类分析。第二，研究方法大多采用生产函数分析、层次分析、复杂网络分析以及因子分析等实证研究方法，这些方法都被广泛应用于区域创新能力的比较分析中。

再次，针对创新能力形成的差异分析的侧重点不尽相同，有的分析了区域间的差异，有的仅仅研究区域内部的差异，而对区域创新能力差异的影响因素的选取也各不相同。通过对历史文献的研究，我们发现一些共同之处：第一，因子分析法是广泛使用的研究影响要素差异的分析方法；第二，学者们大都遵循先建立理论框架，依照标准进行区域划分，最后进行实证检验的研究顺序；第三，专利指标往往被学者们用来衡量创新能力，认同创新源自专利，因而经常被用来测算技术创新能力。

最后，创新能力对经济增长的影响从作用机制到实证分析都是学者们研究的重点。一些学者主要从技术创新对经济增长的影响及技术创新促进经济增长的动力机制方面展开研究。一些学者则更关注创新与制度变迁和经济增长的相关关系。另一些学者利用大量的数据，建立区域创新能力对经济增长影响的回归模型，测算人力资本、产业集聚、资本积累、企业家精神、管理创新等对区域经济增长的贡献度。

综合以上观点来看，关于区域创新能力的研究还需要从以下几个方面展开：

第一，区域创新能力的内涵需要进一步研究。国内外学者偏重于某一视角的研究，未能全面阐释区域创新能力。而且由于研究目的和研究方法的差异，不同学科背景的学者对于区域创新能力内涵的理解还存在较大的差异。

第二，区域创新能力促进经济增长的作用路径有待进一步深化。大部分学者仅单纯分析了某些因素的影响，而缺少了对这些因素间的整合，割裂了要素彼此之间的联系，不能系统地深入分析区域创新能力如何作用于经济增长。

第三，从空间视角进一步深入研究区域创新能力。空间因素对于创新能力形成的作用机制可以解释为空间临近性对于知识溢出的作用机制，但是如何通过计量手段去测量空间因素，需要系统而深入地进行探究。

1.3 主要内容和研究方法

1.3.1 主要内容

本书共分为九个部分：

第一部分为绪论。首先从选题的研究背景入手，阐明本研究的意义；其次回顾了区域创新能力、经济增长以及区域创新能力与经济增长关系的相关文献，为后文研究开拓了思路；最后再次论述了本研究的思路、技术路线以及创新之处等相关内容。

第二部分为理论基础。回顾了创新能力理论以及经济增长理论。创新能力理论主要包括创新的内涵、创新的模式、国家创新系统理论以及区域创新能力理论，系统阐述了区域创新能力的产生和演化。经济增长理论通过阐述技术创新对经济增长由外生到内生作用的理论变迁，重点阐述了创新能力对经济增长的影响。以上内容为后文对西部区域创新能力与经济增长问题的研究提供了理论支撑。

第三部分为区域创新能力促进经济增长的机理分析。主要包括两部分内容：一是阐述了区域创新能力的形成。二是从微观和宏观两个层面分析创新能力对经济增长的作用机理。从微观层面来看，区域创新能力主要通过产品创新（产品水平创新和产品垂直创新）和生产过程创新（生产要素进行新组合和采用新资源）来提升企业竞争力，从而促进经济增长；从宏观层面来看，区域创新能力主要通过调整产业结构（产品结构、消费需求结构）和转换经济增长方式（生产要素重新组合与运行、企业竞争力）提高资源配置效率，从而促进经济持续增长。

第四部分为西部区域创新能力与经济增长的空间特征描述。首先，针对西部区域创新的投入产出、创新环境以及创新能力的空间动态演化趋势进行分析，得出西部区域创新的产出按上游—中游—下游依次递减且创新产业化程度不高的特征。其次，通过对西部区域产业结构的空间格局以及经济增长的空间动态演化趋势分析，发现西部区域经济增长速度已经快于东部区域，但西部区域的产业结构仍需优化升级。最后，通过研究西部区域创新能力与经济增长率的演化趋势，发现二者呈非线性关系的特征。

第五部分为西部区域创新能力差异的评价分析。在建立评价指标体系和确定测度方法的基础上，结合西部区域的实际情况，根据本书第三部分阐述的创新能力的五个构成部分，选取 27 个具有代表性的指标，构建了西部区域创新能力的评价指标体系。采用 2014 年的指标数据进行因子分析，得出西部区域创新能力在全国的具体排名情况和西部区域整体排名偏低的特征，并结合影响西部区域创新能力的因素进行分析评价。

第六部分为西部区域创新能力的技术追赶模式选择。本书依据技术路径动态实现总结了技术追赶的产业要素，对西部地区技术赶超路径构建和产业的动态选择进行分析，从而对西部区域创新能力的技术赶超模式做出选择。

第七部分为西部区域创新能力促进经济增长的作用路径分析。运用校企协同 SD 动力学模型，剖析了校企协同的作用过程、内部机理与不同层面对创新绩效影响的动态演化规律。分析西部区域创新能力与经济增长的作用与反馈的因果关系，提出西部区域创新能力促进经济增长的作用路径。采用 2000—2014 年的数据资料，利用系统动力学研究方法和相关函数填充，构建系统动力学模型（经检验，系统模型与实际情况基本吻合）。通过模拟仿真和敏感性分析，展开进一步研究，发现在西部区域创新综合能力中，企业创新能力对经济增长影响作用最强，知识获取与转化能力则影响作用最小。

第八部分为西部区域创新能力与经济增长的空间计量分析。从空间计量经济学视角，研究构建包含人均地区 GDP、区域创新能力、工业新产品销售收入、市场化水平、对外开放度等因素的空间计量模型，分析 2000—2014 年西部区域创新能力与经济增长的空间效应问题。研究发现，全国样本以及分区域样本中创新能力系数均为正数，表明创新能力对经济增长有积极的拉动效应。西部区域经济增长主要是依靠工业企业新产品的销售来拉动。

第九部分为结论与对策。归纳并总结本书的主要研究结论，并有针对性地从不同角度提出提升西部区域创新能力、促进经济增长的对策及建议。

1.3.2 研究方法

1. 定性与定量分析

本书采用定性研究的方法对区域创新能力促进经济增长的机理进行阐述，结合相关的理论框架和西部区域特征，利用以下定量分析方法开展实证研究：运用因子分析法对西部区域创新能力进行测度评价，得出西部各省份在全国的创新能力排名，对西部区域创新能力的影响因素进行评价；运用系统动力学分析二者的作用与反馈的因果关系，刻画西部区域创新能力促进经济增长的作用路径；运用空间计量的方法验证西部区域创新能力与经济增长之间的空间相关关系和回归关系，用实际度量与测算结果验证二者之间的时空效应。

（1）因子分析法。

因子分析法是利用少数公共因子的线性关系，以及特定因子之和来解释原观测变量，将众多复杂变量归纳为少数几个综合因子的一种多元统计分析方法。主要通过以下步骤进行计算：第一步，首先对原始数据进行标准化；第二步，计算指标的相关系数矩阵；第三步，通过特征值和特征向量得到主因子及主因子贡献率；第四步，进行因子载荷矩阵计算；第五步，将因子载荷矩阵进行方差最大化正交旋转，得到旋转后的因子矩阵；第六步，首先进行主因子特征值计算，并对方差进行解释；第七步，通过计算特征值综合得分进行排名。

（2）系统动力学的分析方法。

系统动力学是一种定性和定量且能够将理论和实践相结合的研究方法。定性分析主要是对系统内部各个参与主体的作用效果与关系进行分析，定量分析目的是通过模型构建对系统参与主体之间的关系进行数据化表达。结合本书研究目的与系统动力学研究方法的特点，具体应用步骤主要有：第一，系统进行定性分析，结合所选取的研究层面，对研究对象分层次进行变量选取与描述，并分析其各个层面之间的关系以及对研究对象的作用。同时收集相关数据并结合数据之间的趋势描述对系统的作用情况进行性质界定。第二，对研究系统的作用路径进行刻画，结合研究维度对所选取的变量进行分类，并根据变量在系统中的作用与特点，细化系统的共演过程，从而从作用与反馈两个角度明确系统内部的因果关系。第三，研究系统的模型构建，在因果关系的基础上，构建相关的系统动力学模型，整理填充搜集的时间序列数据，同时根据变量之间的作用关系，利用系统动力学研究方法的相关函数填充，实现系统的运行。第四，系统模型的检验与分析，构建与现实契合的模拟系统。通过系统的敏感性分析，对相关数据变量进行调整，确定系统内部敏感性因素对整个系统的作用情况。第五，结合分析结果提出政策建议。

（3）空间计量经济学。

空间计量经济学通过空间结构参数化方法能更准确地检验空间变量相互影响的关系、方向和强度。它跨越诸多经济领域，正逐渐被区域科学、经济学（特别是国际经济学和区域经济学）、地理学、政治科学领域等诸多学者广泛关注和运用。空间计量经济学旨在处理截面数据或面板数据中的空间效应、空间相关性与空间异质性，通过专业化的建模、估计及统计检验，得到接近真实情况的计量结果。如果区域的空间效应分析能发挥独特作用，就需要将空间效应放到空间计量的模型框架中进行考量，空间计量模型的经济意义在于，能探索个体变量产生的冲击如何传至相邻个体，并解释相关区域之间的作用关系。

2. 系统结构剖析法

区域创新能力是依托在区域创新系统各创新主体与创新要素相互结合的非线性复杂作用关系中表现出来的能力，因此系统分析的思维贯穿全文。区域创新能力涉及各个方面的内容，区域创新能力与经济增长关系的研究是一项复杂的系统工程。因此，本书从知识的创造、获取和转化、企业创新、创新环境以及创新绩效五个方面分析区域创新能力，从产业层面以及企业层面分析区域创新能力与经济增长之间的联动关系。

3. 静态分析与动态分析相结合

从时间和空间的维度针对区域创新能力对经济增长的影响进行研究，随着时间的推移，社会经济条件不断变化，其水平与结构呈现不同的空间格局。在研究二者关系时，我们既以 2014 年截面数据分析了目前的水平与结构的变化，同时又通过 2000—2014 年的时间序列数据来观察二者的水平与结构的变化趋势，进一步揭示西部区域创新能力对经济增长影响的特征规律性，寻找出内部存在的根本问题，提出解决途径和对策建议。

1.4　本书研究的技术路线

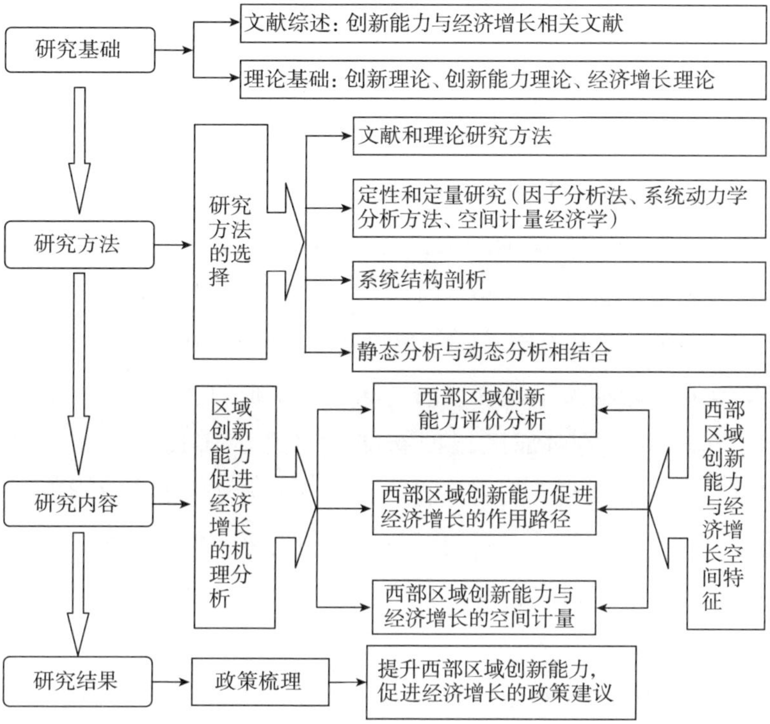

1.5　创新点

通过对区域创新能力和经济增长关系的已有文献进行梳理和总结，发现相关的研究虽然取得了一定的成果，但综合来看还存在四个方面的问题：第一，对区域创新能力的内涵理解存在差异；第二，仅从某一角度进行研究，没有系统讨论区域创新能力对经济增长的作用路径，也就是说，没有真正打开二者作用关系的黑箱；第三，从空间视角对二者关系进行讨论的成果较少；第四，从西部区域视角来研究该问题的成果不多见。本书正是基于以上几点对西部区域创新能力与经济增长进行研究，主要创新点如下：

第一，对创新能力促进经济增长的作用路径进行研究。很多学者采用专利或者新产品销售收入等指标来分析创新能力与经济增长之间的关系，不能够深入分析各要素之间的交互作用和关系，特别是不能系统讨论区域创新能力对经济增长的作用路径。因此，本书第 7 章从创新能力的含义出发，即将知识转化为新产品、新工艺、新服务的能力，结合创新能力形成是沿着从知识创造到创新成果转化应用，通过增强企业竞争力，优化升级区域产业结构，从而推动经济增长的作用路径，完成从创新资源投入到创新能力转化，再到创新绩效产出的过程，进一步说明了区域创新能力对经济增长的作用路径。

第二，有关创新能力与经济增长的研究多以全国或者某一个省域为研究对象，而本书以西部区域 12 省域为研究对象，从西部的整体视角并结合省域的资源和产业特征进行分析，并对西部区域创新能力对经济增长的作用机理系统展开理论分析与实证检验，在一定程度上对已有的研究成果进行了补充。

第三，运用系统动力学研究方法，从创新系统的视角，结合企业和产业两个维度，刻画相关的西部区域创新能力对经济增长的作用路径。采用 2000—2014 年的数据资料，利用系统动力学研究方法和相关函数填充，构建系统动力学模型。经检验，系统模型与实际情况基本吻合。通过模拟仿真和敏感性分析展开进一步研究，发现经济增长对西部区域创新能力中的各构成能力作用的敏感性。

第四，从空间视角来研究创新能力对经济增长的影响，运用空间计量经济学的方法，以 2000—2014 年的时间序列数据为样本，构建包含人均地区 GDP、区域创新能力、工业新产品销售收入、市场化水平、对外开放程度等因素的空间计量模型，研究西部区域创新能力与经济增长之间的空间效应，并通过与全国、东部、中部以及东北区域进行比较，找出西部区域创新能力对经济增长推动效应与前者的差距，为梳理提高西部区域创新能力以促进经济增长的对策建议提供现实依据。

第 2 章　相关理论基础

2.1　创新能力理论

2.1.1　创新的内涵

创新本身的含义是指创造新的事物。通常我们认为创新主要表现为三种类型：一是积极引进技术，充分进行吸收再创新；二是对多种相关技术进行有机的融合，从而形成具有市场竞争力的新产品和新产业的集成创新；三是通过努力获取的科学和技术发明的原始创新。三种类型的创新能力依次由弱变强。

1890 年，马歇尔在其出版的《经济学原理》一书中，通过实证研究分析了由于企业集聚而形成的产业区的问题。虽然他并没有在书中直接提到创新理论，但是通过研究发现技术创新和组织创新共同推动了企业的发展。1912 年，约瑟夫·熊彼特出版的著名的《经济发展理论》一书，从经济学角度首次提出了创新理论。主要包括：

（1）创新的含义。熊彼特提出，所谓创新，是指企业家把生产要素和条件进行新的组合，并将其引入生产体系之中。创新就如同构建一种新的函数关系，各种要素和条件如同方程的各种变量，组合关系如同系数，引入新组合就相当于对方程式的系数进行调整，自变量系数如果发生变化，因变量也就随之变化。熊彼特将经济发展等同于创新，因此把经济发展称为能够执行的新组合。这个概念包括五种情况：创造一种新的产品；采用一种新的生产方法；开辟一个新的市场；取得一种新的供给来源；实现一种新的产业组织方式。

（2）创新与发明的关系。先有发明，后有创新；发明被引进生产体系之前，只是某种新观念或者新设想。发明从本质上讲仍然是知识，而创新则包括对知识进行应用，这时候已经开始从事经济活动，并且产生了新的经济价值。因此，我们通常说发明在进行首次商业应用以后便产生了创新。

（3）创新与企业、企业家。企业和企业家的基本职能就是创新。按照熊彼特的观点，企业即新组合的实现，而企业家就是实现这些新组合的人。只有实现了创新，才能使企业的收入大于支出，这种收支的差额就是创新所带来的价值。企业家必须具备以下三个方面的具体条件：有能力发现市场潜在商业利润；有敢于冒险的精神；有组织和创新能力，能够创新并且带来利润。

熊彼特认为，创新会促进经济增长，这种增长呈现周期性。当创新出现时，其他企业往往就会纷纷普遍模仿，这样就会引发更多的创新，从而推动经济增长。当模仿同一创新企业数量达到一定程度后，创新浪潮便开始逐渐消退，经济也随之开始出现停滞。若要再度实现经济增长，则需要进一步的创新来驱动，也就是通过不断创新推动经济实现持续增长。

熊彼特的创新理论提出的初期并没有受到学术界的广泛重视和关注，倒是凯恩斯主义因为适应当时社会经济形势而大行其道。20 世纪初的世界经济主要依赖资本积累带来的增长，科学技术的作用在当时还远没有表现出像现今这样的驱动力，当时的人们认为技术只是创造利润的生产要素中的一部分，很多资本主义国家通过对外扩张来争夺原料和商品市场以谋取巨额利润，但无序的竞争往往伴随着随之而来的经济危机以及各种竞争与挑战。

（4）创新的对象。20 世纪四五十年代的第三次科技革命，使得人们进一步认识到创新能力对经济增长的重要作用。此时，人们开始逐渐把目光聚焦到熊彼特的创新理论的内涵。由此创新理论开始发展，主要分为两个分支，即以曼斯菲尔德和施瓦茨为代表的技术创新经济学和以 North 为代表的制度创新经济学。

技术创新经济学派主要以技术的变革和扩散为研究内容，因此，技术创新通常强调对事物进行方法、工具以及系统的革新，包括产品、工艺、服务等方面的创新。微观上能够直接增强企业竞争力，宏观上能够转换经济增长方式，从而提高生活质量。制度创新经济学主要以组织和制度变革创新为研究内容，因此制度创新通常强调体制与规则等约束和规范行为方式的革新。

2.1.2　创新的模式

从早期认为创新是线性的，到认为创新应该是多元化的来源共同作用的非线性形态，创新动力的来源一直是学术界讨论的焦点。主要有以下几种模式：

技术推动模式，即技术研发是创新的主要动力来源。创新是沿着从新发现到新技术，再到新产品，最后到新市场的线性过程。高校、研究机构以及各类实验室都是创新的基本动因，科学技术成果引致对技术创新的需求，从而刺激了市场的需求。该模式反映出熊彼特认为企业技术进步是创新动力来源的思想观点。

市场拉动模式，也通常被称为需求拉动模式，即技术创新的动力来源于社会需求。主要思想为：单纯地只从研究开发活动角度进行投入无法带来持续有效的创新产出，无论需求是来自消费者还是来自政府或者其他主体，都是以需求为动力，从需求到市场，再到新技术，最后到新产品产生。该模式反映出市场需求开始成为创新理论研究的重要依据。

技术—市场共同作用模式。当经济社会不断进步，研究者们发现，创新的动力来源不仅仅是科学发现或者市场需求能够单独解释的。科学发现引致新技术，市场需求引致新产品，只有新技术和新产品一致时，创新才能够实现。除此之外，创新的成本、收益也是重要的影响因素。该模式反映出创新取决于技术和市场以及二者的相互配合。

多元综合作用模式，即除了技术和需求以外，还将一些影响因素作为创新的动力来源，包括三元论、四元论、五元论。三元论增加了政府的行为，认为政府对创新活动进行组织规划，从政策和法律上对创新的激励也是其动力的来源。四元论则又增加了企业家，认为作为创新主体代表的企业家，一方面应当具有创新愿望，另一方面还应具备相当高的创新素质。五元论认为除了上述因素以外，社会、技术以及经济之间相互的自组织作用也是重要的影响因素。

国家创新系统理论。20 世纪 80 年代，学术界开始认识到创新活动不是孤立的行为，而是与一个国家或地区有着密切的关系，并且开始从国家创新系统视角进行分析，克里斯托弗·弗里曼强调企业研发的作用，理查德·R. 尼尔森强调制度安排的作用，本特—雅克·伦德瓦尔强调互动学习的作用，这些都进一步丰富了理论。总的来讲，国家创新系统更强调系统的视角，既包括企业，也包括科研机构以及政府这些行为主体，是经济与科技有机结合的系统形态。创新系统的各个要素相互作用，共同推动创新。

国家创新系统的内容涉及以下几个方面：第一，知识是技术创新的源泉，技术创新的核心是围绕知识进行的；第二，企业、高校、研究机构以及政府等是技术创新的载体组织，而这个组合进行活动受到规则和制度的约束；第三，企业的行为受到制度的约束和激励，而国家创新系统通过促进制度创新，从而推动技术创新，所以说技术创新带有国家和区域特征。

此外，英国的多西等提出了技术规范—技术轨道理论模式，根本性创新会形成技术规范，而技术规范的固化会引致创新的技术轨道。日本的斋藤优提出了 N－R 关系理论模式，即需求和资源间的不匹配会推动技术创新。

2.1.3 国家创新系统理论

20 世纪 80 年代，学术界开始对国家创新系统进行研究。弗里曼、尼尔森、佩特尔和帕维蒂、伦德瓦尔、迈克尔·波特等均对国家创新系统理论进行了一定程度的深入研究，OECD 的研究进一步拓展了国家创新系统理论，国家创新系统理论已逐步成为很多国家制定发展战略和相关政策的基础。

1. 弗里曼的国家创新系统理论

1987 年，英国经济学家弗里曼在《技术和经济运行：来自日本的经验》中首次提出了国家创新系统的概念，即“公共部门和私营部门中的各种组织机构以促进新技术启发、引进、改造和扩散为目的而构成的网络”。弗里曼强调应该特别关注四个要素在国家创新系统中的作用，即创新系统作为核心的企业、企业间的相互竞争协作关系的表现——产业结构、政策制定者——政府以及教育培训机构——大学，而政府应根据技术创新的需求变化，及时对经济社会发展范式进行调整，推进企业之间的学习和合作网络建设，通过创新公共资源提高创新能力和国家竞争力，具体如图 2－1 所示。

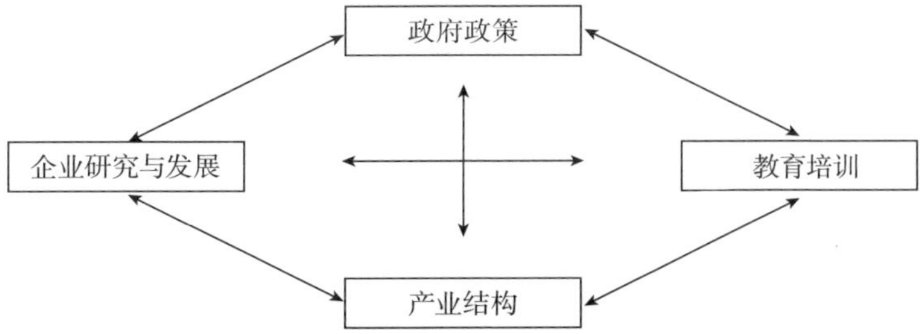

图 2－1　弗里曼的国家创新系统结构图

弗里曼从这些方面对日本经济进行研究发现，以企业技术创新为核心，政府引导、制度创新和组织创新相互辅助的国家创新系统是日本经济近几十年迅速崛起的根本原因。而英国、德国、美国等其他技术领先的国家的高速发展都源于国家创新系统的有力推动。

2. 尼尔森的国家创新系统理论

美国经济学家理查德 · R. 尼尔森通过考察美国的大学、政府、企业在新技术生产中的作用，系统、全面地研究了国家创新系统。其 1993 年出版的《国家（地区）创新系统：比较分析》则通过对全球具有代表性的 15 个国家和地区的创新系统进行了深入剖析和研究比较，结果表明历史背景、民族文化、资源享赋、产业组合和制度环境的不同差异使各国的国家创新系统表现出不同的演化特征。

与弗里曼强调技术创新的主导作用不同，尼尔森更加注重宏观制度安排所体现出的作用，可以说将国家创新系统理论与制度创新理论相结合，进一步推动了国家创新系统理论的发展。他认为创新是促进创新要素进行交流互动的一种复合机制，这种机制是通过大学和企业等一系列的相关机构联结产生的，而在技术的公有和私有之间平衡和趋向平衡的动力通过相关制度安排来保证。此外，尼尔森还提出由于科学技术发展的不确定性，国家宏观制度安排需要根据科学技术的发展特征进行调整，以保证其创新系统的分享和合作机制的作用得以充分发挥。弗里曼和尼尔森虽然最早提出国家创新系统理论，但都没有明确其定义。

3. 佩特尔和帕维蒂的国家创新系统理论

英国学者佩特尔和帕维蒂（1994）把国家创新系统定义为决定一个国家新知识和新技术的学习方向和速度，由国家制度、激励机制以及竞争力相互作用而有机结合形成的整体。

佩特尔和帕维蒂指出，国家创新系统的激励结构是对行为主体（包括政府、企业、学校以及金融支持部门）和创新系统的制度（包括政府有关政策，对创新进行投资的企业进行的研究与开发，高校和机构提供的基础研究、教育和相关培训，特定的产业机构，有利于促进技术进步的财政、金融支持）创新活动的激励，提高持续创新能力。此外，佩特尔和帕维蒂还指出关键技术对创新系统竞争力的作用非常显著，具体如图 2 -2 所示。

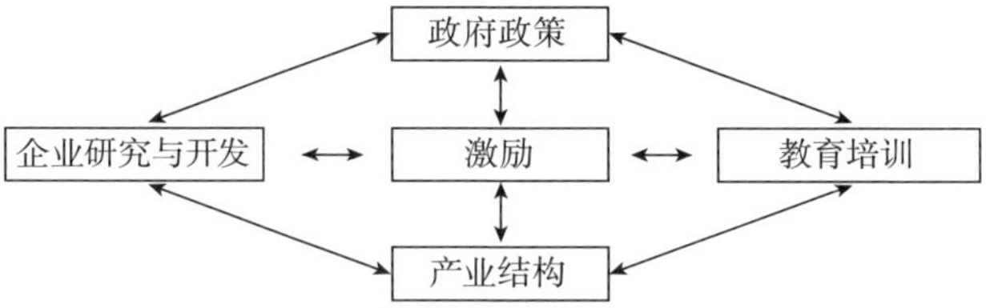

图 2 -2　佩特尔和帕维蒂的国家创新系统结构图

佩特尔和帕维蒂将激励加入国家创新系统理论中，使理论研究和政策制定有效结合，因此他们提出的创新系统被看作“国家创新系统——实践篇”。

4. 伦德瓦尔的国家创新系统理论

1992 年，丹麦奥尔堡大学经济学教授伦德瓦尔出版了名为《国家创新系统：构建创新和交互学习的理论》的著作，研究了创新系统中“用户”和“厂商”的相互作用关系以及国家创新系统各组成部分的构成与运作。伦德瓦尔指出“在知识进行生产、扩散和使用过程中，由各种构成的要素以及各种相互作用关系形成的系统就是国家创新系统，而这些构成要素以及各种相互作用关系位于或者说根植于一国的疆界之内。国家创新系统本质上仍然是一个以知识的交流、传播以及主体之间相互作用的互动学习机制为核心行为的社会体系，通过用户之间、生产者之间和用户与生产者之间形成的交互式学习机制，推动新技术、新产品、新市场和新组织形式产生，形成更大范围内的国家创新系统的创新过程。分析一个国家创新系统的关键就在于学习互动，以及这种机制在一个国家经济社会系统中如何实现经济效益。具体如图 2－3 所示。

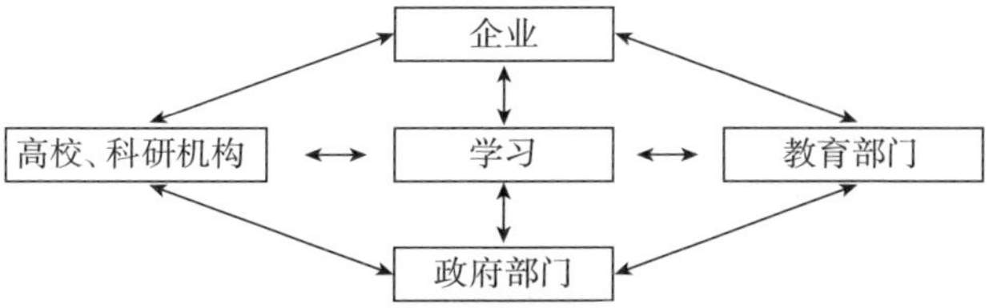

图 2－3　伦德瓦尔的国家创新系统结构图

从狭义角度看，参与学习的组织和机构包括技术研发部门、科研院所和高校。从广义角度看，则包括了影响学习的所有方面以及学习制度制定机构，如生产系统、营销系统和金融系统等。

伦德瓦尔对国家创新系统提出了狭义和广义概念的区别：狭义的国家创新系统主要以参与新知识和新技术研发的技术研发部门、高校、科研院所等为主，而广义的国家创新系统则包括经济社会中所有发生学习活动的研发系统、生产系统、公共部门、金融系统和营销系统等。该理论弥补了以往理论对微观和中观研究的不足，同时适用于创新活动的所有阶段，具有一定的理论和现实意义。

5. 波特的国家创新系统理论

1990 年，美国经济学家迈克尔·波特在其出版的《国家竞争优势》一书中提出了“产业集群”的概念，并构建了“钻石模型”。波特指出创新是提高企业生产力、产业集群影响力和国家竞争力的动力，所以国家创新体系成为企业发展创新效能的基本保障。

波特指出产业集群对国家竞争优势产生作用是基于以下几个方面：提高在该领域的公司的生产力，加快创新进度，促进生产力的持续增长，加强产业集群能力和改变竞争格局。在这个过程中，创新促进了单个企业生产力的提高、产业集群影响力的加强和国家竞争力的提升。

波特认为产业竞争力的优势取决于以下四个因素：需求条件、要素条件、相关支持产业的状况和企业的战略与竞争状况，通过合理利用机遇并成功创新和政府从各方面影响企业创新来形成产业竞争优势。一个国家能否合理利用机遇和政策环境形成有效的竞争性环境和创新是衡量一个国家产业竞争力的关键，具体如图 2 -4 所示。

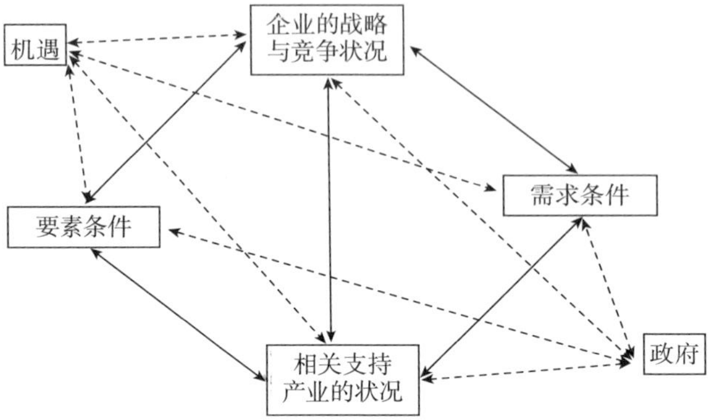

图 2 -4　波特的国家创新系统钻石结构图

《国家竞争优势》被认为是对国家创新系统理论发展有着巨大贡献的一部著作，它和波特后续的相关理论研究肯定了创新在加强产业发展和提高国家竞争优势过程中的作用。

6. OECD 的国家创新系统理论

1994 年，OECD 对国家创新系统的相关研究项目进行了研究，并在 1997 年公布了研究报告——《国家创新系统》。在这一过程中对国家创新系统的运行机制、动力系统等进行了全面的研究，结果表明：国家创新体系提高创新效用的基本前提是每个主体之间要进行有效沟通。创新主体主要包括高校和科研机构、企业、中介机构和政府，企业是核心。国家创新系统的作用是利用产业发展政策和相关职能优化，构建创新系统内的动态相互的作用和反馈的网络，增强企业间、企业与科研机构、高校之间相互的创新合作，以中介机构为桥梁，推进科学技术知识在国内的传递、扩散和发展。

该报告中指出，知识、信息和技术在主体间高效流动是创新合作建立的基础，然后将在流动过程中的所有知识、信息和技术按照创新系统的内部逻辑进行优化组合从而形成能够在创新过程直接作用的知识流，国家创新系统应该将能促进知识流传递运转的因素都加入。此外，该报告从企业间的相互作用，企业、高校与公共研究机构间的相互作用，知识和技术的扩散以及人员流动四个角度建立了有关国家创新系统运行绩效的评估指标体系，具体如图2-5所示。

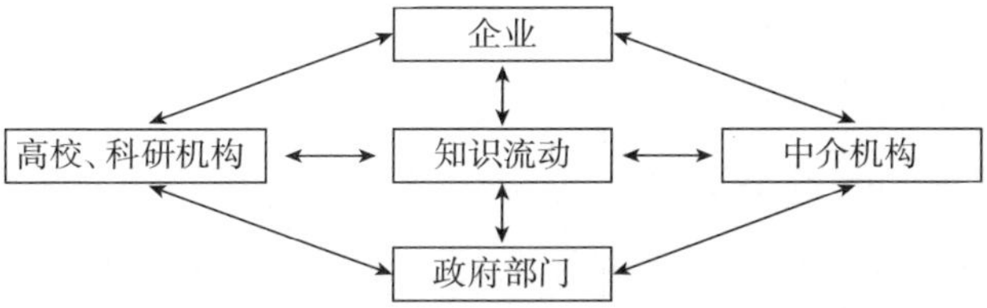

图2-5 OECD国家创新系统结构图

2.1.4 区域创新能力理论

1. 区域概念的界定

在阐述区域创新能力的内涵之前，首先要界定区域的概念。通常情况下，区域的范围并不确定，依据研究者的研究视角，可以人为界定其范围。特别是从空间视角对创新活动进行的研究，对区域进行界定则显得尤为重要。一般情况下，对于区域从地理、经济以及行政三个角度进行分类，在地理角度主要是从自然地理结构进行分类，而在经济角度则是根据区域产业和经济发展及演化的特征进行分类，在行政角度则是根据国家的公共行政管理的分类进行区分。本书选择公共行政管理的划分方式以省级为单位进行区域划分，主要基于以下几点考虑：

第一，政策制定的需要。本书以区域发展不平衡以及国家西部大开发战略和“一带一路”倡议为背景，而地方政府肯定会通过制定相应的创新政策与中央呼应，省级政府相对具有比较适当的权限，在创新活动中的作用相当重要。

第二，数据可得的需要。从数据可得性角度看，省级行政区域的数据是最适合进行研究的，本书最初选定了近50个数据指标，但因为时间跨度为15年，随着时间的推移和采集口径的不断变化，很多数据的完整性和可得性有限，因此实际情况是省级区域层次的数据的完整性和可得性是最好的，这也是分析西部区域创新能力与经济增长的基础保障。

第三，理论演化的需要。从创新系统理论的演化历程来看，国家创新系统是经过不断发展和演化才产生了省级创新系统，因此从理论渊源和对创新系统梯度进行研究的角度看，均需要从省级区域进行分析，这在一定程度上弥补了从整个国家视角下进行创新系统分层研究的不足。

第四，特征属性的需要。区域创新能力的研究需要以区域创新系统为依托，而创新系统是一个包含技术、经济以及社会因素的综合系统，因此区域创新能力也是一种多种要素作用的复杂综合能力。行政区域划分从其属性来看，也同样涵盖区域的经济、社会、文化等因素，所以从特征属性来看具有一定的匹配性。

基于以上考虑，本书根据《中国科技统计年鉴》的区域划分方法将全国划分为以下四个区域：东部区域，主要包括北京、天津、河北、上海、江苏、浙江、福建、山东、广东和海南 10 个省（直辖市）；中部区域，主要包括山西、安徽、江西、河南、湖北、湖南 6 个省；西部区域，主要包括内蒙古、广西、重庆、四川、贵州、云南、西藏、陕西、甘肃、青海、宁夏、新疆 12 个省（自治区、直辖市）；东北区域，主要包括辽宁、吉林和黑龙江 3 个省。

2. 区域创新能力的内涵

综合学术界对区域创新能力的定义，一般认为，区域创新能力是指在一定的经济行政区域范围内，相关创新主体（主要包括政府、企业、高校、科研机构、科技中介机构、金融机构等）通过对各种创新资源（主要包括人才、资金、技术、信息等）进行整合，将知识转化为新的产品和工艺或者服务的能力。

区域创新能力与区域技术创新能力的内涵基本一致，因为技术创新本身就是一个集技术、经济、社会为一体的综合性概念，而不是所谓的纯技术的概念。

理解区域创新能力的含义，还应从以下几个方面进行把握：

第一，区域创新能力从其性质来看属于经济学范畴，强调知识转化形成创新产出，通过创新产出的市场化与产业化过程，并最终转化为经济产出能力，因此，区域创新能力是促进区域竞争力、推动经济增长的核心动力，属于经济学范畴。

第二，知识的创造能力是区域创新能力的原动力。区域创新能力形成的主线围绕着知识创造如何转化并最终实现经济增长，创新的过程无论怎样错综复杂，创新的源头都一定是知识，因此知识的创造与获取和转化是衡量区域创新能力的重要因素。

第三，区域创新能力是依托区域创新系统表现出来的能力，具有显著的系统性特征。主要表现在两个方面：一是这种能力不是某一种要素表现出来的能力，而应是多重要素非线性综合作用形成的表现为集合形式的一组能力，且各单项子能力之间也非简单线性关系，因此创新能力的提升不能简单从某一个角度来考虑，而应从系统本身的属性来采取对策。二是创新主体间的学习、合作、互动作用对创新能力的提升非常重要。这种系统的相互作用可以放大单一要素的作用，形成合力，产生区域创新能力的乘数效应。

通过研究分析提升区域创新能力的有效方法，最终提高区域的技术水平，增强区域竞争优势，优化产业结构升级，推动经济发展，因此区域创新能力的提升是区域经济增长的关键。

2.2　经济增长理论

2.2.1　经济增长的内涵

经济增长主要涵盖两个方面的内容：其一，一个经济体（可指一个国家或者一个地区）在一定时期内（通常是一年）的最终产品和劳务的实际增加量或实际增长率；其二，指在一定时期内，该经济体实现充分就业的产出能力的增加。这两个方面是内在统一的，充分就业的产出水平决定了该经济体实际产出增长的可能性，而实际的经济增长又会在一定程度上提升经济体的充分就业的产出水平。实际产出的增长与潜在的产出能力增长两方面的含义是一致的，二者相互促进，互为因果。

早期的研究中，经济学家对经济增长的关注点主要集中在数量问题的研究，伴随经济实践的不断深入，经济结构变迁、制度差异化和收入分配甚至文化背景、地理条件等问题逐渐成为重要影响变量被引入经济增长的研究之中。目前，经济学家对经济增长理论的研究主要集中于两个方向：一个方向是对经济增长问题的量化研究，即主要探讨经济增长过程中的投入—产出关系以及各投入要素对经济增长的贡献度的测度。这些研究中既包括对经济增长的量的研究，也包括对经济增长的质的研究，尤其是现代计量经济学方法的广泛应用，使得这一类型研究成为经济增长理论研究领域的重要组成部分。经济增长理论研究的另一个方向就是探讨经济增长的机理，注重在理论上分析各投入要素与经济增长的因果关系，以及从投入到产出这一过程中各要素之间的相互关系。这一类型的研究更倾向于从理论上说明经济增长的原因，而且更多的经济学家对于这一问题的研究超出了经济的范畴，将视野投入政治、文化、制度等多领域来解释经济增长的原因，使得这一研究逐渐成为经济理论跨学科融合的前沿领域。

2. 2. 2　经济增长理论的演化

虽然对于经济增长的原因经济学家们站在不同的角度给出了不同的解释，但有一点是大家都认可的，那就是技术进步在很大程度上促进了现代经济的增长。自 20 世纪 40 年代罗伊·哈罗德和埃弗塞·多马展开对于经济增长理论的开创性研究以来，经济增长理论研究经历了三个主要阶段：20 世纪 40 年代的不存在技术进步的哈罗德—多马稳定经济增长理论；20 世纪 50—60 年代以索洛、斯旺为代表的技术外生经济增长理论；20 世纪 80 年代以来以罗默、卢卡斯等为代表的内生经济增长理论。

1. *哈罗德—多马经济增长模型*

英国经济学家罗伊·哈罗德通过在 1939 年发表的论文《论动态理论》，以及分别于 1948 年和 1973 年出版的《动态经济学导论》和《动态经济学》两部著作，提出了哈罗德经济增长理论模型。埃弗塞·多马于 1946 年和 1947 年发表的《资本扩张、增长率和就业》和《扩张和就业》两篇论文以及《经济增长理论》一书中，提出了自己的经济增长理论模型。因其与哈罗德的观点类似，经济学界将他们的研究成果统称为哈罗德—多马经济增长模型，这也成为现代经济增长理论研究的开端。

哈罗德—多马经济增长模型是以有效需求不足为理论前提，对长期经济增长问题进行的系统性研究。哈罗德—多马经济增长模型是在技术不变的条件下，从资本和劳动两个方面来进行研究。这一模型假定：全社会只生产一种产品，而资本—产出比保持不变；只有资本和劳动两种生产要素；不考虑技术进步和资本折旧；生产规模报酬不变。该模型的表达式为：$g=\frac{s}{v}$，其中，g 为实际收入或产出增长率；s 为储蓄率；v 为资本—产出比。通过分析产出增长率、储蓄率和资本—产出比三个变量之间的相互关系，强调资本积累是经济持续增长中的决定性因素。同时也提出经济增长的不稳定性，必须进行政府干预。主要结论为：经济增长率与储蓄率成正比、与资本—产出比成反比。当实际经济增长率与企业家集体预期增长率一致并且等于人口增长率时，才可以实现经济的稳定增长。因此，只有当劳动增长率和资本存量之间保持同步增长时才能达到均衡。

哈罗德—多马经济增长模型假定资本—产出比不变，因此在投入产出关系上并没有考虑技术因素使资本—产出比发生的可能性改变，将技术排除在经济增长的影响因素之外，把经济增长源泉推向唯资本论的方向，同时这一理论还过分强调政府干预的作用，而忽视了市场机制的调节。

2. 索洛—斯旺经济增长模型

1956 年，美国经济学家索洛在《经济增长的一个理论》一文中提出了考虑技术进步因素的经济增长模型，被称为新古典经济增长模型。同年 11 月，英国经济学家斯旺在《经济增长与资本积累》一文中也提出了相似的经济增长理论模型，他们两人的理论因此被合称为索洛—斯旺经济增长模型。随后，英国经济学家詹姆斯·爱德华·米德对新古典经济增长理论做了系统的研究，在《经济增长的一个新古典理论》一文中发展了生产函数，将技术进步作为变量引入生产函数中。在这之后，丹尼森、拉姆齐、卡斯和库普曼斯等扩展了索洛—斯旺经济增长模型，从不同的角度对其进行了补充、修正和完善，使经济增长理论具有了一定微观分析基础，在 20 世纪 60 年代到 80 年代中期占据着经济增长研究中的主导地位。

索洛认为，哈罗德—多马经济增长模型是一种长期经济增长体系中的“刀刃平衡”，其中，资本—产出比、储蓄率和劳动力增长率是主要影响参数，如果这些影响参数稍稍偏离，就会导致增加失业或长期通货膨胀。这种“刀刃平衡”是以保证增长率（由家庭和企业的投资、储蓄习惯决定，用 G_w 表示）等于自然增长率（在技术不变条件下，由劳动力增加决定，用 G_n 表示）来支撑的。G_w 和 G_n 之间“刀刃平衡”的脆弱关系，完全是因为在哈罗德—多马经济增长模型中资本与劳动力两要素间固定的比例关系导致的，即劳动力和资本之间不存在替代关系。因此，索洛基于没有固定投入比例的前提假设建立了新的长期增长模型。

索洛在构建经济增长模型时，放宽哈罗德—多马经济增长模型中资本和劳动两要素不可互相替代的初始假定，承认劳动和资本之间的替代关系，采用柯布—道格拉斯生产函数，得出在均衡条件下经济增长率与人口增长率一致的结论。

索洛—斯旺经济增长模型的表达式为：$Y = AF(L, K)$，其中 Y 代表实际产出水平，A、L、K 分别代表技术、劳动投入和资本投入，并且假设：函数 F（x）呈现出规模报酬不变的特征；满足稻田条件（Inada conditions）；要素的边际生产力递减；储蓄率一定和技术进步等为外生条件。索洛通过将技术进步作为经济增长的外生变量进行研究，得出了投入越多，产出越多；技术水平越高，产出越多的结论。这也就证明了外生的技术进步能够促进经济增长。

索洛—斯旺经济增长模型的不足之处主要在于仅仅把技术进步看作一个外生变量，没有真正去研究认识技术进步的作用；对于规模报酬不变的假设与现实不符；假定劳动和资本两种要素可以不受任何条件限制地任意进行替换，从现实角度考虑也是不切实际的。同时，该模型提出的实现经济均衡增长的要求以技术进步是中性的为条件，这些问题都说明新古典经济增长理论存在一定缺陷。

3. *罗默—卢卡斯经济增长模型*

近年来，随着新经济现象的不断涌现，新古典经济增长理论的局限性日益凸显，20 世纪 80 年代中期以罗默的知识溢出模型和卢卡斯的人力资本溢出模型为代表的新经济增长理论产生了，也被称作内生经济增长理论。

1986 年，罗默在《收益递增和长期增长》一文中阐述了他的经济增长理论。他认为技术进步率应作为与劳动、资本等生产要素同等重要的变量被引入生产函数中。同时，对于技术进步如何带来经济增长这一问题，罗默的回答是知识资本首先会推动专门性部门的知识进步，并通过知识的扩散推动生产部门技术水平的提高，进而导致其物质产出增加，引发经济增长，因此罗默认为技术进步内生于经济系统自身，是推动经济增长的关键性因素。罗默经济增长模型的表达式为：$F_i = F(k_i, K, \overline{X_i})$，其中，$k_i$ 是厂商的某种知识存量，K 是经济的总知识存量，$K = \sum_{i=1}^{M} k_i$，M 为厂商数量，$\overline{X_i}$ 代表其他的如物质资本和劳动力等生产要素的向量。对于整个经济而言，F 规模收益是递增的，当任何 $\theta > 1$，则有 $F(\theta k_i, \theta K, \theta \overline{X_i}) > F(k_i, K, \overline{X_i})$，即说明知识和专业化人力资本的递增效应使得经济规模收益递增。

4 年后，罗默先后发表《内生的技术变化》和《非凸性对理解增长重要吗?》两篇论文，在文章中，他不仅论述了资本、非技术劳动要素、人力资本要素对于经济增长的不同作用，还强调了新知识要素对于经济增长的关键性作用。他认为，在众多引起经济增长的要素中，知识是驱动经济增长的主要动力，人力资本对经济增长有着推动作用。同时他还指出，要保证一个国家经济长期具有较高增长率的增长，就要对知识投资以促进知识积累，通过知识积累促进技术进步，在技术进步的前提下提高资本收益，进一步刺激知识投资的增加，从而形成知识投入与知识产出之间相互作用的良性循环。

卢卡斯认为人力资本作为技术进步的重要因素，具有一定的外部竞争性，通过不同程度的积累可以产生完全不同的收益，进而导致经济增长率和人均产出不同。卢卡斯于 1988 年和 1989 年分别发表了论文《论经济发展机制》和《为何资本不从富国流向穷国》。在文章中，卢卡斯构造了自己的经济增长模型，其表达式为：$Y(t) = AK(t)^{\beta}[u(t)h(t)N(t)]^{1-\beta}h_a(t)^{\gamma}$，其中，$Y(t)$ 为产出量，A 代表技术水平，这里为常数。$K(t)$ 代表整个经济中的资本存量，$0 < \beta < 1$，$N(t)$ 为非技能劳动力数量，h 表示劳动力无差异的技能水

平，u 表示劳动者相同的时间配置，$h_a(t)^{\gamma}$ 用来表现人力资本要素对产出的外部影响，γ 为大于零的常数。

从这个模型中我们可以看到，卢卡斯非常重视人力资本对经济增长的影响，他将人力资本要素从劳动力要素中独立出来，作为独立变量内生于经济增长模型。在他看来，正是人力资本的投入产生的知识溢出效应使得产出可以持续增长。

基于以上结论，卢卡斯认为，知识的溢出效应来自对人力资本的投资，而非来自对物质资本的投资，一个社会在增加对人力资本的投资后会发现，这样做的结果除了可以引致产出的持续增长，还会导致社会平均人力资本水平的提高，并在知识扩散带来的外部影响下，提升整个社会的生产效率，使个人、企业和社会在这一过程中收益。

卢卡斯的经济增长理论在解释发展中国家的资本流动问题时尤其具有现实意义。他认为，正是由于发达国家和发展中国家人力资本水平上的巨大差异，使得发达国家的资本和劳动收益率远高于发展中国家，因此，导致了资本和劳动力在国际间从发展中国家流向发达国家的“反常”现象，这一现象正是新古典经济增长理论所无法解释的。他据此对发展中国家提出忠告，要提高对国际资本的吸引力，必须先提高本国的人力资本水平，这就要求这些国家必须在发展经济的同时，加大人力资本的投资力度，又因为人力资本的投资回报周期比较长，这就意味着发展中国家应将经济增长的短期与长期目标结合起来，制定更加科学的经济增长政策。

从以上的论述中我们不难看出，与新古典经济增长理论相比，新经济增长理论放弃了技术外生化的假定，强调经济增长是内生技术变化的产物。新经济增长理论将知识和人力资本引入增长模式，认为知识和人力资本积累可以产生递增收益并使总的规模收益递增，这就改变了新古典经济增长理论中悲观的增长前景，指出了经济得以持续增长的源泉。罗默、卢卡斯等的新经济增长理论再次引起了学者们对于政府在经济增长中扮演角色的审视，对人力资本投资、知识外部性、R&D 等问题的研究也大大拓展了经济增长理论的研究视野，为经济增长理论发展提供了全新的思路，是理论上的重大创新。

2.2.3 经济增长方式的研究

1. 经济增长方式的内涵

经济增长方式是指导致经济增长的各种要素的配置模式和实现经济增长的途径。经济增长的过程就是各种要素在环境、制度等外在条件制约下，以一定的方式进行配置，实现产出增长的过程。这一动态过程是客观存在的，但形成这一过程的要素结合方式及其增长路径是因地因时存在差异的。不同的国家，不同的经济增长时期，经济增长方式都会有所不同。

经济增长方式与经济增长之间有着密切的联系，任何一个经济体的经济增长都必然伴随着一种经济增长方式，生产要素的组合、资源的配置、投入—产出模式的差异都会对经济增长产生不同的影响，使得国与国之间出现经济增长的差异。可见不同的经济增长方式一定伴随着经济增长过程，增长方式的差异会最终决定经济增长的过程，并从根本上决定经济增长的结果。可以说，经济增长方式是从过程来看待经济增长，是对经济增长内涵的更深层次的诠释。对经济增长方式的研究就是对经济增长问题研究的延伸。

2. 经济增长方式的类型

学者们从不同的角度对经济增长方式进行了分类，主要观点如下：

从投入产出效率的角度，我们可以把经济增长方式区分为粗放型和集约型。粗放型增长的主要表现就是高投入低产出。经济的产出主要依靠大量投入资金、劳动力与原材料和能源等资源来实现，其过程表现为高投入高消耗，结果则是产出的低质量低收益。这种增长方式的特点是片面追求产量、产值和资本回报速度，以生产要素的低效使用为代价，忽视经济增长的质量和效益，是短期经济行为的重要表现。集约型增长则主要依靠提高生产要素利用率来获得经济增长，这种增长方式注重生产要素质量的提升，以降低单位产出的投入量为主要目标实现有质量的增长，在增加经济效益的同时增加社会效益，这种增长方式的主要特点是低投入高产出，是一个经济社会实现绿色高效可持续增长的重要途径。

基于经济增长表现出来的特征，我们可以把经济增长方式区分为速度型和效益型。速度型经济增长方式忽视经济增长的质量，片面追求经济增长的数量指标、产值指标和速度指标，在这种增长方式下，经济增长会呈现出生产要素使用的低效率和产业结构的严重失衡。效益型增长方式则在关注经济增长数量指标的同时更强调产业结构优化和经济结构的均衡，注重提升经济增长质量和人民生活水平。

按照经济增长动力的不同，我们可以把经济增长方式分为投入驱动型和效率驱动型。这种分类方式将经济增长的源泉归结于两个途径：一是要素投入的增加，二是要素效率的提高。前者指通过增加劳动、土地、资本等生产要素的投入数量来驱动经济实现增长。后者则主要依靠技术进步、规模报酬、优化产业结构和提升资源配置质量提高生产要素的效率，进而驱动经济实现增长。

这三种方法虽然分类原因存在差异，分析视角也各有不同，但从本质上讲都没有脱离生产要素投入与产出的数量关系和效率关系这一研究范畴。严格来说，经济增长的过程其实既包含要素投入数量的变化，也包含要素投入效率的提升，只是在研究过程中，我们往往更倾向于将两种增长方式对立起来，探讨不同增长方式下的不同增长结果。

第3章　区域创新能力促进经济增长的机理分析

3.1　区域创新能力的形成机理

3.1.1　创新能力的构成

熊彼特将创新定义为“执行生产要素新的组合”，其中高校与科研院所通过知识活动与其他因素共同作用，以形成多层次、多领域、多角度的复杂体系，是创新过程的原动力。而企业是追求利润的组织，比非营利组织具有更大的激励来从事开发新产品、新工艺的风险性创新活动，因此企业是创新的主体。创新过程是企业、高校、研究机构、政府以及中介组织等众多主体组成的创新系统，以各种方式与相关主体在网络环境中通过交互作用实现创新。由此可见，区域创新能力并不是单一主体或单一路径的作用结果，而是由多主体参与形成知识创造、知识获取和转化、企业创新、创新环境和创新绩效协同互动的系统性行为。

1. 知识创造能力

知识创造是区域技术创新系统作用的上游环节，是实现知识与技术对接、创新与产出转化、效率提升的重要基础。知识创造能否提升组织的创新绩效？王毅研究表明知识创造具有空间获得性、适应性学习、系统合作等特征，是实现复杂理论与知识创造机理相互结合的关键，具体表现在知识社会化、知识表出化、知识连接化、知识内在化、知识实践化等集合层面，通过这些层面的组合实现知识转化路径的模式优化。而陈建勋通过实证分析，指出知识创造是通过组织核心内容进行资源组合，进而在技术创新的基础上提高创新主体的绩效水平，并且知识创新在知识制造和核心能力之间承担中介作用。张铁男对知识演化的动态特征进行了描述，研究表明知识的种类会根据主体需求的匹配效果进行阶段性划分，从而形成能力跃迁性质的契合路径，具有周期性特点。张爱丽指出知识创新过程与内部资本、外部资本在组织的投入情况有重要关系，其中内部资本和外部资本投入的关联性与知识创造之间具有明显关联特征。王重鸣指出知识创造的过程包括社会化、外部化、联合化和内部化等环节，从主体的创新能力、资源构成、作用路径等环节构成了知识创造的二维框架。

由此可见，高校和科研院所作为知识主体，通过基础研究与实验等方式实现知识创新。通过加强知识体系的溢出效应，有效强化核心技术并促进产业竞争力的提高，为多元主体之间的互动合作奠定理论基础；知识创造路径的延伸和转化，必然对知识有所筛选和取舍。构建知识应用到知识创造的良性循环路径，能促进知识转化能力，提升区域创新能力对经济增长的促进作用。

2. 知识获取和转化能力

知识获取和转化是衡量多元主体间协同合作和获取知识及其与技术对接的主要环节，是在技术层面实现知识转移到创新绩效的转化过程。刘树林指出在投入与产出过程中，技术创新的转化过程呈现明显的倒 U 形阶段特征，且技术对于知识的转化能力存在明显的滞后效应，同时技术转化过程与创新效益产出的对接，是提升区域创新系统创新效率的关键所在。对于区域技术转化能力的描述，需要结合相关的表征变量，朱学新研究表明，技术转化对经济发展的促进作用主要表现在研发（R&D）投入作用的发挥中，即存在一定的正相关关系。徐舒指出技术扩散内生转化能力具有一定的脉冲响应和方差波动特征，在长期层面上能够使产出与技术存量之间的关系处于高位平衡。关于技术转化能力的动态性，李靖研究表明技术转化对产出的作用能够促进区域经济增长方式的实现和转型的良性发展。官建成指出创新技术转化过程是在子系统关联下形成整体与局部收益规模状态的组成阶段，上下游技术转化过程的有机匹配能提升科技创新效率，平衡区域创新能力发展。

因此，知识获取和转化能力主要表现在两个层面，包括知识获取和有效转化。知识获取是以知识资源为主要因素，实现知识在不同主体之间的输入与输出。这里的知识主体由高校和企业组成，前者强调知识研发、知识理论化、人力资本培养；后者侧重知识转化、知识链与技术链对接、知识实际应用。知识转化是从知识应用层面出发，通过市场交易机制的技术交易方式促进知识有效配置，实现知识充分共享和交流的目标，从而增强区域创新优势。

3. 企业创新能力

企业作为区域创新系统发挥作用的载体，是宏观产业层面和微观主体合作方面的过渡部分。企业创新过程作用路径的刻画与创新技术转化、创新绩效、创新环境之间都有较为密切的关系。曾萍指出社会资本要素对于企业创新推动作用的发挥不具有直接性，而体现出动态过程的间接差异。同时，康志勇指出企业创新技术的先进性和技术投入的高度对于创新绩效的影响呈现出倒 U 形曲线关系，企业创新活动需要遵循比较优势战略，实现创新绩效的最大化。杜靖指出企业创新活动是企业战略转型、社会中介服务、市场调节能力和政府有机培育综合作用的结果，呈现出较为明显的系统性。潘松挺从网络关系的角度强化了企业创新在时间节点、投入资源、合作范围中的要素关系，指出企业创新在主体协同过程中的网络特征。对于企业创新的实现过程，龚艳萍指出企业创新具有自组织、自适应、自网络等特征，是基于聚集性、流、非线性和多样性实现的多元要素的复杂适应系统。其中政府与企业 R&D 资金投入、市场竞争程度、主体间知识转移和扩散以及学习能力等都是这一系统的重要组成部分。何悦指出各个要素的作用关系并不是简单的线性关系，而是呈现出主体与要素系统动力的网络特征。

通过文献计量可得，企业创新是实现知识转化后，促进技术升级和产业研发整合的关键环节。其主要作用路径包括：以企业为作用平台，结合技术应用与市场导向，完成知识与技术的深度转化，积极推动产业升级，使得西部在承接东部相关产业转移时，通过技术消化、技术吸收、技术升级，结合区域的后发优势进行技术追赶，实现经济增长。

4. 创新环境支撑能力

创新环境作为区域创新系统软实力的重要体现部分，不仅能够通过空间集聚效应，产生资源利用与主体需求深度协同，还能通过外部影响因素优化区域创新系统的作用效果。周景坤研究指出创新环境与创新绩效之间存在着显著的互动关系，其中创业水平、区域创新绩效、产业结构与创新绩效高度正相关。而目前结合我国区域创新系统的发展现状，区域之间的创新能力水平存在明显的不平衡，于明洁指出我国西部地区创新环境与创新产出之间的发展效果与东部、中部地区差距显著，呈现创新环境与创新产出失调性特征。然而，郑艳明通过政府支持、产业结构特征、人力资本结构和市场层面刻画的创新环境回归模型分析了创新环境对于创新主体的协同作用，研究表明创新环境能够有效促进创新主体之间的知识流通与合作互动，从而能够提升区域环境的整体创新能力。吴玉明分析了区域创新环境的空间集群性、区域差异性、创新产出协同性等特征，指出区域创新环境能够完善区域内部合作与竞争的激励作用，在集成环境优势的基础上，对创新产出产生正向的推动作用。同时，赵强指出创新主体与创新环境之间有较强的互动特征，政府与企业采用的创新战略能够促进产业集群的环境创新能力，在提升区域竞争力层面实现反馈性协同效应。

结合本书研究内容，创新环境是区域创新能力发挥作用的外部要素，属于间接参与创新驱动的外生变量。其中政府层面作为政策主体，主要通过政策激励与战略导向，完成主体合作平台的建设。同时，结合西部地区发展现状，不仅可以利用区域优势形成产业发展特色，还可以塑造区域经济模式的个性特征，形成核心竞争优势。

5. 创新绩效产出能力

创新绩效产出能力通常用来衡量区域创新系统的作用效率，可以作为区域创新系统作用效果的主要表征变量。对于创新绩效的衡量，蔡宁指出创新绩效的衡量具有多维度特征，根据创新收益的类型划分可以看出区域创新系统的作用效果具有开放式特性。在系统驱动作用和创新产出之间，贺灵提出创新绩效的衡量应与创新绩效的影响机理相对应，其中区域创新网络要素的协同度、政府支持力度、知识转移效用、创新要素应用效果等都能够作为创新系统绩效构成的参考变量。衡量的层次体系也具有多维度特征，解雪梅指出创新主体在协同网络体系中的绩效表现存在垂直和水平等多元维度，而各个创新要素之间对创新绩效的影响程度也存在显著差异。徐彪研究表明创新绩效的指标体系能够较为清晰地呈现创新系统主体要素的作用路径与特征，其中人力资本分布、R&D投入、环境设施能对创新绩效产生明显的影响。同时，创新绩效对创新系统还具有反作用推动效应，李成龙指出创新绩效能够对基于产学研深度耦合的合作关系有所推动，通过耦合互动过程，主体合作路径、战略合作选择构成创新主体产学研系统耦合作用的闭合循环回路。因此，创新绩效的衡量需要与创新系统的作用路径和具体特征相结合，从整体上构成创新过程的循环体系。

创新绩效是衡量创新能力的表征变量。在区域创新能力作用路径中，其不仅是判断t期的区域创新能力是否有效实现经济增长的重要依据，也是通过分配机制实现在t+1期内合理分配创新收益的主要手段。加强区域互动性和协同性，发挥重点区域的辐射效应和示范效应。

综上所述，区域创新能力的实现是基于创新环境、创新绩效、知识获取和转化、企业创新、知识创造等不同层面综合作用的结果。主要表现在：通过多主体协同的有机互动，在系统性特征作用路径与网络中，实现了知识链与技术链之间的有效对接，从而整体推动创新绩效；主体之间的合作并不是单纯的线性关系，而是通过创新主体之间的网络合作，刻画区域创新能力作用路径；各个层面不同方式的组合是通过主体作用的闭合循环回路实现的，从而在趋势时间层次呈现出节点特性；以上层面为区域创新能力作用路径的刻画和动力学分析提供了较为充分的理论支撑。

通过区域创新能力的作用维度，可以看出区域创新能力与经济增长的作用关系：通过众多影响要素从知识创造、知识获取和转化、企业创新、创新环境和创新绩效五个层面形成区域创新能力。通过企业对知识向技术化的有效迁移与向产业技术能力的深度转移实现产业升级，构建产业技术创新核心竞争力，成为促进经济增长的重要支撑。同时，经济增长能充分发挥资本、原材料、信息资源的作用优势，通过合理化分配，形成人力、资本、技术的协同互动，进一步反作用于创新能力。因此，经济增长反作用于创新能力并对其有支撑作用。

3.1.2 区域创新能力的作用机理

区域创新能力通过高校与科研院所、政府、企业、市场之间协同互动，实现日标统一性、关系紧密性与信息共享性等几个方面的有效统一。结合知识链接机制、知识获取转化链接机制、技术链接机制、协同链接机制形成整体与部分等不同层面的驱动循环回路，实现创新互动机制，相关作用机理如图3-1所示。

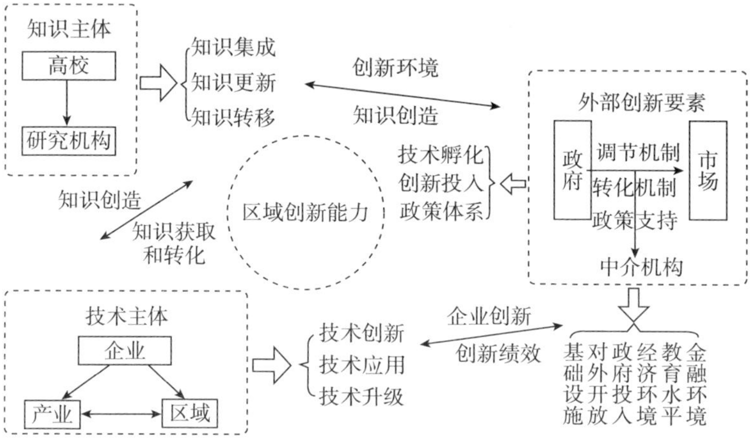

图3-1 区域创新能力作用机理

高校和科研院所作为知识创新的主体，能有效结合多学科交叉优势促进学科领域之间的融合，形成知识创新点，完成相关学科体系的知识更新、知识积累、知识创造、知识淘汰的演化过程。这一主体因为实验室和国家创新中心等理论研究基础平台，能够实现对知识创新层面的模拟仿真，从而减少知识创造在应用过程中的试错成本，提升知识向技术转化的效率。同时知识创造可以有效地结合人力资本的培养过程，在向企业主体输送人力资本的同时完成知识创造的有效扩散，通过人力资本的优化实现知识主体与企业主体的互动合作。

知识和技术在区域创新系统中的主要表现形式具有多种类型，例如专利申请、高新技术、新产品、发明创造、科研成果、论文专著。知识通过相互的合作和外部获取可以对接转化，实现创新绩效的最大化、创新体系作用的最优化。结合区域优势与禀赋，建立适合区域发展的知识技术对接路径是区域创新系统有效发挥作用的关键。

企业平台是将知识创造进行知识配置，再完成知识应用的技术有效转化环节。企业创新同时还可以结合政府层面的战略导向，在用户层面结合市场导向，根据技术的实践与应用对知识主体产生正向激励，从而提升应用性研究的效率。另外，企业将知识链接与技术链接互动完成了将原始资料投入产出的作用过程，从而实现向创新收益的有效过渡。

创新环境作为区域创新系统主体间协同互动的外部体系，能产生主体合作的有效激励，提升主体合作的网络作用路径密度。创新环境在促进作用路径延伸时，可以提供基础设施、提高区域开放程度、提升政府投入效率，强化经济环境与教育水平，优化金融环境。这是区域创新系统在自组织与自适应优化系统的基础上提升创新绩效的主要途径。从而基于创新主体的深度协同，构建区域创新系统良性发展的闭合回路。

创新绩效是从评价层面对创新过程的实践进行客观评估的主要过程，它不仅反映了区域创新系统对要素有效组织的优化程度，也是系统自组织与自适应性动态演化的重要依据。合理的表征变量能够实现对创新过程评价的主要目的，还能客观表达区域闭合回路的实际作用情况。

3.2　区域创新能力促进经济增长的作用机理

创新能力的提升有利于促进科技的进步，同时科技进步也是促进经济集约增长的关键环节。经济快速增长的同时又反过来促进了创新投入的增加和创新环境的改善，从而又进一步推动创新能力提升，这使得创新因素在经济增长中的贡献率大大提高。接着，创新能力的提升又会引发新一轮的技术变革，进一步提高要素的生产效率，从而推动经济迅速而有效地增长。这一过程首先从微观层面企业主体的创新开始。在利润驱动下，企业一方面通过对产品的创新适应或者引领市场需求，强化产品的独特性，提高市场占有率，获得市场竞争的产品优势；另一方面企业努力通过改善技术水平降低生产成本和管理成本，获得市场竞争的成本优势。随着时间的推移，这一过程会被更多的企业模仿，新的产品被不断生产出来，原有的旧产品逐渐被淘汰。消费者对于创新性产品的追逐，必将引起需求结构的变化。这种由产品创新开始而引发的微观需求结构变化，最终会导致市场上供给结构的变化，即新产品代替传统产品，中观层面上新产业逐渐代替传统产业，引发经济社会新一轮产业结构的升级，最终在宏观层面上带来经济增长。

经典创新理论将技术创新解释为科技和经济紧密结合的活动，是发现新科技、商品化新发明、市场化新技术的过程（熊彼特，1912）。提高区域创新能力是推动经济增长的根本动力，通过提高企业的生产效率，增强企业的竞争力，从而调整产业结构并迅速进行升级，转变经济增长方式，最终有效提高经济增长的质量和社会福利水平。区域创新能力促进经济增长的作用原理如图 3 –2 所示。

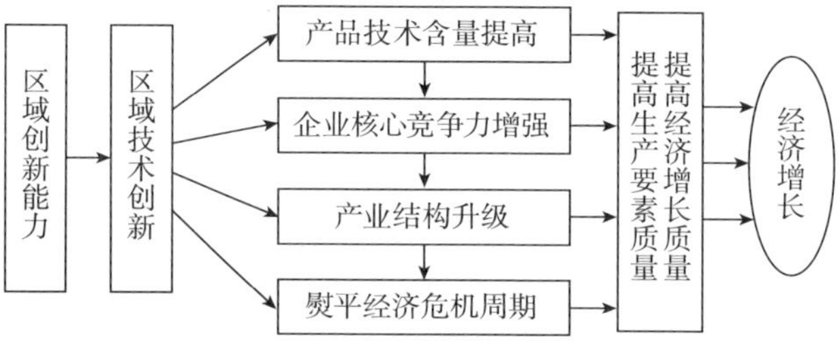

图 3 –2　区域创新能力促进经济增长的作用原理

资料来源：范柏乃．城市技术创新透视［M］．北京：机械工业出版社，2003.

3.2.1　微观层面区域创新能力促进经济增长的作用机理

熊彼特认为，“实施创新活动的主体是企业家”。从微观层面的企业创新能力来看，企业的创新活动能够为企业带来垄断利润，增强企业的竞争力。但随着技术扩散和模仿，创新产出的稀缺性逐渐消失，企业不再能获得超额利润。如果企业想继续保持竞争优势，持续获得超额利润，就必须具备较强的创新能力以保证持续的创新。

如图 3 –3 所示，企业通过提升自身的创新能力来保证其具有持续的竞争力。创新能力增强企业竞争力的作用路径主要包含产品创新和过程创新两条路径。产品创新主要指技术上有变化的产品的商业化，如增加产品种类的水平创新和提升产品质量的垂直创新；过程创新则主要指一个产品的生产技术的重大变革，如创新要素的新组合和组织管理的优化。企业正是通过产品创新和过程创新造就了其垄断的地位，带来了丰厚的垄断利润，从而大大增强了企业在市场中的竞争力。

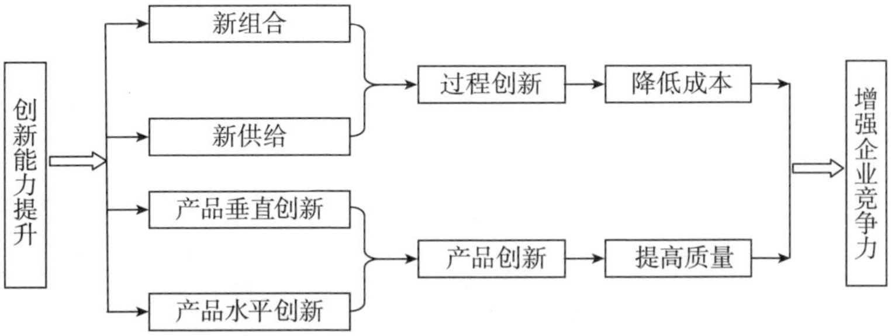

图 3－3　区域创新能力促进企业竞争力作用机理

1. 生产要素的新组合

创新对生产要素组合的优化主要体现在以下两个方面：

第一，技术创新对各种生产要素的边际生产率的影响通常是非均衡的，意味着技术创新使得生产要素之间存在着替代和重组效应，通过改变生产要素的组合方式与结合模式，进一步提高了生产要素的使用效率，降低了生产的成本。主要表现为：一是技术创新提高了人力资源的劳动者素质，通过改变劳动力要素的相对边际生产率，在提高劳动生产率的同时，节约了劳动投入量，或者在相同劳动投入情况下提高了边际生产率；二是技术创新减少了学习成本，即通过改进工作方法并提高工作效率，从而减少了生产时间，提高了生产量，降低了其间的一些费用，因此带来学习曲线的下降，根据学习曲线原理，技术创新将导致产品成本的降低；三是技术创新提高了资本的使用效率，节约了资本投入量或者在相同资本投入情况下提高了边际产出率。

第二，技术创新能够优化企业的组织形式与管理模式，使得区域生产要素的形态和功能发生积极变化，使组织形式和管理模式更科学、高效地对生产要素进行组合，从而降低管理成本和生产成本。

这一过程我们可以通过图 3－4 加以解释。假设 k 为人均资本存量，用来表示投入水平。y 代表人均产出，y 是 k 的函数，表示为 $y=f(k)$ 。人均产出随人均资本存量的增加而增加。初始状态下，我们假定人均产出曲线为 $f(k)$ ，随着创新能力的提升，原有要素的边际产出增加，人均产出曲线位置会向上移动至 $f'(k)$ ，意味着原有投入不变的情况下，人均产出水平增加，即当人均资本存量为 k_0 时，原有技术水平下的人均产出为 y_1 ，创新能力提升后，人均产出水平增加为 y_2 。

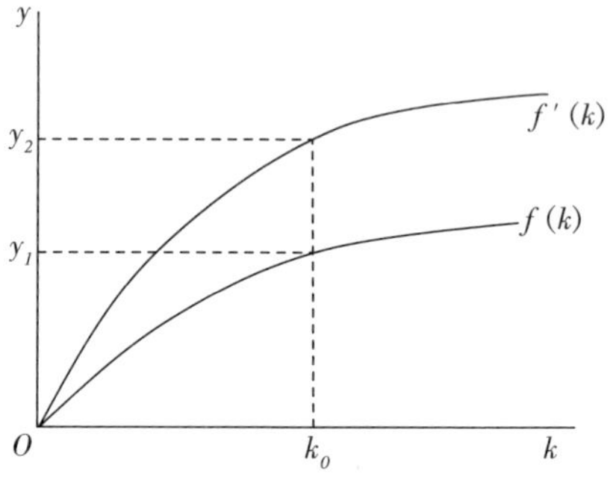

图 3－4　技术创新对产出的影响

创新能力的提升还可以带来另外一种结果，那就是在人均产出不变的前提下使要素投入减少。如图 3－5 所示，创新能力的提升使得人均产出曲线从 $f(k)$ 向上移动到 $f'(k)$ ，人均产出即使不变（图 3－5 中 y_0），需要的人均资本存量减少，即人均资本投入水平伴随着创新能力的提升从 k_1 减少到 k_2。

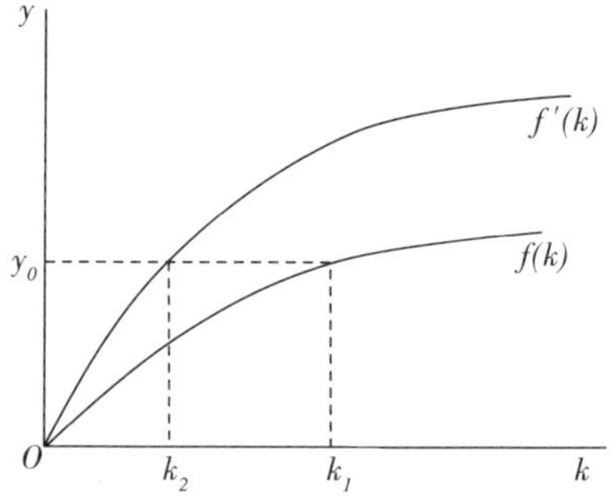

图 3－5　技术创新对投入的影响

2. 新资源的供给

新资源的供给是指技术创新能通过利用新材料、新能源的方式降低原有生产要素的稀缺性，影响要素边际收益递减规律，降低生产成本。具体来说，一是不断拓展可利用资源的范围。随着人们对世界的进一步认识，原来没有的新材料、新能源随着技术创新的发展而被人们创造、发现和利用，人们能够使用的资源范围不断扩大，因此也就阻挡了要素边际递减规律的作用。二是不断深化原有资源的利用程度。通过深度加工提高原有资源的利用价值并挖掘其潜在价值，达到降低成本的效果，例如，石油从最初的可燃烧液体到提炼多种油类产品，再到各种产品的化工原料，体现出在可利用程度不断加深的过程中，可利用要素资源越来越多，这在一定程度上解决了某些要素资源的稀缺问题。总之，无论是对要素资源的深度还是广度的扩展，归根结底技术创新都是要解决要素资源的稀缺性问题，从而影响生产要素边际收益递减规律，降低生产的成本。

如图 3－6 所示，我们假设一个社会只有两个生产者 A 和 B；只生产两种商品 X 和 Y；其中 A 生产商品 X，B 生产商品 Y；L 和 K 分别代表经济社会可得的劳动和资本数量。生产的帕累托最优组合都出现在等产量线的切点上，连接这些最优点，我们可以得到生产的契约曲线。在生产的契约曲线上，如果 X 的产量为 X_1，则意味着在现有技术条件下，在现有的资源约束下，Y 的最大产量为 Y_3。同理，如果 Y 的产量为 Y_1，则 X 的最大产量为 X_3。在图 3－8 中，我们将 X 和 Y 在生产契约曲线上的产量组合描绘出来，所形成的 PP 曲线即为生产可能性曲线，也叫作生产的可能性边界，它代表在技术外生给定的前提下，一个社会的所有要素所能带来的最大产出边界。在曲线内侧（含曲线上的点）的所有产量组合是在现有技术条件下，在既定资源约束下可以实现的产量集合。曲线外侧的产量组合则为生产的不可能性产量集合。

当创新出现时，社会原有的要素数量会增加，这种变化既有可能来源于技术创新带来的新要素的开发和利用，也有可能得益于技术创新对原有传统要素进行的改造。如图 3－7 所示，社会所拥有的资源数量由原来的 L 和 K 增加到 L' 和 K'。在生产的契约曲线上当 X 的产量为 X_1 时，Y 的最大产量为 Y_5，同理，当 Y 的产量为 Y_1 时，X 的最大产量也增加到 X_5。图 3－9 中 PP' 就是要素数量增加后的生产可能性曲线。

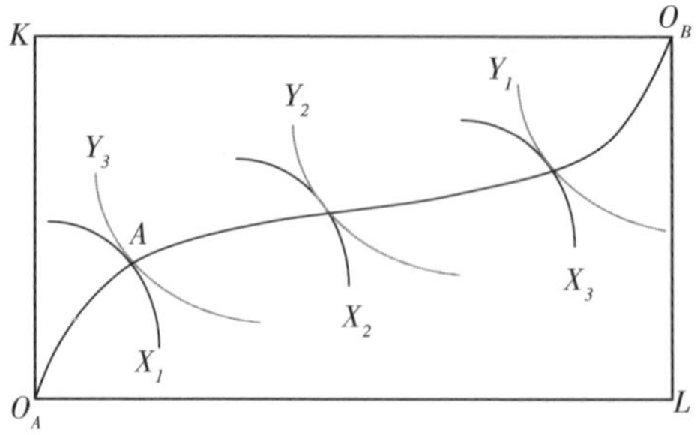

图 3-6　创新发生前的生产契约曲线

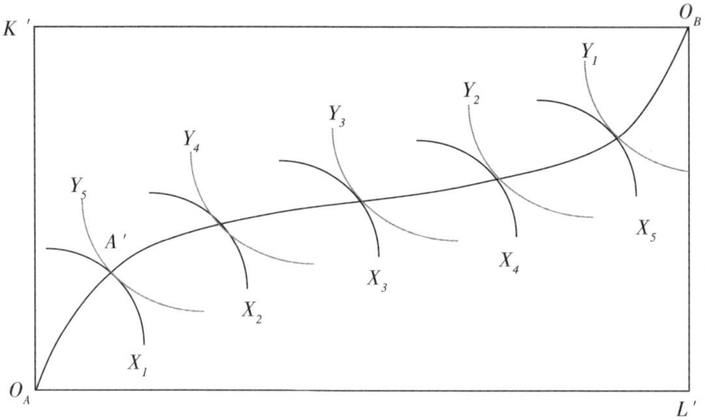

图 3-7　创新发生前的生产可能性曲线

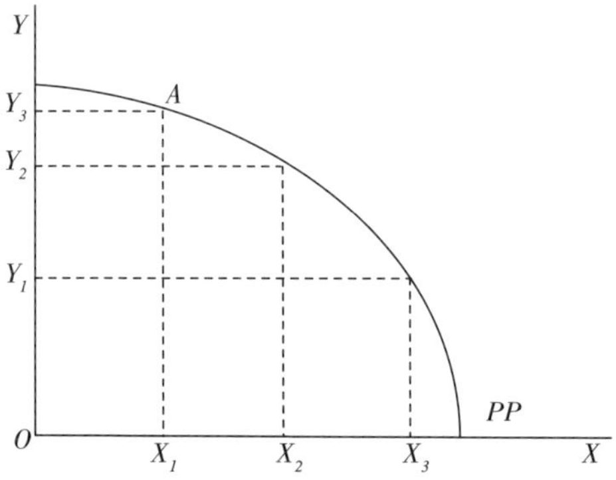

图 3-8　创新发生后的生产契约曲线

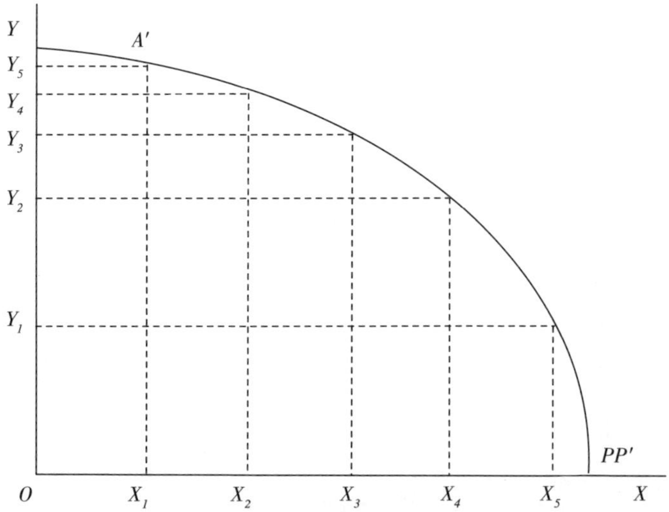

图 3－9　创新发生后的生产可能性曲线

这种变化的结果我们用图 3－10 表示，在创新发生后，技术水平的变化使得要素数量增加，社会生产可能性曲线 *PP* 向外平移至 *PP′*，整个经济社会的潜在产出因此增加。

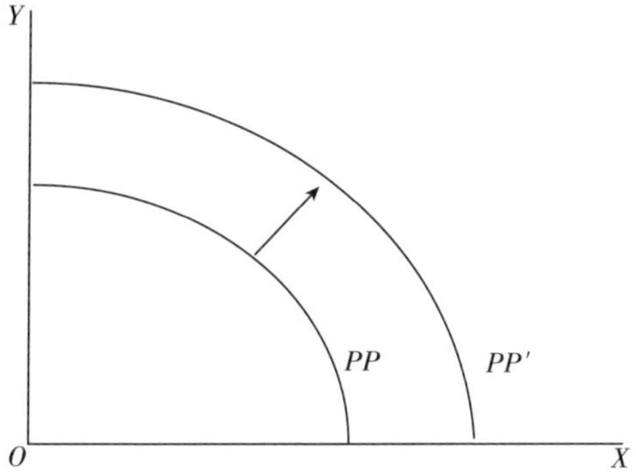

图 3－10　生产可能性曲线的移动

3. 产品水平创新

产品水平创新是指企业家将一种从未有过的新产品引入经济的过程（鲁传一、李子奈，2000）。即通过技术创新增加产品的多样性，新产品与原有产品表现为水平关系，因此被称为产品水平创新。这种类型的创新通常表现出两个优势：一是与其竞争对手相比较，创新企业的产品或服务在性能和品种类别上更具有差异优势，因而更有竞争力，更容易吸引顾客并占领市场，从而促进经济增长；二是从产品自身来看，水平创新通过开发新产品，为消费者提供了多样性选择，与原有产品相比较更大效用地满足了消费者的潜在需求，扩大了消费群体，促进了消费者的消费行为，开拓了新市场，原有均衡产量得到了提升，经济增长也伴随发生。

总之，产品水平创新无论是从增强企业竞争力还是从满足消费需求角度看，最终都是要通过技术创新来增加产品的多样性，从而促进均衡产量上升，最终达到经济增长。

4. 产品垂直创新

产品垂直创新是指企业家对已经存在的产品进行改进和提高质量（鲁传一、李子奈，2000）。即通过技术创新提升产品质量，新产品与原有产品表现为垂直关系，因此被称为产品垂直创新。企业以提高质量为目的，通过技术创新对原有产品进行改进，吸引了消费者对该产品的偏好，刺激消费者的消费需求，从而带动均衡产量上升，促进经济增长。

3.2.2 宏观层面区域创新能力促进经济增长的作用机理

区域创新能力是区域竞争优势的重要体现。Porter（1990）全面阐述了要素驱动、投资驱动、创新驱动和财富驱动的特征及演进过程。因此，创新已经从经济驱动的一种要素成为经济发展的核心，并扩散到整个经济体系，从而改变经济增长方式和发展模式。创新形成的溢出效应能够改善经济增长质量，持续的创新能够促进社会财富良性循环。

区域创新能力促进经济增长的作用机理如图 3 - 11 所示，从中可以看出，区域创新能力的提升，推动了产品结构的调整，引发区域消费需求偏好发生变化，进一步优化了生产要素投入比例结构，进而使得运行模式更为有效，即区域创新主要从产业结构和经济增长方式两个方面推动了经济增长。

区域创新能力具有较强的地域属性，由于不同区域的资源环境条件不同，已形成的优势特色产业不同，因此创新的需求结构也存在着一定的差异性，经济结构自然也大相径庭。因此，不同区域应在已形成产业的基础上，通过技术创新改造和升级传统产业，淘汰落后产业，发展新兴产业，并最终推动区域经济增长。

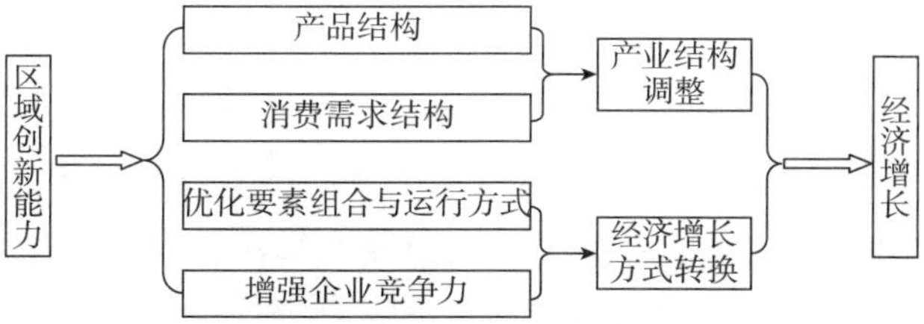

图 3－11　区域创新能力促进经济增长的作用机理

此外，区域创新能力决定了区域内生产要素组合比例关系，生产要素的投入因技术而发生比例结构的变化，也就是说，增长方式发生变化，最终带动经济增长。

1. 区域创新能力对产业结构升级的影响

（1）调整产品结构，推动产业结构升级。

创新能力的提升能够有力地推动技术创新，技术创新通过新产品的产生和对生产要素的重新组合，使得社会和区域分工不断深化和发展，导致区域内兴起新的产业。新兴产业的形成一般有两种模式：一是新产品或新生产方式的不断发展形成新的产业；二是在已有的产业基础上通过改造和分化而形成新的产业。每一次大的技术变革都会兴起新的产业部门。如从以蒸汽机和纺织机技术发明和应用的第一次产业革命到以能源革命为动力的第二次产业革命，再到以微电子技术、原子能技术、光学技术、新兴材料技术为特征的第三次产业革命，每一次重大技术变革都带来产业结构的调整。新产品的大规模生产促进了新兴产业部门的繁荣，同时对落后的产业部门形成竞争压力并最终将落后产业淘汰，从而优化和提升产业结构。

（2）推动消费需求结构调整。

创新能力提升能够有力地推动创新活动，从而促使产品更新换代，影响消费者的消费需求偏好，区域消费需求结构随之发生变化，满足这些消费需求偏好的新产业兴起。同时，使用原有技术的旧产品的消费需求下降，相应的技术落后的旧产业开始萎缩并最终被淘汰。此外，创新活动能够通过降低生产成本从而降低产品的价格，不断地占领市场份额，将市场中消费者的潜在购买力转化为实际支付能力。总之，创新通过改变消费需求结构，推动产业结构变迁。

产业结构的优化有利于提高资源配置效率，促进生产要素从低生产率部门流向高生产率部门，进一步提高要素生产率。区域经济在新兴产业的高增长率带动下，伴随传统产业的改造和落后产业的淘汰，实现持续稳定的增长。

2. 经济增长方式转变

从创新角度看，经济增长方式包括粗放型增长方式和集约型增长方式。粗放型增长通常表现为低效率且单纯以数量增长为目标的外延式增长；集约型经济增长通常表现为高效益且以提高经济增长质量和经济效益为目的内涵式增长。以技术创新为基础的集约型增长方式能够节约资源和提高效益，有力促进经济增长。

区域创新能力的提升能够对生产要素进行重新组合，通过提高人力资源素质和投入要素质量，优化要素配置效率，以最优的要素组合方式与运行模式提高经济增长的质量和效益，使经济增长方式走向集约型增长的道路。

区域创新能力的提升还能够通过增强企业竞争力来推动经济增长方式的转变。区域创新能力的实质涵盖了知识创造—知识技术对接—技术创新—技术成果转化—技术应用的整个过程。因此区域创新能力能够通过企业技术创新来提高企业产品技术含量，提高市场占有率，增强企业竞争力。技术创新的成果经过技术扩散和被其他企业模仿，使得区域的产业结构、市场结构、外贸结构发生新的变化，从而转换原有的经济增长方式，带动经济高质量增长。

第4章 西部区域创新能力与经济增长的空间特征分析

近年来，我国的区域经济发展差距在一定程度上有所缩减，但仍未改变区域发展不平衡的总体格局。区域创新能力的差异导致对区域经济的辐射影响也会有所差异。为了缩短东西部之间的经济差距，提高西部的综合竞争力，探究西部各省域之间的创新能力及其与东部、中部、东北各省域差距则显得为其重要。

本章首先对西部区域创新能力演化的空间特征进行统计描述，然后分析西部区域经济发展空间格局的演化趋势，最后通过对创新能力与区域经济增长的演化路径进行对比分析，力图从时间与空间维度上准确揭示区域创新能力与经济增长的内在关联模式，更好地揭示西部区域创新能力与经济增长之间内在的互动发展关系。

4.1 西部区域创新能力空间动态演化

通过对创新能力已有研究成果的梳理，本研究确定从创新投入、创新产出和创新环境三个方面对西部区域创新能力的空间基本特征进行分析。

4.1.1 西部区域创新投入产出的空间特征

创新投入情况采用R&D人员全时当量和R&D经费投入强度两项指标进行分析。创新产出现状利用国际论文数、三种专利授权数、规模以上工业企业新产品销售收入以及高技术产业主营业务收入四项指标进行分析。

1. 西部区域创新投入力度不足

（1）西部区域创新的人力投入。

人力资源是影响区域创新能力的重要因素。近年来，西部区域不断加大对科技人力资源的投入，科技人力资源总量上呈现加速增长的趋势，科技人才的队伍也逐步优化。但是，由图 4 -1 可以看出，西部与东部、中部、东北地区 R&D 人员全时当量的差距仍然较为明显。

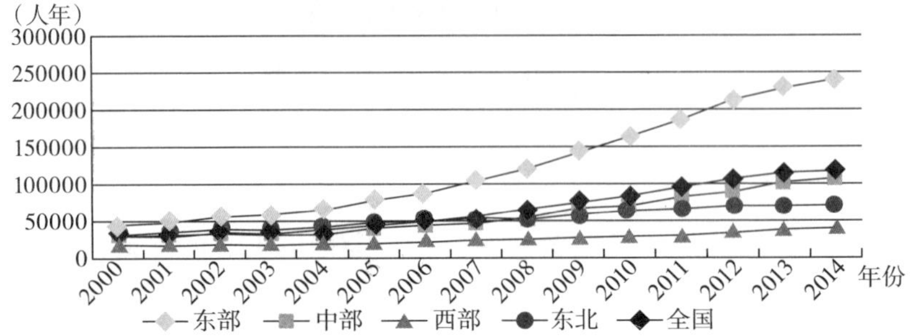

图 4 -1　2000—2014 年 R&D 人员全时当量平均值

资料来源：《中国科技统计年鉴（2001—2015）》。

2014 年，西部 R&D 人员全时当量为 465582 人年，比 2000 年增加了 256732 人年，增长了 55.14%。全国、东部地区、中部地区和东北地区分别增长了 3.02 倍、4.35 倍、2.81 倍、1.16 倍，整体呈增长趋势。2014 年东部、中部、西部、东北地区占全国比重分别为 64.72%、17.02%、12.55%、5.71%。

从图 4 -1 中可以看出，R&D 人员全时当量平均值的空间分布关系为：东部 > 中部 > 东北 > 西部。R&D 人员全时当量平均值分别为 240163 人年、105227 人年、38798 人年、70669 人年，全国为 119696 人年。

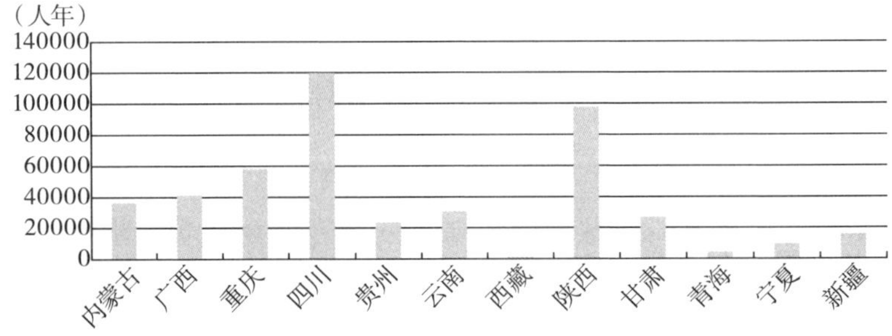

图 4 -2　2014 年西部各省（自治区、直辖市）R&D 人员全时当量

资料来源：《中国科技统计年鉴（2015）》。

从图4－2中可以看出，四川、陕西、重庆三地的R&D人员全时当量位居西部地区前3位，全国排名分别为第11名、第16名、第18名，合计占全国的7.42%，其余9个省（自治区）的R&D人员全时当量合计占全国的5.13%。

（2）西部区域创新的资本投入。

R&D经费投入占GDP的比重是使用最广泛的科技评价指标，从微观层面看，R&D活动反映了企业技术创新能力，有利于增强企业竞争力；从宏观层面看，显示了一个国家或地区的投资结构及经济发展方式的转变程度。

从图4－3中可以看出，2000—2014年西部R&D经费投入强度日渐增长，东部地区最高，2007年以前，西部高于中部；2007年以后，西部低于全国平均水平和其他地区。2014年全国、东部、中部、西部、东北地区R&D经费投入强度分别为2.05%、2.69%、1.55%、1.23%、1.33%，空间分布关系为：东部>全国>中部>东北>西部。

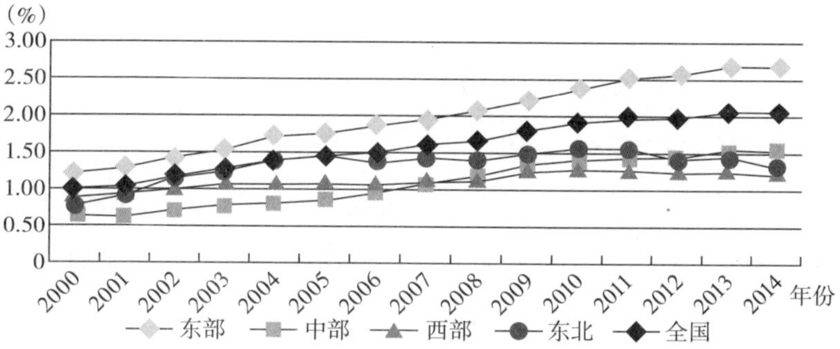

图4－3 2000—2014年R&D目标经费投入强度

资料来源：《中国科技统计年鉴（2001—2015）》。

我国在2006年明确2020年建成创新型国家目标时，提出要把R&D经费投入强度提高到2.5%。2012年美国R&D经费投入占GDP的比例为2.79%，2013年日本为3.49%、韩国为4.15%、德国为2.94%、法国为2.23%、我国为2.05%、我国西部仅为1.25%。

从图4－4中可以看出，陕西、四川、重庆三地的R&D经费投入强度位居前3位，全国排名分别为第8名、第11名、第14名。其余9个省（自治

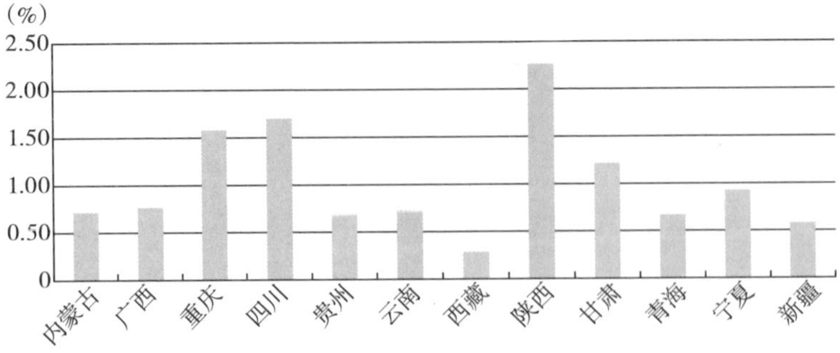

图4-4 2014年西部各省（自治区、直辖市）R&D经费投入强度

资料来源：《中国科技统计年鉴（2015）》。

区）排名基本垫底。

综上所述，西部的人力和资本投入呈现逐年递增趋势，2000—2014年，R&D人员全时当量增长了1.23倍，R&D经费投入增长了11.08倍。然而，整体来看，西部的投入水平依然远远低于东部和其他地区，R&D经费投入强度最低。

2. 西部区域创新上、中、下游产出空间依次递减

创新的产出结构通常被分为上、中、下游三个层次。上游产出主要包括国际论文数，这一层次被认为属于知识创造型成果产出；中游产出主要包括三种专利授权数；下游产出包括规模以上工业企业新产品销售收入等，我们通常把新产品看作商业化应用型产出。

（1）国际论文数。

科技论文作为科技活动产出的一种重要形式，反映了一个国家或地区基础研究、应用研究等方面的情况，是创新的上游产出，该指标通常能够反映一个国家或地区的知识创造能力。因为《中国科技统计年鉴》上关于国外主要检索工具收录科技论文情况的数据时间滞后一年，所以我们以1999—2013年的国外主要检索工具收录西部各省（自治区、直辖市）科技论文的数据进行分析。

西部地区国际论文数由1999年的5226篇增长至2013年的63731篇，增长了大约11.20倍。全国、东部地区、中部地区、东北地区分别增长了9.13

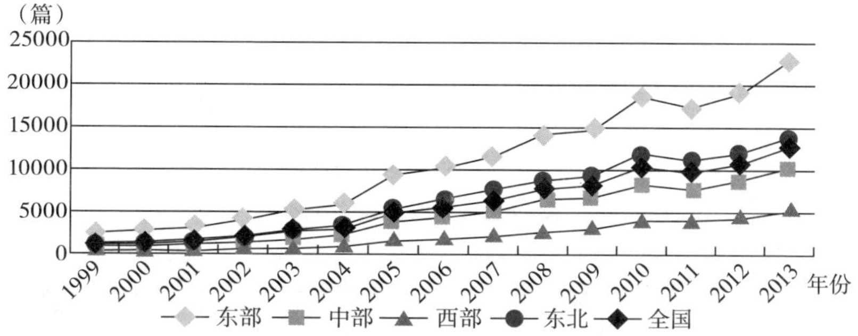

图 4－5　1999—2013 年国外主要检索工具收录我国科技论文数平均值

资料来源：《中国科技统计年鉴（2001—2015）》。

倍、8.13 倍、11.37 倍、9.92 倍。2013 年东部、中部、西部、东北地区的国际论文数分别占全国的 57.77%、15.57%、16.17%、10.49%。

从图 4－5 中可以看出，国际论文数平均值的空间分布关系为：东部 > 东北 > 中部 > 西部。2013 年，全国、东部、中部、西部以及东北地区的国际论文平均数分别为 12714 篇、22770 篇、10225 篇、5311 篇、13778 篇。

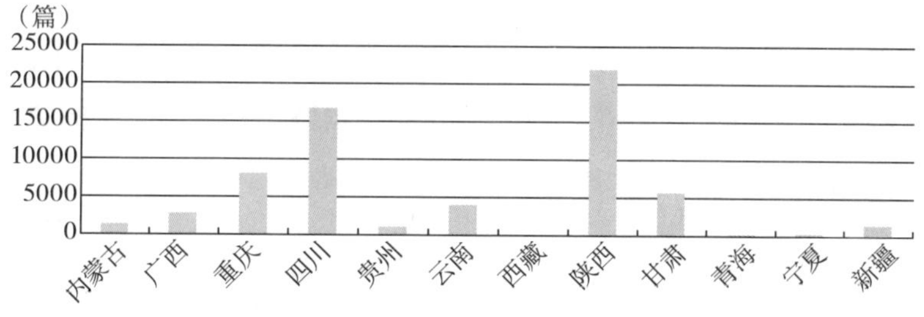

图 4－6　2013 年国外主要检索工具收录西部各区（自治区、直辖市）科技论文数

资料来源：《中国科技统计年鉴（2001—2015）》。

从图 4－6 中可以看出，陕西、四川、重庆排在西部前三名，国际论文数分别为 21948 篇、16711 篇、8089 篇，全国排名分别为第 4 名、第 10 名、第 17 名，分别占全国的 5.57%、4.24%、2.05%。西部其他省（自治区）国际论文数偏低且排名靠后。

（2）三种专利授权数。

三种专利授权数主要包括发明、实用新型和外观设计。

西部三种专利授权数由 2000 年的 11299 件增长至 2014 年的 138702 件，

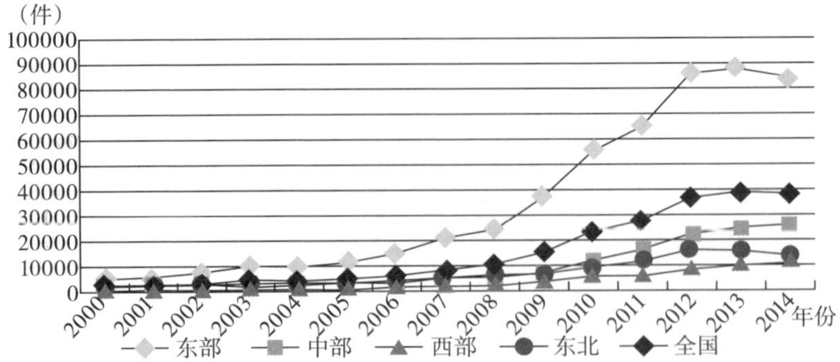

图 4-7　2000—2014 年三种专利授权数平均值

资料来源：《中国科技统计年鉴（2001—2015）》。

增长了 11.28 倍，全国、东部地区、中部地区以及东北地区分别增长了 12.94 倍、14.67 倍、13.39 倍、3.76 倍，整体呈增长趋势。2014 年东部、中部、西部以及东北地区的三种专利授权数占全国的比重分别为 71.53%、13.33%、11.64%、3.49%。

从平均值来看，如图 4-7 所示，2014 年，全国、东部、中部、西部以及东北地区的三种专利授权数平均值分别为 38440 件、85243 件、26479 件、11559 件、13878 件，西部排名最后。三种专利授权数平均值的空间关系为：东部 > 中部 > 东北 > 西部。

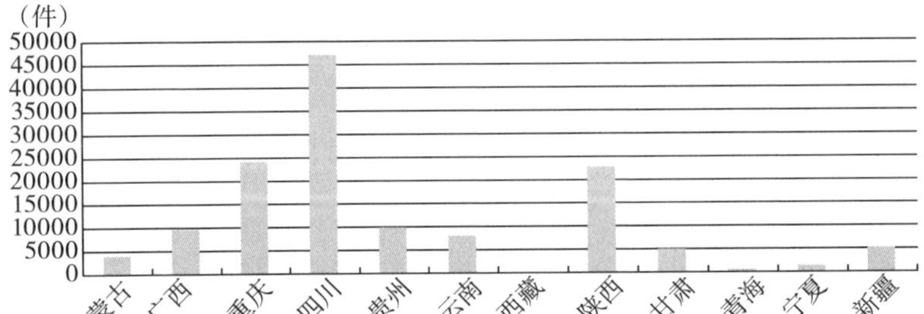

图 4-8　2013 年西部各省（自治区、直辖市）三种专利授权数

资料来源：《中国科技统计年鉴（2001—2015）》。

从图 4-8 中可以看出，2013 年西部地区三种专利授权数排名前 3 位的分别是四川、重庆、陕西，分别位于全国第 8 名、第 14 名、第 15 名，三种专利授权数分别为 47120 件、24312 件、22820 件，占全国的比重分别为 3.95%、

2.04%、1.91%。西部其他省（自治区）整体水平偏低，排名基本垫底。

（3）规模以上工业企业新产品销售收入。

新产品往往代表着产品性能提高了或使用功能范围扩大了。规模以上工业企业新产品销售收入用来衡量企业技术创新能力。

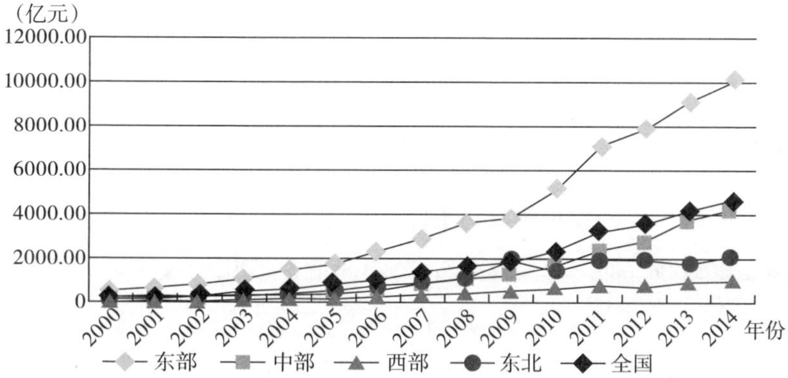

图 4－9　2000—2014 年规模以上工业企业新产品销售收入平均值

资料来源：《中国科技统计年鉴（2001—2015）》。

西部地区规模以上工业企业新产品销售收入由 2000 年的 58.51 亿元增长至 2014 年的 973.91 亿元，增长了 15.65 倍，全国、东部地区、中部地区以及东北地区分别增长了 17.71 倍、16.61 倍、34.20 倍、10.58 倍，整体呈增长趋势。2014 年东部、中部、西部以及东北地区规模以上工业企业新产品销售收入占全国的比重分别为 70.17%、17.30%、8.18%、4.36%。

从图 4－9 中可以看出，规模以上工业企业新产品销售收入平均值的整体空间分布关系为：东部 > 中部 > 东北 > 西部。从平均值来看，2014 年全国、东部、中部、西部以及东北地区的规模以上工业企业新产品销售收入平均值分别为 4609.61 亿元、10027.10 亿元、4119.31 亿元、973.91 亿元、2074.75 亿元。

从图 4－10 来看，2014 年西部前三位重庆、四川、陕西分别位于全国第 13、16、19 名，规模以上工业企业新产品销售收入分别为 3610.78 亿元、2711.30 亿元、1348.42 亿元，分别占全国比重为 2.53%、1.90%、0.94%，西部其他省域整体水平偏低，排名基本垫底。

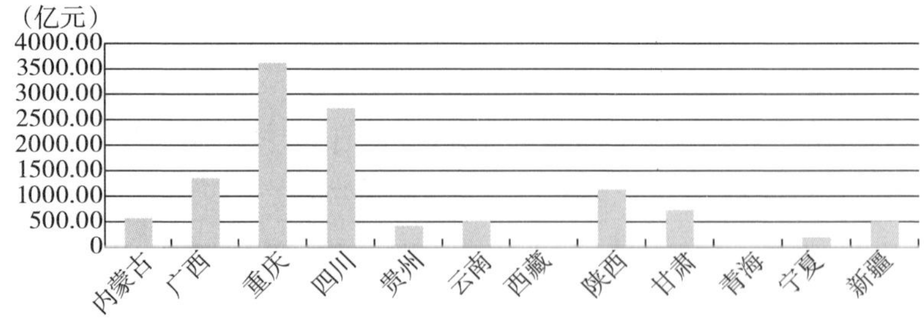

图4-10　2014年西部各省（自治区、直辖市）规模以上工业企业新产品销售收入

资料来源：《中国科技统计年鉴（2015）》。

综上所述，我们发现西部在创新上游的国际论文等纯科研型产出方面占全国的比重最高，而如果从创新成果的商业化应用角度来看，西部明显落后于东部。1999—2013年，西部的国际论文数占全国的比重为11.96%～16.17%，东部地区占全国的比重为57.44%～65.32%；2000—2014年西部的三种专利授权数占全国的比重为8.82%～13.22%，东部地区占全国的比重为63.63%～76.41%；西部规模以上工业企业新产品销售收入占全国的比重为8.16%～10.55%，东部地区占全国的比重为66.97%～75.88%。由此可知，从创新产出的空间结构来看，西部创新产出依据上游产出—中游产出—下游产出呈依次递减态势。

3. 西部区域创新产业化程度较低

高技术产业主营业务可以反映创新的产业化程度。西部高技术产业主营业务收入由2000年的787.12亿元增长至2014年的13495.67亿元，增长了16.15倍。2000—2014年，全国、东部地区、中部地区和东北地区分别增长了11.67倍、10.47倍、26.36倍、6.74倍，整体呈增长趋势。2014年西部高技术产业主营业务收入占全国的比重为10.60%，东部、中部以及东北地区占全国的比重分别为72.39%、13.36%、3.65%。

从图4-11中可以看出，西部与其他地区和全国的高技术产业主营业务收入平均值的空间分布关系为：东部>中部>东北>西部。2014年全国、东部、中部、西部以及东北地区的高技术产业主营业务收入平均值分别为4108.63亿元、9220.59亿元、2835.68亿元、1124.64亿元、1550.67亿元。

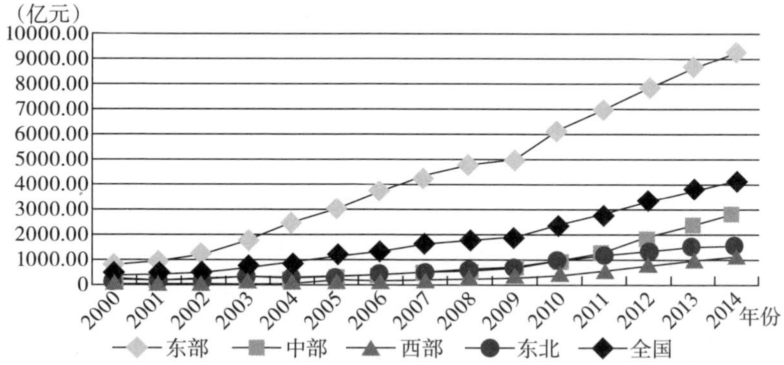

图4－11　2000—2014年高技术产业主营业务收入平均值

资料来源:《中国高技术产业统计年鉴(2001—2015)》。

从图4－12中可以看出,2014年西部高新技术产业主营业务收入排在前3位的分别是四川、重庆、陕西,分别位于全国第5名、第11名、第18名,高技术产业主营业务收入分别为5486.61亿元、3433.66亿元、1649.51亿元。

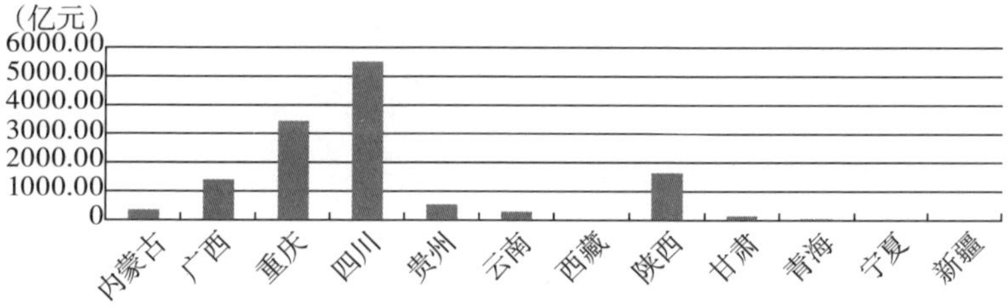

图4－12　2014年西部各省(自治区、直辖市)高技术产业主营业务收入情况

资料来源:《中国高技术产业统计年鉴(2001—2015)》。

创新产业化是衡量创新绩效的重要指标,西部高技术产业主营业务收入占全国的比重为4.53%～10.60%,东部地区为72.39%～88.70%,与东部地区相比,西部的创新产业化程度较低。

4.1.2　西部区域创新环境的空间特征

1. 对外开放程度不高

我们选取进出口贸易总额FDI之和(以下简称“对外开放总额”)来反映对外开放程度。西部区域对外开放总额从2000年的193.09亿元增长至

2014年的3634.12亿元，增长了17.82倍。全国、东部、中部以及东北分别增长了7.79倍、7.12倍、16.17倍、6.47倍，除2009年外整体呈增长趋势，这主要可能是2008年的次贷危机产生的影响。2014年东部、中部、西部以及东北地区对外开放总额分别占全国的80.72%、6.65%、7.95%、4.68%。

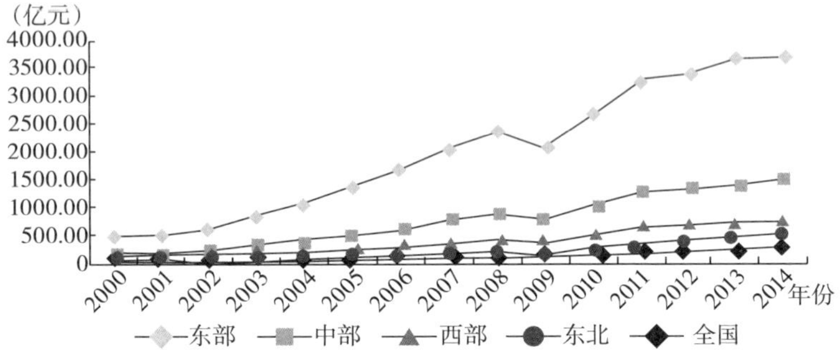

图4－13　2000—2014年对外开放总额平均值

资料来源：《中国统计年鉴（2001—2015）》。

从图4－13中可以看出，对外开放总额平均值的空间分布关系为：东部>中部>东北>西部。从平均值来看，2014年全国、东部、中部、西部以及东北地区对外开放总额平均值分别为1474.05亿元、3688.55亿元、506.42亿元、302.84亿元、712.51亿元。

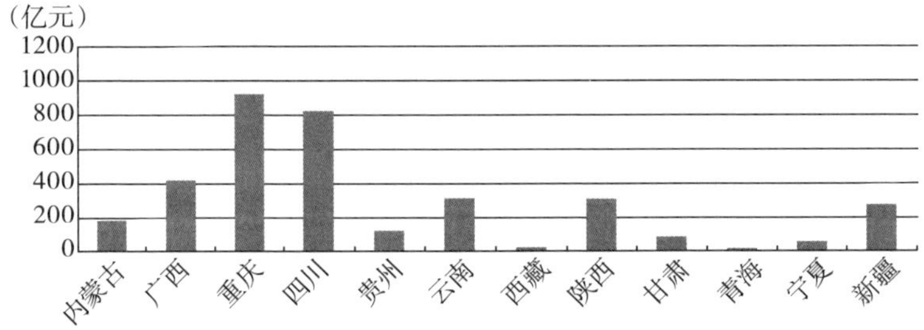

图4－14　2014年西部各省（自治区、直辖市）对外开放总额情况

资料来源：各省、自治区、直辖市2015年统计年鉴和政府网站。

从图4－14中可以看出，2014年，西部地区对外开放总额排名前3位的分别是重庆、四川、广西，分别位于全国第10名、第11名、第18名，对外开放总额分别为996.65亿元、804.93亿元、415.50亿元。西部其他省（自治区）基本垫底。可以看出，西部除重庆、四川外，对外开放程度非常低，这也就反映出西部经济相对比较闭塞，从外部获取技术知识的能力不强。

2. 教育资源投入水平较低

选取地方教育经费支出来衡量地区创新能力的教育资源环境。西部教育经费支出从 2000 年的 693.15 亿元增长至 2014 年的 7417.65 亿元，增长了 9.70 倍，而全国、东部、中部、东北分别增长了 7.31 倍、6.39 倍、7.89 倍、5.63 倍。2014 年西部地区教育经费支出占全国的 26.65%，东部、中部以及东北分别占全国的 43.99%、21.90%、7.47%。

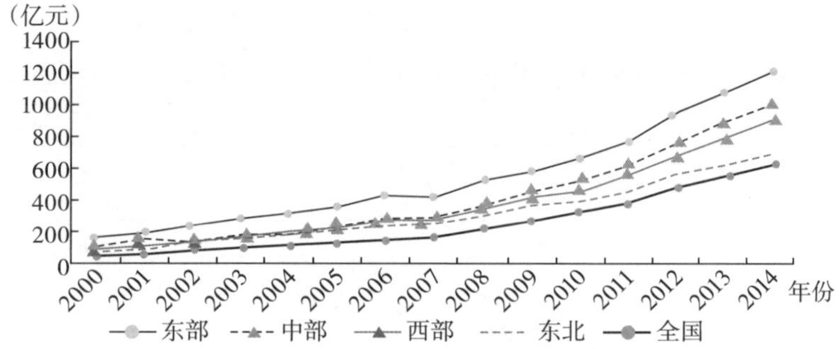

图 4－15　2000—2014 年教育经费支出平均值

资料来源：《中国统计年鉴（2001—2015）》。

从图 4－15 中可以看出，教育经费支出平均值的空间分布关系为：东部＞中部＞西部＞东北。从平均值来看，2014 年全国、东部地区、中部地区、西部地区以及东北地区的教育经费支出的平均值分别为 897.93 亿元、1224.41 亿元、1015.84 亿元、618.14 亿元、692.96 亿元。

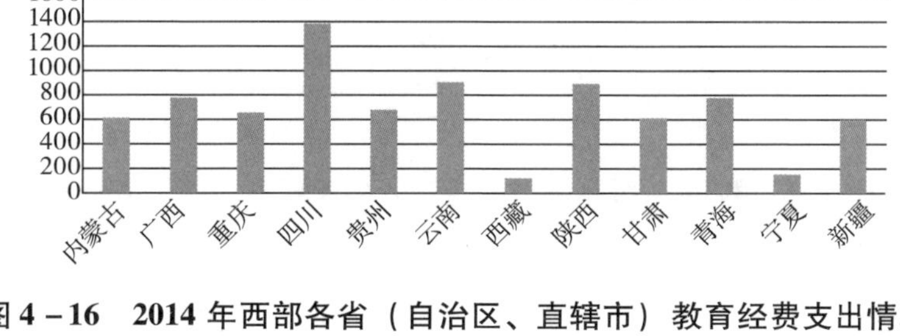

图 4－16　2014 年西部各省（自治区、直辖市）教育经费支出情况

资料来源：《中国统计年鉴（2015）》。

从图 4－16 中可以看出，西部地区教育经费支出排在前 3 位的分别是四川、云南、陕西，三者在全国的排名分别为第 6 名、第 13 名、第 15 名，西部其他省（自治区、直辖市）整体排名垫底。可以看出，除四川、云南、陕西相对比较重视教育资源投入，西部其他省（自治区、直辖市）对教育资源的投入水平整体偏低。

3. 市场经济环境水平有待提高

选取居民消费水平来衡量市场经济环境。西部地区居民消费水平平均值从 2000 年的 2248 元增长至 2014 年的 13437 元，增长了 4.98 倍（如图 4－17 所示）。

而全国、东部地区、中部地区、东北地区分别增长了 4.19 倍、3.86 倍、4.46 倍、3.43 倍，整体呈增长趋势。

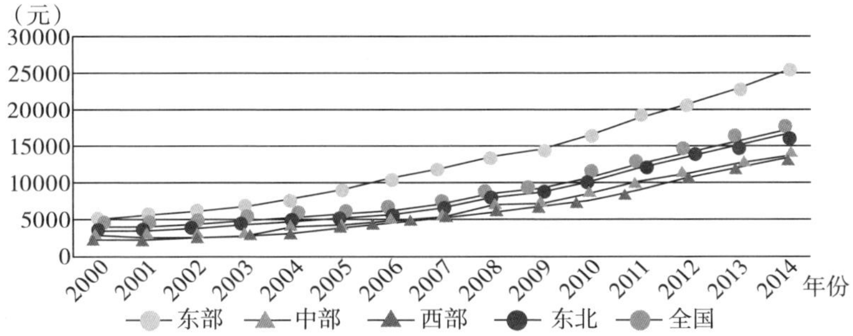

图 4－17　2000—2014 年居民消费水平平均值

资料来源：《中国统计年鉴（2001—2015）》。

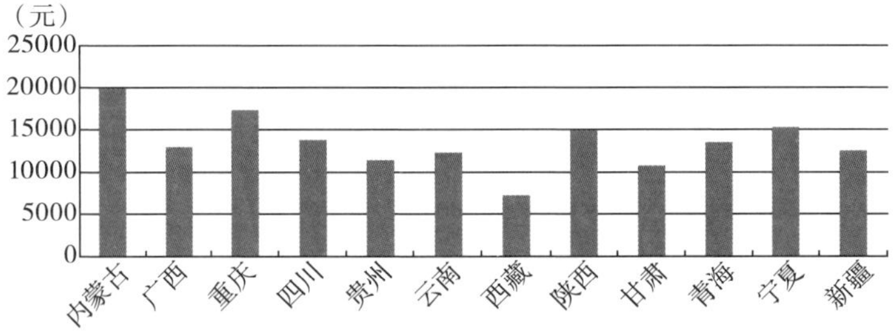

图 4－18　2014 年西部各省（自治区、直辖市）居民消费水平

资料来源：《中国统计年鉴（2015）》。

从图 4－18 中可以看出，2014 年西部地区居民消费水平排在前 3 位的分别是内蒙古、重庆、陕西，在全国排名分别为第 8 名、第 11 名、第 15 名，四川在西部排名第 4 名，在全国排名第 17 名。西部其他省（自治区）整体水平偏低，在全国的排名垫底。

4. 政府研发支持力度不够

选取政府研发投入来衡量地方政府对区域创新活动的支持力度。2008 年（含）以前的政府研发投入数据为各地区科技活动经费筹集来源政府的资金，2008 以后的政府研发投入数据为各地区 R&D 经费内部支出来源政府的资金，统计口径发生变化引起了图 4－19 在 2009 年发生波动。

西部地区政府研发投入从 2000 年的 132.47 亿元增长至 2014 年的 542.94 亿元，增长了 3.10 倍，而全国、东部地区、中部地区、东北地区分别增长了 3.44 倍、3.67 倍、3.29 倍、3.04 倍。2014 年西部地区政府研发投入占全国的 20.60%，东部地区、中部地区以及东北地区分别占全国的 59.45%、12.34%、7.62%。

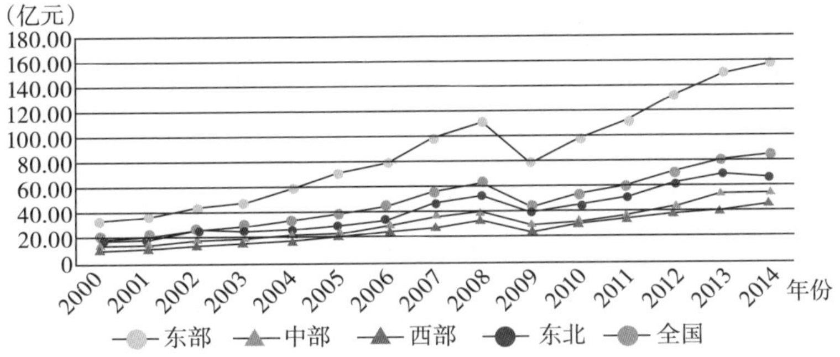

图 4－19　2000—2014 年政府研发投入平均值

资料来源：《中国科技统计年鉴（2001—2015）》。

从图 4－19 中可以看出，政府研发投入平均值的空间分布关系为：东部 > 东北 > 中部 > 西部。2014 年全国、东部地区、中部地区、西部地区以及东北地区的政府研发投入的平均值分别为 85.03 亿元、156.72 亿元、54.20 亿元、45.24 亿元、66.92 亿元。

从图 4－20 中可以看出，西部地区政府研发投入排在前 3 位的分别是陕西、四川、甘肃，在全国排名分别为第 3 名、第 4 名、第 19 名。应该说陕西

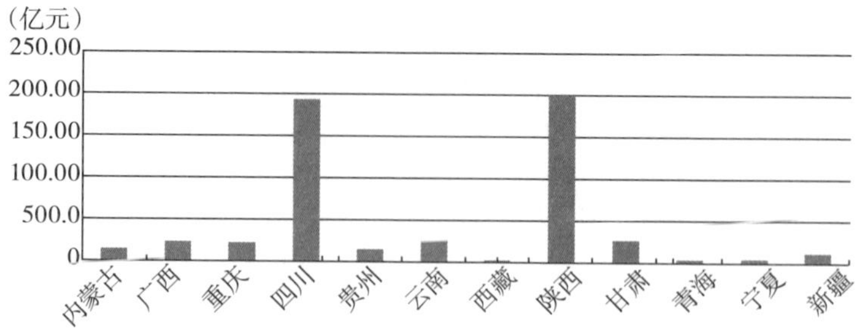

图 4-20 2014 年西部各省（自治区、直辖市）政府研发投入情况

资料来源：《中国科技统计年鉴（2015）》。

和四川的政府研发投入力度较强，但也同陕西和四川高校、研究机构较多的情况相符。此外，重庆全国排名第 23 名，西部其他省（自治区、直辖市）整体排名仍然垫底。因此，整体来看，西部区域政府研发支持力度不够。

5. 创新的金融环境需进一步优化

选取银行业金融机构各项存贷款余额来衡量创新能力的金融环境。西部地区银行业金融机构各项存贷款余额从 2000 年的 37950.5 亿元增长至 2014 年的 401221.84 亿元，增长了 9.57 倍，而全国、东部地区、中部地区、东北地区分别增长了 8.39 倍、8.65 倍、8.17 倍、5.30 倍。2014 年西部地区银行业金融机构各项存贷款余额占全国的 19.83%，东部地区、中部地区以及东北地区分别占全国的 57.07%、16.11%、6.98%

如图 4-21 所示，银行业金融机构各项存贷款余额空间分布关系为：东部 > 西部 > 中部 > 东北。从平均值来看，2014 年全国、东部地区、中部地区、西部地区以及东北地区的银行业金融机构各项存贷款余额的平均值分别为 65264.07 亿元、115470.49 亿元、54337.82 亿元、33435.15 亿元、47077.44 亿元。

从图 4-22 中可以看出，西部地区银行业金融机构各项存贷款余额排在前 3 位的分别是四川、陕西、重庆，在全国排名分别为第 7 名、第 16 名、第 18 名。西部其他省（自治区）整体排名垫底，金融环境需要进一步优化。

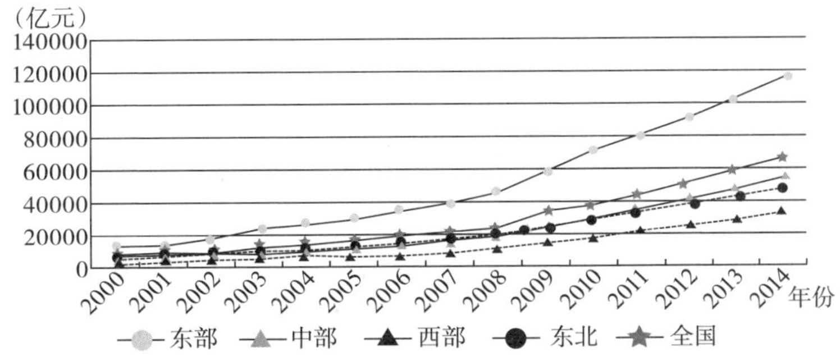

图 4－21　2000—2014 年银行业金融机构各项存贷款余额平均值

资料来源：《中国金融统计年鉴（2001—2015）》和各地区金融统计年鉴。

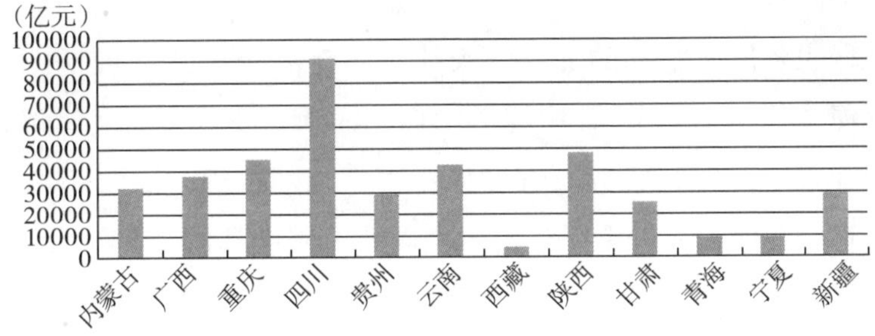

图 4－22　2014 年西部各省（自治区、直辖市）银行业金融机构各项存贷款余额

资料来源：《中国金融统计年鉴（2015）》。

6. 基础设施环境条件亟须改善

选取邮电业务总量和互联网普及率衡量区域创新的基础设施环境。

从附表 1（详见附录）可以看出，西部邮电业务总量从 739.95 亿元增长到 4656.12 亿元，增长了 5.29 倍，全国、东部、中部以及东北分别增长了 3.76 倍、3.54 倍、4.51 倍、1.67 倍。2014 年，东部、中部以及东北邮电业务总量分别为 11790.35 亿元、3981.99 亿元、1405.96 亿元。

西部的前 3 名四川、云南、陕西分别排在全国第 5 名、第 15 名、第 16 名。

2014 年东部、中部、西部地区互联网普及率平均值分别为 60.28%、40.40%、42.18%。西部地区互联网普及率的前 3 名新疆、青海、陕西分别排在全国第 10 名、第 11 名、第 15 名。

4.1.3 西部区域创新能力空间动态演化趋势

根据中国科技发展战略研究小组出版的2001—2015年《中国区域创新能力报告》整理得出2000—2014年中国各省（自治区、直辖市）的创新能力综合值。

选用聚类方法，运用ArcGIS 10.2软件绘制LISA图（即聚集图，又称聚类图）来识别我国区域创新能力2000—2014年的空间格局演化的路径。

2001年创新能力强的地区主要位于东部的北京、天津、河北、东南沿海地区（包括山东、江苏、浙江、上海、福建、广东），中部的安徽、湖北、湖南，西部的陕西、四川、重庆，东北的黑龙江、吉林、辽宁。2002年创新能力强的地区主要位于东部的北京、天津、东南沿海地区（包括山东、江苏、浙江、上海、福建、广东），中部的山西、河南、湖北、湖南，西部的陕西，东北的黑龙江、辽宁，趋势上继续向中部、东部扩散，而西部地区的四川、重庆的区域创新能力显著下降，退出创新能力强的梯队。2003年创新能力强的地区主要位于东部的北京、天津、河北、东南沿海地区（包括山东、江苏、浙江、上海、福建、广东），中部的山西、湖北、湖南，西部的陕西、四川、重庆，东北的黑龙江、吉林、辽宁，西部的四川、重庆重新回归创新能力强的梯队。

2004年东部的河北及中部的河南、安徽加入高创新能力梯队，其他的省（自治区、直辖市）保持原状；2005年东北地区的吉林退出高创新能力梯队，其他省（自治区、直辖市）创新能力空间分布与2004年相同；2007年吉林回归高创新能力梯队，江西也加入高创新能力梯队；2008年的省（自治区、直辖市）高创新能力梯队相比2007年多了西部的云南；2009年在2008年梯队的基础上增加了新疆、贵州、广西；2010年西部的贵州、新疆、云南退出高创新能力梯队，创新能力空间主要分布在东北三省，东部10个省市，中部的6个省，西部的陕西、四川、重庆。2011年西部的甘肃、内蒙古、贵州、广西加入高创新能力梯队，而东部除海南、港澳台外的11个省市、中部的6个省、东北3省均在高创新能力梯队里面；2012年东部的海南、中部的山西加入东北的吉林，西部高创新能力区域包括内蒙古、陕西、四川、重庆、广西。

2013 年与 2012 年相比，东部的河北退出高创新能力梯队行列。2014 年创新能力高的省（自治区、直辖市）主要包括东部的 12 个省，中部的安徽、河南、湖北、湖南，西部的陕西、四川、重庆、甘肃，东北的辽宁。2015 年创新能力高的省（自治区、直辖市）主要分布在东部除河北外的 11 个省市，中部的河南、安徽、湖北、湖南、江西，西部的四川、陕西、重庆、广西，东北的辽宁。创新能力在时空上从失衡逐渐走向区域相对均衡发展。

4.2　西部区域经济发展空间格局的动态演化

4.2.1　西部区域经济发展空间格局特征

1. *改革开放以来我国区域经济发展的历程*

只有了解了我国区域经济发展历程与现状，才能对西部区域经济发展的空间格局演化即未来发展趋势给出研判。

我国区域经济发展历程大致可以分为四个阶段：第一个阶段（1979—1990 年）为向东倾斜的不平衡发展阶段，优先发展东部地区。第二个阶段（1991—1998 年）为非均衡协调发展阶段与区域协调发展战略启动阶段。这一阶段的战略主题是优先发展东部沿海地区，同时强调要兼顾发展中西部地区，讲求效率优先，兼顾公平，实施非均衡协调发展战略。1991 年 3 月首次提出促进地区经济的协调发展。1995 年 9 月进一步明确“坚持区域经济协调发展，逐步缩小地区发展差距”的方针。第三个阶段（1999—2002 年）为区域协调发展战略启动阶段。在这一阶段，国家于 1999 年 9 月正式提出“实施西部大开发战略”。西部大开发战略的实施，又一次对我国的区域格局进行了重大调整，西部地区不仅包括原先三大地带划分下的 10 个省（自治区、直辖市），还包括内蒙古、广西，湖南的湘西州和湖北的恩施州也享受西部大开发战略的优惠政策。在资金投入和优惠政策的推动下，西部的特色优势产业得到了快速发展，人民生活水平得到提高，开始扭转区域不平衡差距加大的趋势。第四个阶段（2003—2010 年）为统筹区域协调发展阶段。这一阶段在加快东部地区发展的同时，兼顾中西部地区的发展，尤其是实施了西部大开发战略，初步遏制了西部地区与全国其他地区尤其是东部地区差距日益扩大的势头。2003 年 10 月国家提出了“实施东北地区等老工业基地振兴战略”，2004 年 1 月中央首次提出“促进中部崛起”。但是，中部地区“塌陷”问题日益突出，尚未从根本上解决中西部地区与东部地区的发展差距问题。

2010 年提出主体功能区的概念，并在 2010 年 6 月 12 日的国务院常务会议审议并原则通过《全国主体功能区规划》，于 2010 年 12 月 21 日发布，并已在 2011 年初下发到省部级。

“十二五”规划纲要提出要“发挥承东启西的区位优势，壮大优势产业，发展现代产业体系”。2014 年 2 月，提出将京津冀一体化上升为国家战略。2014 年 12 月的中央经济工作会议提出在新常态下要“优化经济发展空间格局”的战略部署，继续实施区域总体发展战略，推进“一带一路”、京津冀协同发展、长江经济带建设，积极稳妥推进城镇化。这体现了区域政策导向的新思路，进一步明确了以创新驱动区域经济发展，为优化经济发展的空间格局提供了新的发展思路。在区域发展驱动力上，强调要协调发展、协同发展、共同发展，通过改革创新打破地区封锁和利益藩篱。

2. 西部地区经济发展战略定位

我国西部地区地域广阔，资源丰富，作为东中部产业调整的承接区域，具有较大的发展空间与潜力，是推动我国经济区域协调发展与整体性增长的关键所在，具有不言而喻的战略地位。

西部大开发战略思想的提出最初是为了实现东西互动，区域协调发展，实现共同富裕的发展格局。现将近 10 余年国家对于西部地区经济建设实施的重大决策进行梳理，如图 4 – 23 所示。

“十二五”规划中坚持将西部大开发战略放在优先位置。通过强调特殊政策支持，发挥资源优势和生态安全屏障作用，加强基础设施建设和发展科技教育，支持特色优势产业发展。进一步加大西藏、新疆和其他民族地区的发展力度，促进西部地区的民族发展。中国共产党第十八次全国代表大会强调了西部地区要加快转变发展方式，重点建设实施基础设施保障、优势产业提升、区域城乡协调、改革开放深化四大工程，建立内陆经济开发开放战略高地，通过推进创新驱动和人才科教战略、生态环境培育，塑造硬实力和软实

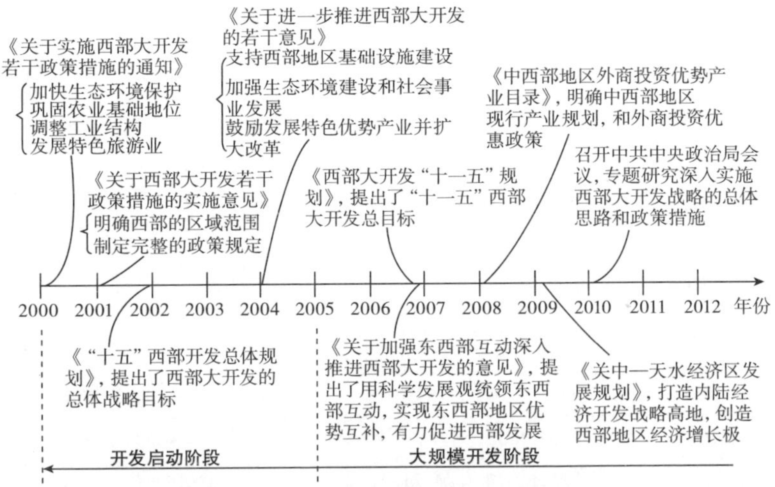

图 4－23　西部大开发战略推进脉络梳理

资料来源：范柏乃，龙海波，王光华．西部大开发——政策绩效评估与调整策略研究［M］．杭州：浙江大学出版社，2011.

力互动式发展氛围，以提升经济综合实力和区域竞争力。

“十三五”规划中提出的推动区域协调发展中提出要深入实施西部开发、东北振兴、中部崛起和东部率先的区域发展总体战略，创新区域发展政策，完善区域发展机制，促进区域协调、协同、共同发展，努力缩小区域发展差距。而针对深入推进西部大开发的区域发展总体战略，提出了把深入实施西部大开发战略放在优先位置，更好发挥“一带一路”建设对西部大开发的带动作用。加快内外联通通道和区域性枢纽建设，进一步提高基础设施水平，明显改善落后边远地区对外通行条件。大力发展绿色农产品加工、文化旅游等特色优势产业。设立一批国家级产业转移示范区，发展产业集群。依托资源环境承载力较强地区，提高资源就地加工转化比重。加强水资源科学开发和高效利用。强化生态环境保护，提升生态安全屏障功能。健全长期稳定资金渠道，继续加大转移支付和政府投资力度。加快基本公共服务均等化。加大门户城市开放力度，提升开放型经济水平。

3. 西部区域经济发展的产业格局现状

对于西部地区的产业发展概况，将从第一、第二、第三产业的具体发展予以说明。通过2000—2014年西部各省（自治区、直辖市）产业总产值的数据筛选，以及各产业和其他地区对应产业总产值的对比分析进行现状说明，相关数值如表4－1所示。

表4－1 西部各省（自治区、直辖市）2000年和2014年农业总产值对比

产业总产值 / 地区	第一产业总产值（亿元）		第二产业总产值（亿元）		第三产业总产值（亿元）	
	2000年	2014年	2000年	2014年	2000年	2014年
东部地区	5872.35	20131.62	25033.44	159085.96	20114.73	170883.30
中部地区	4005.99	15350.65	8824.00	68770.54	6960.98	54558.46
西部地区	3706.78	16432.75	6913.24	65440.53	6034.60	56226.52
东北地区	1259.17	6421.12	5013.23	27215.64	3470.85	23832.34

我国西部第一产业的发展较为良好，各省（自治区、直辖市）依托自身的资源优势和气候特点，结合生物资源的分布情况基本形成了具有区域优势的农作物产业。例如枸杞、红花、葡萄、猕猴桃、土豆、棉花、中药药材等，既具有一定的市场竞争力又有效结合了区位优势，具有不可复制性和地理品牌优势，成为促进西部地区发展的主导特色产业。从表4－1的统计情况可以看出，我国东西部地区与其他地区在第一产业总产值上的差距最小。同时，再加上西部地区劳动力相对廉价，以原有特色农业为主导，以创新驱动的产业升级给西部各省（自治区、直辖市）带来了新的发展空间，如新疆通过棉花基因改良为基础生产的彩棉内衣深受国内外好评，宁夏以枸杞种植为基础进行的果酒加工建立了“宁夏红”酒业品牌。我国西部以特色农业结合创新驱动以实现产业升级具有相当的发展空间。但在西部农业的发展中，存在产业扶持资金不足、农产品技术开发知识产权保护不足、农产品品牌意识薄弱、农产品技术开发和人才培训力度不够等问题，一定程度上制约了我国西部农业的发展，降低了增值能力的空间。故而，我国西部地区农业发展所表现的内部推动、外部需求和市场拉动的驱动效应明显不足，西部农业生产还存在很大的提升空间，并没有发挥出其区域和资源优势。

西部地区资源丰富，矿产种类多、储量大，具有相当的资源禀赋优势。但是我国西部地区的工业发展主要以自然资源的开采和初加工为主，处于能源产业的上游阶段，这种长期依赖不可再生资源开发与开采的经济模式，对于资源的利用效率和附加值都不高，因而乘数作用难以发挥。另外，西部地区第二产业中的轻工业和重工业的发展水平较低，这样容易出现上游产业和下游产业的技术断层，对于我国进行的产业调整以及对于从东中部向西部迁移产业的承接存在一定的不良影响。同时，我国西部地区第二产业的发展存在严重的不均衡性，主要表现在两个方面：第一，我国西部地域辽阔，跨12个省（自治区、直辖市），2014年西部地区各省（自治区、直辖市）第一、第二、第三产业生产总值最高是最低值的38.53倍、41.45倍、22.43倍。第二，我国西部地区第二产业总产值与东部地区差距有所缩小，但仍然存在差距，如表4-1所示，2000年西部地区第二产业总产值只占东部地区的28%，2014年西部地区第二产业总产值占东部地区的41%。这种产业技术水平较低、存在一定的技术断层、区域发展的不协调性长期以来将使西部地区遭受技术和流动的双重损失。

西部产业的技术水平较低，加之人力资本流失率较高，产业技术创新能力不强，新产业未形成一定的系统，不仅制约了西部地区第二产业经济规模的形成，同时也造成了产业结构的不合理，一定程度上挤压了第三产业的发展空间。对于第三产业来说，西部地区总体规模较小，多以传统的服务业为主，产业内部水平较低，和东部第三产业的发展还有相当大的差距。如表4-1所示，西部地区2000年和2014年，第三产业总产值仅仅占到东部地区第三产业总产值的30%和33%。但西部地区自然地貌丰富、民族文化众多、人文资源广泛，这使西部地区第三产业具有相当良好的发展前景。

4.2.2　西部区域经济发展的空间动态演化趋势

这里我们选用聚类方法，对我国区域经济增长空间分布做系统研究，我们运用ArcGIS 10.2软件绘制LISA图来识别我国区域经济增长的空间格局演化路径。选取《中国统计年鉴（2000—2014）》31个省（自治区、直辖市）GDP名义数据，计算出各省（自治区、直辖市）的环比经济增长率（详见附表2），来绘制LISA图。由于我国经济发展战略的不断调整与优化升级，为了更直观、显著地标识出区域经济增长格局的演化路径，我们绘制了2000—

2014 年的 LISA 图。

2000 年经济增速较高的空间主要分布在西部的新疆、西藏、内蒙古、青海、陕西，东北的黑龙江、辽宁，东部的 12 个省市及中部的河南、湖南、湖北。2001 年主要分布在东部的北京、天津、浙江、江苏、上海、广东，中部的山西、湖北，西部的内蒙古、陕西、重庆、贵州、广西、青海、甘肃、西藏、宁夏。2002 年向西部进行转移，西部的西藏、青海、宁夏、内蒙古、陕西、四川、重庆、广西处于高经济增长梯队，东部除福建外的 11 个省、中部的山西，东北的吉林也处于高经济增长梯队。2003 年除辽宁外全国经济增长都比较迅速。2004 年除湖北外的 30 个省（自治区、直辖市）的经济增长都较快，处于第一梯队的有西部的内蒙古、陕西，东部的山东、河北，中部的河北、山西、江西。2005—2011 年经济高速增长区域不断向西部、中部、东北地区扩散，西部地区增长率上升明显。2012—2014 年经济增速较高的地域继续向中部、西部扩散。区域经济增长存在从东部向中西部、东北扩散的趋势，随后持续向西部扩散转移。

4.3 西部区域创新能力与经济增长的演化路径比较分析

创新能力高的地区多数集中分布于东部地区，后来逐渐向西部、东北、中部地区扩散，经济增速较高的省（自治区、直辖市）集中分布于西部地区、中部地区和少数东部区域，并逐步向西部、中部、东北区域扩散。创新能力由沿海向内陆下降的梯度分布与经济增速由内陆向沿海下降的梯度分布形成鲜明的对比，说明创新能力由区域集聚即区域发展失衡逐渐走向区域均衡发展，且多集中在经济发展程度较高的省市，经济发展水平较高的东部地区经济增速较慢，西部、中部、东北地区在跨越追赶。综上可以推断出，初始的经济发展水平与经济发展速度可能存在负向相关关系，而区域创新能力外溢性必须在创新能力达到一定程度后才能充分发挥，创新能力的提升与区域经济增长不是线性的关系，而是非线性的。而滞后 2 年的创新能力提升对经济增长的提升具有显著意义，二者发展路径趋同。

此外，虽然西部地区的区域创新能力整体水平偏低，但其经济增长提升速度较快。西部比东部增长速度快的主要原因有两个方面：一是西部地区国内生产总值绝对量较小，所以增长率虽然高，但增长量依然要小于东部地区；二是产业梯度转移是推动西部增长的重要原因，近年来沿海劳动力成本不断在上涨，而内地的产业发展整体水平偏低，东部的产业逐渐开始向西部转移，西部凭借资源优势与东部逐步形成互补式发展，并不断改善基础设施条件。

“十三五”时期，尽管仍有实施地区间产业转移的空间，但西部可接受的能够由东部继续转移的产业规模将会下降。因此，西部地区应以区域创新能力为推动经济发展的原动力，才能够实现经济的长期快速增长。

综上所述，通过本章的研究，可以看出：第一，通过分析 2000—2014 年西部区域创新活动的投入产出情况，发现西部创新投入和产出呈现逐步增长的趋势，但与东部、中部、东北地区相比，仍然存在差距，特别是与东部差距非常显著。第二，西部区域创新活动的产出表现为，从上游的国际论文数到中游的三种专利授权数，再到下游的规模以上工业企业新产品销售收入，呈现依次递减趋势。如果从专利授权数和新产品等创新的商业化应用角度看，西部则明显落后于东部。同时，西部创新环境的条件有待改善，创新产业化程度偏低。第三，由于西部承接了东部的产业转移，同时东部经济增长乏力，西部的经济增长速度已经快于东部。要继续保持这种快速增长，需要西部依托已有的优势产业，提高区域创新能力，不断优化整体产业结构，转变增长方式，以创新驱动经济的长期快速增长。第四，通过对区域创新能力和经济增长的空间动态演化路径的分析发现：区域创新能力与经济增长之间不是线性关系，而是以非线性的形式存在。那么，这种非线性关系是如何形成并相互作用的？西部区域创新能力如何促进经济增长？创新能力对经济增长的作用大小如何衡量？这一系列问题需要我们在后文中做进一步研究分析。

第 5 章　西部区域创新能力差异的评价分析

要探究区域创新能力与经济增长二者之间的作用关系，首先就要分析区域创新能力的构成和水平，因此本章内容主要研究西部各省（自治区、直辖市）区域创新能力的水平，并对其创新能力差异的形成原因进行分析。

5.1　区域创新能力评价指标体系的构建

5.1.1　指标体系的建立

本章将评价区域创新能力的指标体系分为目标层、准则层和因子层三个层次。目标层是指评价区域创新能力的水平；准则层是指区域创新能力的内容，分别为知识创造、知识获取和转化、企业创新、创新环境、创新绩效；因子层是整个指标体系中最核心的部分，从区域创新能力的内涵出发，在中国科技发展战略研究小组撰写的《中国区域创新能力评价报告》的研究基础上，吸收了其他学者的相关研究成果，进行了一定程度的修改，构建了共涉及 27 个评价指标的区域创新能力评价指标体系（如表 5－1 所示），涵盖了人力资源、科技、教育、金融、国际竞争力及经济增长水平等方面。

表 5－1　区域创新能力评价指标体系

总目标层	子系统层	指标层	指标含义
区域创新能力水平	知识创造能力	R&D 人员全时当量	反映科技人力投入程度
		R&D 经费内部支出	反映 R&D 经费投入程度
		发明专利授权数	反映创新产出和技术水平
		国内论文数	反映论文国内期刊产出能力
		国际论文数	反映论文国际期刊产出能力

续表

总目标层	子系统层	指标层	指标含义
	知识获取和转化能力	技术市场技术流向地域合同金额	反映技术流的情况
		规模以上工业企业国内技术成交金额	反映国内企业之间技术流动的情况
		规模以上工业企业国外技术引进金额	反映国内企业从国外企业引进技术的情况
		外商投资总额	反映利用外资情况
		规模以上工业企业研发人员数	反映工业企业研发人力资源情况
	企业创新能力	规模以上工业企业研发经费内部支出	反映工业企业的研发实力
		规模以上工业企业研发活动经费外部支出	反映工业企业之间合作研发情况
		规模以上工业企业技术改造经费支出	反映工业企业技术提升能力
		实用新型专利授权数	反映工业企业研发和设计能力
		外观设计专利授权数	反映工业企业研发和设计能力
		规模以上工业企业新产品销售收入	反映工业企业新产品开发能力
	创新环境支撑能力	每百人平均国际互联网用户	反映信息基础设施条件
		商品进出口总额	反映对外开放程度
		居民消费水平	反映市场经济环境
		政府研发投入	反映地方政府投入情况
		教育经费支出	反映地方人力资本情况
		银行业金融机构各项存贷款余额占 GDP 比重	反映区域创新的金融环境
	创新绩效产出能力	第三产业增加值占 GDP 比重	反映产业结构
		高技术产业主营业务收入占 GDP 比重	反映产业结构和高技术产业发展状况
		商品出口额	反映商品的国际竞争力
		工业增加值占 GDP 比重	反映产业结构
		国内生产总值	反映经济发展水平

5.1.2　评估方法的选择

1. 评估方法选择依据

评价结果会因为评估方法的不同而有所差异，因此在各种不同的评价方法中，选择合适的评价方法，对评价结果的准确性、可用性和有效性非常重要。较为常用的评价方法主要有：AHP 层次分析法、模糊评价法、灰色关联度评价法以及因子分析法。AHP 层次分析法和模糊评价法是主观赋权法，它们的权重是通过专家经验和主观判断形成的，属于定性的分析方法。灰色关联度评价法因为不能解决指标间的相关性而使得评价信息存在重复的问题。模糊评价法和 AHP 层次分析法主观性很强，致使评价结果没有说服力。因此，本章将通过因子分析法来确定企业创新能力评价指标权重。因子分析法对原始数据进行分析，然后通过因子载荷来确定各指标的权重。这些权重根据客观数据计算所得，并且在因子个数上可以根据使用者的需要进行确定和提取，这就使它同时具有客观性和主观性。

2. 因子分析法

因子分析法属于多元统计分析中处理降维的方法，是主成分分析的发展和推广。它的基本思想是将联系紧密的初始变量归结为同一类公共因子，同类中的初始变量彼此高度相关，但不同类的初始变量之间的相关性比较低。因子分析法将数量众多且关系复杂的变量综合为尽可能少的公共因子，并且在变量和公共因子之间建立相互关系，产生简单的模型，在降低变量数目和问题分析复杂性的同时也减少了重要信息的丢失。

因子分析的基本步骤：

第一步，选择适合因子分析的初始变量。因子分析的基本目的是用尽可能少的综合指标分析多个初始变量之间的关系，这要求初始变量要有相对较强的相关关系，从而能反映某些事物的特点和本质。

第二步，构建因子变量。通过主成分分析构造 m 个主因子，并且用它表示初始变量的正交因子模型。

$$X_{p\times l} \equiv A_{p\times m} \times F_{m\times l} \pm \varepsilon_{p\times l} \qquad (5-1)$$

其中，F 被称为 X 的公共因子，$A \equiv (a_{ij})_{p\times m}$ 是因子载荷矩阵，系数 a_{ij} 是 $X_{p\times 1}$ 在因子 $F_{m\times 1}$ 上的载荷，也就是第 i 个变量在第 j 个公共因子的相关系数。

第三步，对载荷矩阵的估计。估计载荷矩阵最常用的方法是主成分分析法。

第四步，进行因子旋转。原始模型的因子并不一定可以反映出问题的本质特征，因此因子旋转成为解决该问题的重要改进方法。该方法基于因子模型的不唯一性，若 $T_{m\times m}$ 是正交矩阵，则因子模型 $X_{p\times 1}\equiv A_{p\times m}F_{m\times 1}\pm\varepsilon_{p\times l}$ 可写成 $X\equiv(AT)(T'F)\pm\varepsilon$，后者的载荷矩阵为 $M\equiv(AT)$，公共因子为 $N\equiv(T'F)$。因此，若原始模型 $X_{p\times 1}\equiv A_{p\times m}F_{m\times 1}\pm\varepsilon_{p\times l}$ 不容易理解，那么通过正交变换 T，可以把模型变为 $X\equiv(AT)(T'F)\pm\varepsilon$，然后再用新的模型寻找因子并进行合理的解释。

第五步，计算因子变量得分。因子变量的构建是为了最终的因子得分，因为通过公共因子能反映原始变量的相关关系，所以可以用反映原始变量特征的公共因子做代表进行相关研究。首先，构建因子得分函数，即公共因子与原始变量的线性组合；其次，计算出公共因子得分结果；最后，根据需要的某些因子得分对样本进行分类与排序。

5.2　西部区域创新能力差异的实证分析

5.2.1　样本选择和数据来源

本章使用的数据均来自 2015 年《中国统计年鉴》《中国科技统计年鉴》《中国高技术产业统计年鉴》《工业企业科技活动统计年鉴》《中国金融年鉴》《中国科技论文统计与分析》及相关部门的统计数据。以全国 31 个省（自治区、直辖市）为研究的区划单元，应用上述区域创新能力指标体系，利用 SPSS 22.0 软件进行数据处理和分析。区域创新能力指标体系编号如表 5 -2 所示。

表 5 -2　区域创新能力指标体系编号

总目标层	子系统层	指标层	二级指标编号
区域创新能力指标体系	知识创造能力	R&D 人员全时当量	X_1
		R&D 经费内部支出	X_2
		发明专利授权数	X_3
		国内论文数	X_4
		国际论文数	X_5
	知识获取和转化能力	技术市场技术流向地域合同金额	X_6
		规模以上工业企业国内技术成交金额	X_7
		规模以上工业企业国外技术引进金额	X_8
		外商投资总额	X_9

续表

总目标层	子系统层	指标层	二级指标编号
	企业创新能力	规模以上工业企业研发人员数	X_{10}
		规模以上工业企业研发经费内部支出	X_{11}
		规模以上工业企业研发活动经费外部支出	X_{12}
		规模以上工业企业技术改造经费支出	X_{13}
		实用新型专利授权数	X_{14}
		外观设计专利授权数	X_{15}
		规模以上工业企业新产品销售收入	X_{16}
	创新环境支撑能力	每百人平均国际互联网用户	X_{17}
		商品进出口总额	X_{18}
		居民消费水平	X_{19}
		政府研发投入	X_{20}
		教育经费支出	X_{21}
		银行业金融机构各项存贷款余额占 GDP 比重	X_{22}
	创新绩效产出能力	第三产业增加值占 GDP 比重	X_{23}
		高技术产业主营业务收入占 GDP 比重	X_{24}
		商品出口额	X_{25}
		工业增加值占 GDP 比重	X_{26}
		国内生产总值	X_{27}

5.2.2 因子分析

1. 初始变量相关性检验

因子分析之前需对 27 个指标之间的简单相关系数矩阵进行检验。通过计算结果得出各变量之间呈显著相关性的结论，能够提取公共因子，可以进行因子分析的后续步骤。

2. KMO 检验和 Bartlett 球形检验

表 5－3　KMO 检验和 Bartlett 球形检验结果

KMO 检验		0.781
Bartlett 球形检验	卡方检验	1824.376
	自由度	351
	显著性水平	0.000

进一步采取 Bartlett 球形检验和 KMO 检验来分析变量是否具有相关性。KMO 检验结果在 0.5 以下不宜进行因子分析，在 0.7 以上适合进行因子分析，大于 0.9 时效果极佳，本章 KMO 检验值为 0.781，适合进行因子分析。从表 5－3 中可以看出显著性水平低于 0.01，即认为各变量之间存在显著的相关性，这与前面相关矩阵得出的结论一致。

3. *方差解释*

表 5－4　解释的总方差

成分	初始特征值			提取平方和载入			旋转平方和载入		
	合计	方差贡献率（%）	累计贡献率（%）	合计	方差贡献率（%）	累计贡献率（%）	合计	方差贡献率（%）	累计贡献率（%）
1	17.410	64.483	64.483	17.410	64.483	64.483	14.137	52.360	52.360
2	4.702	17.416	81.899	4.702	17.416	81.899	6.076	22.502	74.862
3	1.325	4.906	86.806	1.325	4.906	86.806	3.225	11.944	86.806

提取方法：主成分分析

由表 5－4 可知，使用主成分分析法相应提取 3 个公共因子 F_1、F_2、F_3，分别为 52.360%、22.502%、11.944%，累计方差贡献率达到了 86.806%，说明只要提取前三个公共因子就能较充分地解释大部分原始数据所提供的信息。

同时通过图 5－1 所示的方差贡献碎石图可以看出，第一公共因子对原有变量的贡献最大，第三个以后的因子方差贡献率趋缓，已经可以被忽略，因此提取三个公共因子是适合的。

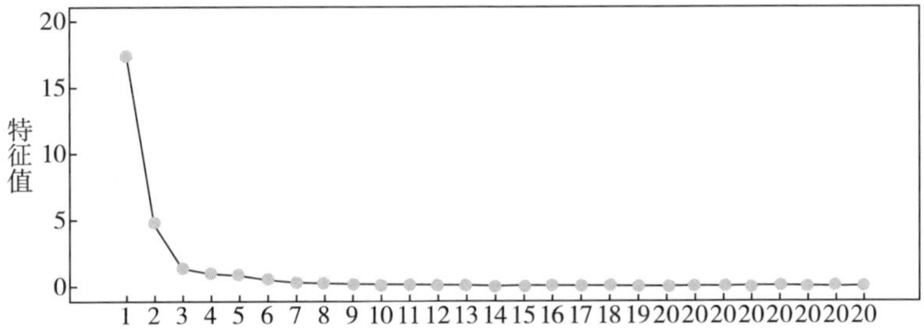

图 5－1　方差贡献碎石图

4. 旋转后的因子载荷矩阵分析

表 5－5　旋转后因子载荷矩阵

	成分		
	1	2	3
规模以上工业企业研发人员数（万人）	0.967	0.155	－0.117
规模以上工业企业新产品销售收入（亿元）	0.960	0.197	－0.039
规模以上工业企业研发经费内部支出（亿元）	0.952	0.195	－0.099
商品出口额（万美元）	0.939	0.049	0.220
R&D 人员全时当量（人年）	0.916	0.359	－0.010
外观设计专利授权数（件）	0.903	0.035	0.066
国内生产总值（亿元）	0.889	0.274	－0.282
实用新型专利授权数（件）	0.888	0.303	0.005
外商投资总额（亿美元）	0.874	0.299	0.221
商品进出口总额（万美元）	0.859	0.276	0.324
规模以上工业企业研发活动经费外部支出（亿元）	0.838	0.417	－0.017
教育经费支出（亿元）	0.831	0.295	－0.299
R&D 经费内部支出	0.824	0.540	0.056
高技术产业主营业务收入占 GDP 比重（%）	0.781	0.332	0.107
规模以上工业企业技术改造经费支出（亿元）	0.766	0.211	－0.360
发明专利授权数（件）	0.721	0.621	0.220
规模以上工业企业国内技术成交金额（万元）	0.711	0.256	－0.021
规模以上工业企业国外技术引进金额（万元）	0.677	0.420	0.400
政府研发投入（亿元）	0.054	0.939	0.285
国际论文数（篇）	0.309	0.915	0.191
国内论文数（篇）	0.484	0.847	0.088
技术市场技术流向地域合同金额（万元）	0.396	0.837	0.258
居民消费水平（元）	0.475	0.594	0.412
银行业金融机构各项存贷款余额占 GDP 比重（%）	－0.101	0.425	0.812
第三产业增加值占 GDP 比重（%）	0.097	0.557	0.774
工业增加值占 GDP 比重（%）	－0.297	0.052	0.733
每百人平均国际互联网用户（人）	0.428	0.437	0.559
提取方法：主成分分析			

由表 5－5 可知，公共因子 F_1 在 X_1、X_2、X_3、X_7、X_8、X_9、X_{10}、X_{11}、X_{12}、X_{13}、X_{14}、X_{15}、X_{16}、X_{18}、X_{21}、X_{24}、X_{25}、X_{27} 等上载荷较大，包括区域创新投入和产出指标，因此将 F_1 命名为区域创新的投入产出因子。公共因子 F_2 在 X_4、X_5、X_6、X_{19}、X_{20} 等上载荷较大，X_4 是国内论文数，X_5 是国际论文数，X_6 是技术市场技术流向地域合同金额，X_{20} 是政府研发投入，这些指标主要反映知识创造的投入产出能力及知识获取和转化能力，因此将 F_2 命名为知识创造和获取转化因子。公共因子 F_3 在 X_{17}、X_{22}、X_{23}、X_{26} 上载荷较大，X_{17} 是每百人平均国际互联网用户，X_{22} 是银行业金融机构各项存贷款余额占 GDP 比重，X_{23} 是第三产业增加值占 GDP 比重，X_{26} 是工业增加值占 GDP 比重，这些指标主要反映产业结构和创新环境指标，因此将 F_3 命名为区域创新的产业结构和环境因子。

（5）因子得分的系数矩阵

根据因子得分系数矩阵（见表 5－6）得到最终的因子得分式（5－2）、式（5－3）、式（5－4）。

表 5－6　2014 年区域创新能力指标体系评价指标主成分得分系数矩阵

	成分		
	1	2	3
R&D 人员全时当量	0.063	0.006	－0.020
R&D 经费内部支出	0.028	0.078	－0.044
发明专利授权数	0.015	0.086	0.004
国内论文数	－0.064	0.252	－0.137
国际论文数	－0.089	0.282	－0.121
技术市场技术流向地域合同金额	－0.059	0.218	－0.061
规模以上工业企业国内技术成交金额	0.052	－0.002	－0.016
规模以上工业企业国外技术引进金额	0.057	－0.038	0.139
外商投资总额	0.087	－0.073	0.102
规模以上工业企业研发人员数	0.094	－0.059	－0.014
规模以上工业企业研发经费内部支出	0.087	－0.045	－0.017
规模以上工业企业研发活动经费外部支出	0.043	0.044	－0.045
规模以上工业企业技术改造经费支出	0.037	0.059	－0.161
实用新型专利授权数	0.070	－0.017	－0.001

续表

	成分		
	1	2	3
外观设计专利授权数	0.120	-0.147	0.099
规模以上工业企业新产品销售收入	0.093	-0.062	0.012
每百人平均国际互联网用户	0.035	-0.032	0.189
商品进出口总额	0.098	-0.107	0.156
居民消费水平	0.003	0.064	0.082
政府研发投入	-0.119	0.308	-0.104
教育经费支出	0.038	0.067	-0.148
银行业金融机构各项存贷款余额占 GDP 比重	-0.012	-0.018	0.267
第三产业增加值占 GDP 比重	-0.010	0.015	0.232
高技术产业主营业务收入占 GDP 比重	0.060	-0.015	0.031
商品出口额	0.136	-0.187	0.172
工业增加值占 GDP 比重	0.015	-0.122	0.310
国内生产总值	0.050	0.045	-0.130
政府研发投入	-0.119	0.308	-0.104
提取方法：主成分分析			

$$F_1 = 0.063X_1 + 0.028X_2 + 0.015X_3 - 0.064X_4 - 0.089X_5 - 0.059X_6 + 0.052X_7 + 0.057X_8 + 0.087X_9 + 0.094X_{10} + 0.087X_{11} + 0.043X_{12} + 0.037X_{13} + 0.070X_{14} + 0.120X_{15} + 0.093X_{16} + 0.035X_{17} + 0.098X_{18} + 0.003X_{19} - 0.119X_{20} + 0.038X_{21} - 0.012X_{22} - 0.010X_{23} + 0.060X_{24} + 0.136X_{25} + 0.015X_{26} + 0.05X_{27} \quad (5-2)$$

$$F_2 = 0.006X_1 + 0.078X_2 + 0.086X_3 + 0.252X_4 + 0.282X_5 + 0.218X_6 - 0.002X_7 - 0.038X_8 - 0.073X_9 - 0.059X_{10} - 0.045X_{11} + 0.044X_{12} + 0.059X_{13} - 0.017X_{14} - 0.147X_{15} - 0.062X_{16} - 0.032X_{17} - 0.107X_{18} + 0.064X_{19} + 0.308X_{20} + 0.067X_{21} - 0.018X_{22} + 0.015X_{23} - 0.015X_{24} - 0.187X_{25} - 0.122X_{26} + 0.045X_{27} \quad (5-3)$$

$$F_3 = -0.020X_1 - 0.044X_2 + 0.004X_3 - 0.137X_4 - 0.121X_5 - 0.061X_6 - 0.016X_7 + 0.139X_8 + 0.102X_9 - 0.014X_{10} - 0.017X_{11} - 0.045X_{12} - 0.161X_{13} -$$

$0.001X_{14}+0.099X_{15}+0.012X_{16}+0.189X_{17}+0.156X_{18}+0.082X_{19}-0.104X_{20}-0.148X_{21}+0.267X_{22}+0.232X_{23}+0.031X_{24}+0.172X_{25}+0.310X_{26}-0.130X_{27}$ (5-4)

设区域创新能力综合评价值为Z，指标变量分别是 $X_1, X_2, X_3, \cdots, X_7$。第一主成分为 F_1，第二主成分为 F_2，第三主成分为 F_3，根据总方差解释表，第一主成分解释方差贡献率为52.36%，第二主成分解释方差贡献率为22.502%，第三主成分解释方差贡献率为11.944%，因此有模型公式：

$$ZF=\frac{52.36\%F_1+22.502\%F_2+11.944\%F_3}{86.806\%} \tag{5-5}$$

根据式（5-2）、式（5-3）、式（5-4）、式（5-5）可得最终的创新能力综合得分公式为：$ZF=0.03195X_1+0.02696X_2+0.02768X_3+0.00683X_4+0.0024X_5+0.01088X_6+0.02487X_7+0.0379X_8+0.04131X_9+0.03427X_{10}+0.03340X_{11}+0.02704X_{12}+0.01342X_{13}+0.03271X_{14}+0.04158X_{15}+0.03618X_{16}+0.03370X_{17}+0.04587X_{18}+0.02577X_{19}-0.00542X_{20}+0.01730X_{21}+0.02156X_{22}+0.02585X_{23}+0.03174X_{24}+0.04967X_{25}+0.01743X_{26}+0.02078X_{27}$ (5-6)

根据式（5-6）得出的最终计算结果详见表5-7。

表5-7　各地区区域创新能力因子分析得分排名

地区	F_1	排名	F_2	排名	F_3	排名	ZF	排名
广东	3.26930	1	-0.70896	27	1.21428	5	1.95529	1
江苏	2.90535	2	0.81905	4	-0.70717	22	1.86747	2
上海	0.74740	5	0.94503	3	2.26778	1	1.00783	3
浙江	1.69502	3	-0.50343	24	0.47832	8	0.95772	4
北京	-0.93565	31	4.37887	1	1.84365	3	0.82440	5
山东	1.24792	4	0.62396	6	-1.35970	31	0.72738	6
福建	0.32998	6	-0.39769	19	0.21109	12	0.12499	7
天津	-0.05994	9	0.09769	10	0.46081	9	0.05257	8
辽宁	-0.11946	11	0.38897	8	-0.49215	20	-0.03894	9
重庆	-0.10126	10	-0.40410	20	0.54448	6	-0.09091	10
四川	-0.20060	14	0.65790	5	-1.02919	26	-0.09207	11
湖北	-0.23680	16	0.59961	7	-0.77151	23	-0.09356	12

续表

地区	F_1	排名	F_2	排名	F_3	排名	ZF	排名
河南	0.05033	7	0.05932	12	-1.33718	30	-0.13825	13
安徽	-0.05525	8	0.08524	11	-1.06025	28	-0.15711	14
湖南	-0.12509	12	0.19430	9	-1.13411	29	-0.18113	15
河北	-0.17030	13	-0.04879	13	-0.93303	25	-0.24375	16
陕西	-0.65766	28	1.00450	2	-1.03112	27	-0.27818	17
江西	-0.22896	15	-0.44124	22	-0.67699	21	-0.34563	18
山西	-0.46492	19	-0.29664	16	-0.02716	16	-0.36106	19
黑龙江	-0.56597	23	-0.11892	14	-0.09643	17	-0.38548	20
广西	-0.44365	17	-0.37459	17	-0.45721	19	-0.42761	21
海南	-0.61406	25	-1.05172	30	1.55298	4	-0.42934	22
内蒙古	-0.45749	18	-0.38920	18	-0.40901	18	-0.43312	23
云南	-0.56400	22	-0.48976	23	0.12408	14	-0.45008	24
吉林	-0.50618	20	-0.15142	15	-0.77715	24	-0.45150	25
甘肃	-0.62124	26	-0.41385	21	0.18339	13	-0.45677	26
贵州	-0.54748	21	-0.55444	25	0.06922	15	-0.46443	27
新疆	-0.57709	24	-0.62322	26	0.32043	11	-0.46555	28
西藏	-0.68844	30	-1.30820	31	2.08881	2	-0.46696	29
宁夏	-0.62859	27	-0.79717	29	0.50161	7	-0.51678	30
青海	-0.67522	29	-0.78110	28	0.43842	10	-0.54944	31

5.2.3 实证结果分析

表5-7是对2014年区域创新能力进行实证分析的结果，其各地区区域创新能力综合得分排名与《中国区域创新能力评价报告（2014）》中的综合排名大致相符。西部区域创新能力综合得分呈现整体偏低且各省（自治区、直辖市）之间差距较大的特征。

1. 整体情况

我国区域创新能力整体水平特征表现为由东向西依次递减，西部区域整体水平偏低。

整体来看，从图5-2中可以发现：第一，区域创新能力均值东部区域最

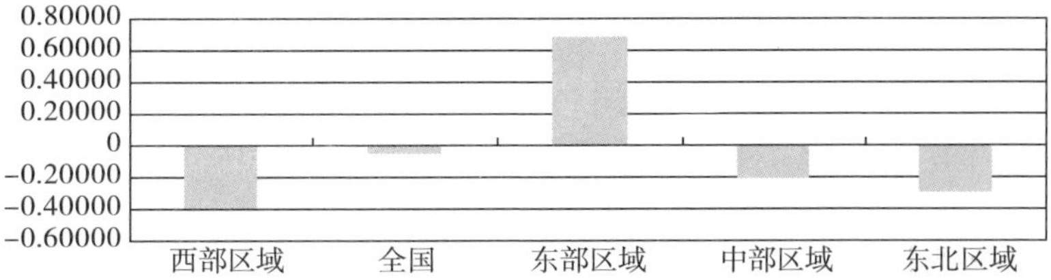

图 5-2　2014 年西部与全国、东部、中部、东北地区区域创新能力均值比较

高，分值为 0.68446；全国的分值为 -0.05283，中部区域的分值为 -0.21279；东北区域的分值为 -0.29198，西部分值为 -0.39099，除东部外，其他区域创新能力均值都低于全国水平，西部区域的创新能力均值最低，分别比东部、中部、东北低 1.07545、0.17820、0.09902。

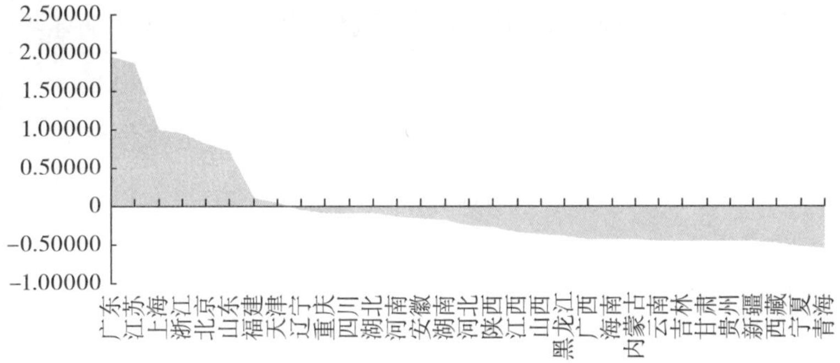

图 5-3　2014 年各省（自治区、直辖市）创新综合能力分布

如图 5-3 所示，广东、江苏、上海、浙江、北京、山东、福建、天津等省（直辖市）的区域创新能力的综合分值处于均值水平以上，而这 8 个省（直辖市）全都来自东部且经济较发达的地区。中部、西部以及东北区域所有省（自治区、直辖市）的区域创新能力综合分值都在均值水平以下，说明我国区域创新能力整体偏低。特别是西部各省（自治区、直辖市）的创新能力综合分值不但全部都处于水平线以下的“低洼地带”，而且与排名前 8 位都是东部省（直辖市）的情况大体对称，排名倒数后 8 位中有 7 个省（自治区）都来自西部区域，分别是云南、甘肃、贵州、新疆、西藏、宁夏、青海，它们都属于经济相对落后的地区。这在一定程度上也反映出区域创新能力与经济增长存在一定的相互依存和相互影响的关联性，区域创新能力推动地方经济增长，而地方经济的发展也反过来影响创新能力，为区域创新能力的提升提供支撑和保障。

从区域创新能力的具体指标层次来看，由式（5－6）得出的区域创新能力综合评价值影响系数在0.035以上的指标为：商品出口额、商品进出口总额、外观设计专利授权数、外商投资总额、规模以上工业企业国外技术引进金额、规模以上工业企业新产品销售收入，前6个指标中有4个都与外资有关，这也在一定程度上反映出自主创新能力不足，对外部依赖程度较高。

在知识创造能力层面，R&D人员全时当量和R&D经费内部支出对区域创新能力综合评价值贡献较大，国内论文数和国际论文数排在倒数第2位、第3位，说明论文产出与区域创新能力之间的作用不显著。

在知识获取和转化能力层面，外商投资总额和规模以上工业企业国外技术引进金额对区域创新能力综合评价值贡献较高，而技术市场技术流向地域合同金额的影响系数较低，说明知识获取和转化能力主要依赖技术的国外引进，外部途径是知识获取和转化能力提升的主要途径，而内部的知识获取和转化能力不高。

在企业创新能力层面，外观设计专利授权数和规模以上工业企业新产品销售收入系数较高，而企业创新能力对区域创新能力综合评价值贡献较高。此外，外观设计专利授权数、实用新型专利授权数以及发明专利授权数依次递减。

在创新环境层面，商品进出口总额和每百人平均国际互联网用户对区域创新能力综合评价值贡献较高，但政府研发投入系数为负数，这可能是政府在科技资源配置中有意识的一些人为偏向行为导致创新发展滞后、区域创新系统绩效不足的反映。

在创新绩效层面，商品出口总额和高技术产业主营业务收入占*GDP*比重对区域创新能力综合评价值贡献较高。

2. 具体情况

（1）西部区域内部各省（自治区、直辖市）创新能力水平差距较大。

西部地区内部各省（自治区、直辖市）的区域创新能力存在较大差异。

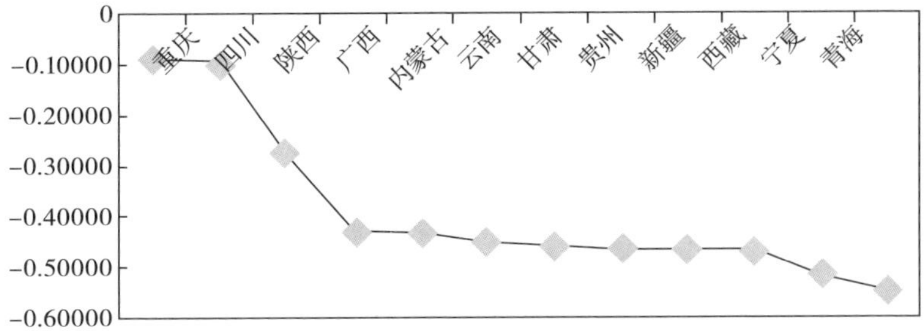

图 5-4　2014 年西部地区各省（自治区、直辖市）区域创新综合能力分布

具体来看，西部地区排名顺序为：重庆 > 四川 > 陕西 > 广西 > 内蒙古 > 云南 > 甘肃 > 贵州 > 新疆 > 西藏 > 宁夏 > 青海，在全国排名分别为第 10 名、第 11 名、第 17 名、第 21 名、第 23 名、第 24 名、第 26 名、第 27 名、第 28 名、第 29 名、第 30 名、第 31 名，创新能力综合分值分别为 -0.09091、-0.09207、-0.27818、-0.42761、-0.43312、-0.45008、-0.45677、-0.46443、-0.46555、-0.46696、-0.51678、-0.54944，重庆与青海的创新能力综合分值相差了 0.45853。

（2）西部区域创新能力的公共因子差异较大。

关于区域创新的投入产出因子 F_1，该指标值高表明区域创新的投入和产出绩效水平高，区域高技术创新产业发展较好。整体来看，东部地区、中部地区、东北地区的 F_1 分别为 0.8415、-0.17678、-0.39720，比西部地区的 -0.51356 分别高了 1.35506、0.33678、0.11636。全国排名前 3 位的分别是广东、江苏、浙江。北京排在最后，这与其城市人口、土地、环境、交通等承载量高度饱和，目前出台的各项相关限制准入政策有关。具体来看，从表 5-7中可以看出，西部区域创新能力的空间分布关系为：重庆 > 四川 > 广西 > 内蒙古 > 贵州 > 云南 > 新疆 > 甘肃 > 宁夏 > 陕西 > 青海 > 西藏，分别排在全国的第 10 名、第 14 名、第 17 名、第 18 名、第 21 名、第 22 名、第 24 名、第 26 名、第 27 名、第 28 名、第 29 名、第 30 名。与地处沿海地带的东部地区相比，西部地区地处内陆，经济发展水平偏低，对外贸易交易量小，技术创新周期较长，区域创新的投入与产出绩效水平不高。因此，西部地区排第 1 名的重庆在全国排第 10 名。西部区域创新能力综合排名第 3 的陕西的

F_1 排名仅排在西部第10名、全国第28名。这也反映出其创新的投入产出绩效水平不高，特别是企业创新能力不高，应进一步加强产学研合作。

关于知识创造和获取转化因子 F_2，该指标值高表明区域知识创造和获取能力强。整体来看，东部地区、中部地区、东北地区的 F_2 值分别为0.4154、0.03343、0.03954，比西部地区的 -0.37277 分别高了0.78817、0.4062、0.41231。具体来看，从表5-7中可以看出，西部区域创新能力的空间分布关系为：陕西>四川>广西>内蒙古>重庆>甘肃>云南>贵州>新疆>青海>宁夏>西藏，分别排在全国的第2名、第5名、第17名、第18名、第20名、第21名、第23名、第25名、第26名、第28名、第29名、第31名。陕西全国排名第2，这可能是因为其为教育大省且科研院所众多，在基础研发方面有一定优势。四川全国排名第5，其重视知识创造和科技成果转化工作，近年颁布了《关于实施创新驱动发展战略增强四川转型发展新动力的意见》《四川省重大科技成果转化工程实施方案（2011—2015年）》等一系列政策。

关于区域创新的产业结构和环境因子 F_3，该指标值反映产业的结构与金融和信息化网络建设环境。东部、中部、东北的 F_3 分别为0.5029、-0.83453、-0.45524，东部比西部的0.11199高了0.39091，中部和东北与西部地区的差额分别为 -0.94653 和 -0.56723。西部比中部和东北地区高的一部分原因是该因子所涉及指标多为占国内生产总值比率，而西部地区 *GDP* 绝对值相对较小，因此分析该项指标时应结合地区 *GDP* 进行讨论。

具体来看，从表5-7中可以看出，西部区域创新能力的空间分布关系为：西藏>重庆>宁夏>青海>新疆>甘肃>云南>贵州>内蒙古>广西>四川>陕西，分别排在全国的第2名、第6名、第7名、第10名、第11名、第13名、第14名、第15名、第18名、第19名、第26名、第27名。2014年西藏、宁夏、青海、新疆、甘肃、云南、贵州地区 *GDP* 分别在全国排名第31名、第29名、第30名、第25名、第27名、第23名、第26名。2014年，西藏、青海、宁夏的 *GDP* 分别是广东的1.36%、3.40%、4.06%，因此，类似于西藏的宁夏、青海、新疆、甘肃、云南、贵州的产业结构与环境的真实水平仍低于东部地区。

第6章 西部区域创新能力的技术追赶模式选择

技术追赶作为一个国家、地区、企业发展的战略手段，旨在整体提高综合国力和竞争优势，其概念内涵随着技术创新和科技成果转化研究的深入在不断演进。结合其演化历程，可将技术追赶总结为后发主体以已有的资源优势和发展基础为切入点，通过引进、模仿、改进、创新，实现技术上的突破并获得初步发展，逐步缩小与先发主体之间的差距，借助后发优势实现追赶的发展范式。由此可见，技术追赶是通过技术创新动态过程与后发主体基础禀赋共同作用而形成追赶式发展路径的，如何根据动态过程中不同阶段的差异性进行禀赋优势的有机匹配是实现这一路径的关键。

自2005年起，我国《国家中长期科学和技术发展规划纲要（2006—2020年）》中把增强自主创新能力和科学技术发展战略作为产业结构调整的重点环节。要从技术创新层面实现追赶，需要切实地提升技术升级和自主创新能力，这是实现以技术和知识驱动发展的前提。基于自主创新维度的技术追赶主要体现在以下几个方面：第一，从消化吸收的层面看，自主创新体现在技术吸收和改进基础技术的发展阶段；第二，从产生过程的层面看，自主创新体现在依靠自身的力量独立完成“引进—消化—吸收—创新”的动态过程；第三，从产权界定层面看，自主创新主要体现在具有独立的自主知识产权市场认可体系。

我国西部地区，地理特征鲜明、自然资源丰富，是包括火炬计划、西部大开发战略以及创新型国家建设、丝绸之路建设等多重战略叠加的重要行政区域。2000年实施西部大开发战略以来，西部地区的产业结构调整并没有取得实质性进展，呈现明显的资源依赖性。结合科技产出核算，在区域高新技术创新能力方面，四川位居第一，而宁夏、青海、西藏较为落后；在创新效益方面也存在较大区域差异，西部地区创新能力发展存在较大的不平衡性。另外，西部发展的整体二元经济格局因为区域经济结构的复杂性，产生典型“双层刚性”特征，对产业资源在空间层次的协同发展产生一定阻碍作用。

综上所述，西部地区产业层面实现技术追赶需要从路径动态选择和自主创新两方面着手，即结合西部地区产业结构发展路径呈现的阶段性与西部特色资源优势的创新能力，以此通过技术有效积累促进发展路径与产业现状相匹配，对突破现阶段西部经济发展的瓶颈，实现技术追赶具有重要的现实意义。

6.1 技术追赶路径分析

6.1.1 技术追赶的产业要素分析

对于技术追赶路径的作用过程分析，吴贵生（2011）通过产品创新层面和工艺创新层面的技术分类，认为技术路径是简单技术和复杂技术与连续性和非连续性技术双向维度上的有机组合。*Mathews*（2002）和 *Lee*（2005）研究认为韩国和中国台湾都是通过 *OEM*（定点生产）、*OBM*（代工厂经营自有品牌）到 *ODM*（原厂委托设计）的作用过程，实现技术追赶的。张清华等（2014）指出技术追赶大致要经历技术依附、技术追赶、技术超越三个阶段。其中技术依附是技术追赶的准备阶段，强调了技术发展新方法发展的可适性；而技术超越阶段则是运用创新型技术来摆脱跟随的技术状况。

要从产业层面实现区域的技术追赶，*Anders Skonhoft*（1995）研究表明后发国家的技术生产率改革主要依赖于后发主体的技术差距、新技术社会吸收能力和研发能力等因素。*Kim*（1997）通过韩国从技术模仿到创新的发展路径的研究表明，技术发展是技术输入到输出的动态转化路径，其中知识积累和技术改革是这一转化过程中所必需的。张国胜（2013）从长波中产业技术追赶的特征事实指出，有效的追赶除了需要取得新兴技术突破之外，更重要的还是在范式转换过程中构建具有适应性的社会制度框架来发挥新兴技术的潜能。生延超（2009）通过研究日本和韩国技术追赶路径的作用机制，提出产业技术追赶的实质是通过不同层面模拟创新积累实现自主创新过程。

6.1.2　自主创新能力的技术追赶路径分析

自主创新战略是通过产业承接实现区域技术的溢出效应，从而促进区域产业环境与发展路径良性融合，能够结合创新驱动发展实现追赶效应。而生产要素的禀赋优势与自主创新追赶的速度有高度的正相关关系，其更强调要素质量与其他要素匹配的最优比程度，过高或者过低质量的要素都会使要素效能的发挥受到限制，从而失去资源禀赋优势，严重地影响技术追赶的速度。技术引进虽然有利于发挥后发优势，但核心技术依旧存在技术引进的获取壁垒，因而自主创新活动是后发优势作用实现的前提条件。

后发主体的初始技术差距、技术吸收能力、R&D 创新增长率以及先进地区的 R&D 创新增长率共同决定了后发主体自主创新技术追赶路径的作用过程。其中，技术吸收能力起着关键性的作用。在其他条件相同的情况下，吸收能力越高，获取的技术外溢增长越快。后发主体面临的初始技术差距和技术吸收能力决定技术溢出利用效率高于先进地区 R&D 创新增长率时，后发主体会因为追赶加速度的作用惯性实现技术追赶；反之，如果吸收能力太弱，不能有效利用先进技术，后发主体便会陷于技术模仿与被锁定状态。

由此可以看出技术追赶主要侧重于描述后发主体所体现的发展优势，而实现自主创新技术追赶的主要影响因素集中在后发主体的模仿能力、吸收能力和创新能力。模仿能力更侧重于对领先者技术路线的跟随和模仿能力；吸收能力主要针对先进技术的内化和进而形成的有效技术扩散和成果转化能力；创新能力则强调了结合新的市场需要及已有的技术积累进行技术革新和自主性开发的能力；其中自主创新能力是后发主体实现技术追赶路径的关键所在。

6.2　西部区域创新能力技术追赶与模式选择

6.2.1　西部区域创新能力发展趋势

总体而言，西部地区以科研水平为代表的自主创新能力呈增长趋势，但还存在如下问题：从研发收支的情况看，R&D 资本、人力投入和成果产出之间存在较大差距，以 R&D 项目数和专利申请数为代表，年平均增长率基本保持在15%的水平，其中2010—2011年的R&D项目数还出现了负向增长；从图6－1中可以看出，R&D经济资本和人力资本投入水平与自主创新成果之间存在明显差距，西部地区技术追赶的能力还需要进一步提升。从区域发展的情况看，西部各地区存在明显的非均衡性，各省（自治区、直辖市）自主创新能力差异性较大。其中四川、重庆与陕西等在西部地区自主创新能力明显较强，广西、内蒙古等地处于中等水平，而贵州、宁夏等地的自主创新能力较弱，西藏是西部地区中自主创新能力最弱的；其中自主创新能力最强地区在R&D创新成果产出方面与最弱地区的差距呈两个数量级，且有进一步扩大的趋势。从区域联动的层面看，各地区协同互动水平较为不足。以陕西、四川、重庆为中心的较强自主创新能力区域与周边地区的自主创新水平存在明显的差异性，虽然通过地区邻近效应存在一定的辐射带动作用，但效果还有待进一步提升。另外，在工业技术与产业布局方面，西部地区有较为明显的趋同现象。在区域发展战略的整体布局与技术开发中，较少与本土地域优势与特色相联系，在特色产业和区域优势技术的技术追赶过程中需要继续加强自主创新能力。

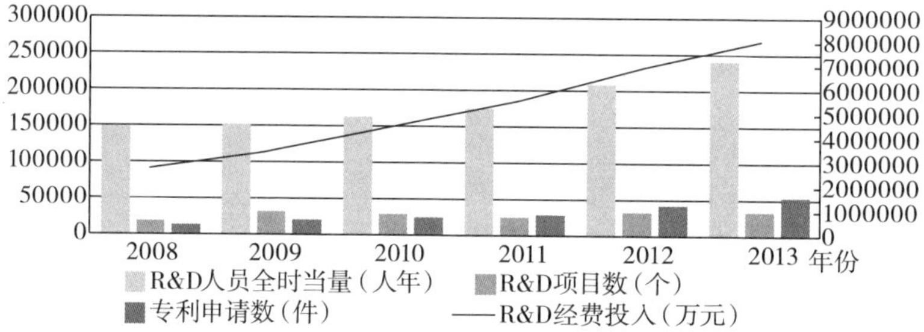

图6－1　2008—2013年西部地区自主创新能力趋势分析

6.2.2　西部区域创新能力的技术追赶路径

目前，西部地区技术追赶路径实现的可能性主要表现在：从生产要素的静态比较分析来看，基于新增长理论，西部地区呈现人力资本创新能力偏低、资本相对匮乏、处于相应领域生产技术水平的初级阶段等特征。但同时已有发展基础层面的技术阻力较小，对东南沿海产业承接与新兴技术接受能力较强，便于在现有技术积累基础上通过技术引进直接切入，学习运用前沿技术。从劳动价值理论来看，西部地区的人力（L）和资本（K）结合的现实情况与生产要素最佳配比偏离程度较远。故而结合学习曲线的技术升级便可以在短时间内产生较高的边际增长效应，并通过西部地区（如新疆、青海、宁夏等）具有区域文化特色、物资储备丰富、劳动力基础能力大等区域优势，可以借助不同技术最佳生产函数范式中所体现的后发优势来实现追赶。由于西部地区在区域经济体系的发展中存在较大差距，其所形成的特有二元经济结构存在明显的非均衡性。可以通过生产要素资源配置的调整，实现结构变化带来的引致经济增长现象和具有较强扩散能力的新生产函数，进一步实现西部地区的跨越式发展。

根据不同技术路径下技术追赶的作用特点，构建了西部地区基于自主创新的技术追赶动力模型。当区域产业水平遇到外部产业承接的技术差异时，如发展诉求、外部诱导、内部系统非均衡性等，产业层面的自主创新能力便会通过市场需求与技术能力进行行为调整，对这些外部产业承接提出的激励与要求做出反应，如模仿、学习和吸收等。进而在西部地区研发能力不断提升的同时使得产业组织体系不断细化，以此实现自主创新及相关制度体系的建立与完善，提高市场选择所形成的技术竞争优势。这一创新—制度—竞争—组织—研发的闭合作用回路，以不断循环的方式产生螺旋式内部协同推动效应。当西部地区通过成功借鉴东、中部产业技术的发展优势而有效避免前期研发和试错环节等沉没成本时，便实现了模拟性技术追赶路径；当西部地区通过吸收特定产业在现阶段的技术积累并成功突破技术瓶颈时，便可实现阶段跳跃式技术追赶路径；当西部地区通过市场需求和战略开发等外在选择，形成平行于东部、中部产业层面并具有可替代性的技术水平时，便可通过西部地区特有的资源优势和战略地位，构建自主创新追赶路径，即在技术追赶路径的作用路径中，通过细化路径特征的层次性，实现西部地区基于自主创新技术追赶的可持续发展路径，如图6－2所示。

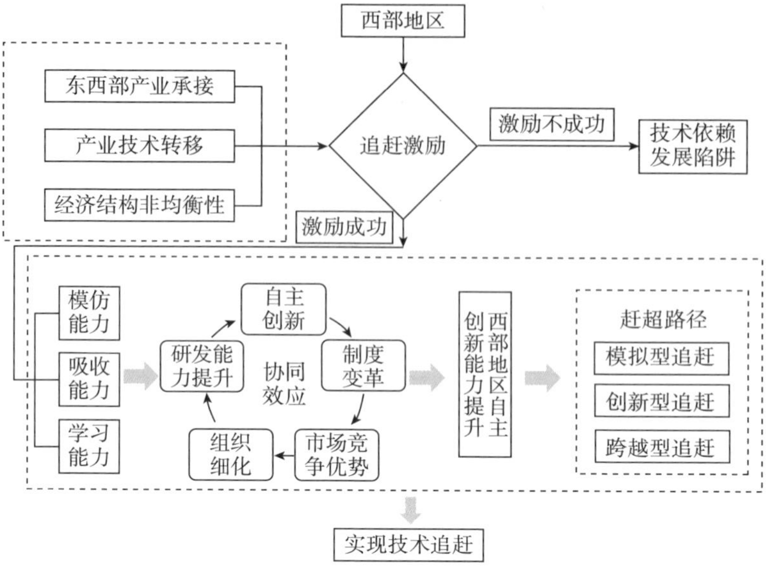

图 6－2　西部地区技术追赶路径的作用路径

6.2.3　西部区域创新能力的技术追赶模式选择

西部地区进行技术追赶的动态过程基本可分为以下几个阶段：追赶初期，西部地区根据区域发展诉求与战略定位进行技术引进、学习、模仿和借鉴，处于对先进技术的跟随阶段；追赶中期，西部地区通过吸收和学习相关产业技术，实现技术升级方面的不断突破，缩小与领先者之间的技术差距，处于对先进技术的追赶阶段；追赶后期，西部地区通过技术方面的自主创新，产生新的技术经济范式并利用区域后发优势与发展加速惯性，从而摆脱技术上的落后地位，实现具有西部地区特色的可持续发展。鉴于西部地区在各个追赶阶段的目标有所不同，其所需求的技术能力侧重也各有不同，所以西部各地区需要根据自己在技术追赶路径中所处的发展阶段进行动态选择。

基于西部地区技术追赶路径的影响因素分析，追赶动态过程中各发展阶段的技术能力侧重不同，因此技术追赶路径特点就存在一定的差异性。区域的技术追赶水平与其创新能力、模仿能力和吸收能力的关系最为密切，当三种类型的能力配比和所处的发展阶段不同时，各种能力的发挥重点在相关技术路径的表现上便有所不同。接下来我们就结合追赶路径的类型与后发主体的特点进行选择匹配性分析。不同产业技术追赶路径的特点对比和图示如表 6 – 1 所示。

表 6 – 1　不同产业技术追赶路径的特点对比和图示

产业类型	产业链中的上游产业 基础性技术产业	基础性技术产业 新兴技术产业	新兴前沿产业高端 连续性发展产业
主体特征	具有较强的技术模仿能力，并且处于领域生产技术发展的初级阶段	具有较强的技术吸收能力，并且处于领域生产技术的中级阶段	具有较强的技术学习能力，并且处于领域生产技术的中高级阶段
作用路径	通过充分模拟先发主体原有发展过程的技术积累，实现技术跟随，当积累到一定阶段时通过后发优势实现追赶	通过短时间内充分吸收先发主体在原有发展路径上某个阶段上的技术积累，实现技术应用能力跃迁，达到跳跃式追赶	通过充分学习先发主体现有的发展经验，并根据自身优势等进行创新，产生具有先发主体竞争优势的替代性追赶路径
路径选择	跟随追赶路径	跳跃追赶路径	创新追赶路径
路径图示	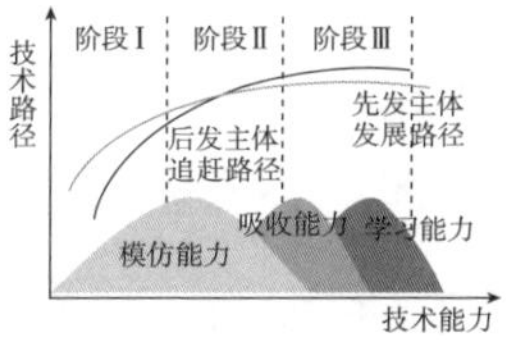	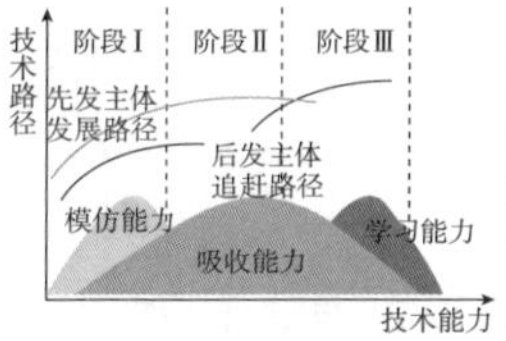	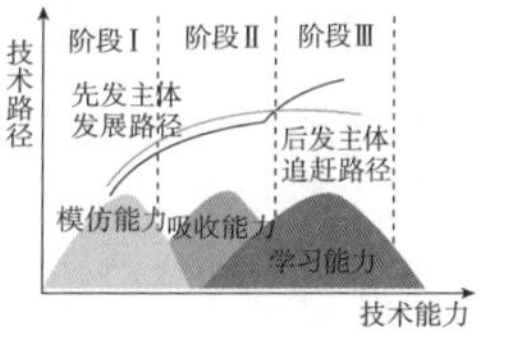

注：根据侯高岚．后发优势理论分析与经济赶超战略研究[D]．北京：中国社会科学院研究生院，2003（5）：34 – 35，绘制相关图示。

对于基础性技术产业和产业链中的上游产业，其技术体系完善且相对成熟，实现追赶的动态过程更强调其模仿能力。如机械加工与制造装配业等，可以通过模仿实现相关产业的技术引进与积累，在保持技术跟随的同时突破技术体系的发展瓶颈，利用技术吸收和学习实现技术追赶，即为跟随追赶路径。对于新兴技术产业和部分基础性技术产业，相关技术具有明显的前沿特征，实现追赶的动态过程中更强调吸收能力。如战略性新兴产业，可在原有技术模仿的基础上吸收产业技术的前沿核心点，实现技术跳跃式积累，通过先进技术的吸收占领技术制高点实现追赶，即为跳跃追赶路径。对于部分新兴技术产业和高端连续性发展产业，强调了技术体系的复杂性和尖端性，存在难以复制、不利于模仿等追赶困难。如电子通信技术产业、现代服务业等，只有以学习技术为主，模仿吸收技术为辅，并结合后发主体的资源优势才能实现技术追赶。

6.3 主要研究结论分析

第一，西部地区要建立基于自主创新的技术追赶作用路径，需要通过外部技术差距与激励，基于战略目标进行调整综合选择。西部地区在遇到外部激励时，因为其区域经济内部结构的非均衡性，可以将其技术追赶的路径行为看成是模仿、学习和吸收行为的有效组合。通过接受外部的技术波动，并在内部系统中建立研发能力升级、组织体系细化，结合资源优势，实现制度跃迁、创新等具有区域特色的自主创新技术追赶闭合回路并不断循环，产生螺旋式内部协同推动效应，实现技术追赶。

第二，西部地区在自主创新技术追赶的过程中存在动态选择特征，需要根据自身技术模拟、吸收、创新方面的能力和当前所处的产业发展阶段进行动态选择以确定追赶路径。具有较强模拟能力的区域可以根据自身的特点选择具有较低的技术门槛或者处于产业周期发展初级阶段的产业实现追赶战略；具有较强吸收能力并且能够通过技术吸收实现技术发展阶段跃迁的区域可以选择跳跃追赶战略；具有较强创新能力的区域，可以将自身发展能力和市场需求变化有效结合，通过技术创新在新兴技术产业中突破，实现技术追赶，从而构建西部地区自主创新技术追赶动态选择的层次结构。

第三，西部地区技术追赶的作用路径并不是单一基于产业类型、发展阶段和现状进行选择，而是通过区域战略导向、地区资源优势进行自主创新技术追赶路径构建与选择的。在加强区域联动的同时，通过产业结构调整和民族区域特色，提高区域创新能力发挥的自主性。目前西部地区产业发展具有明显的传统资源依赖特征，在国家经济发展转型，东中部产业承接的发展契机中，结合特色产业与竞争优势培育技术核心竞争能力，是实现技术追赶的关键。

第7章　西部区域创新能力促进经济增长的作用路径分析

区域创新能力是以区域为单元，通过多元主体优势集成与资源整合，形成促进技术升级和产业发展的驱动力。经济增长通过生产要素的函数组合，实现生产总值的持续增加。两者通过相互协同与路径反馈能够形成，区域创新能力推动经济增长，经济增长反向拉动区域创新能力的作用范式。我国西部地区地域辽阔，为区域创新能力促进经济增长提供了充分的资源基础；西部大开发战略和“一带一路”倡议为培育区域新创新能力提供了重要的政策支撑。分析当前我国西部区域创新能力促进经济增长的动力学特征，有助于寻求西部区域发展的新动力，以实现西部地区持续、快速、健康的发展。

7.1　校企协同提升创新能力的作用路径

随着创新型国家建设和科技体制改革的持续推进，校企协同作为创新型人才培养科技研发、成果产出与转化的作用平台，已成为技术创新绩效提升的重要载体。习近平总书记在第十九次全国代表大会上的报告中指出：要深化产教融合、校企合作，加快一流大学和一流学科建设，实现高等教育内涵式发展。《国家中长期科学和技术发展规划纲要（2006—2020年）》等系列文件也充分强调了校企协同建设创新型国家的战略意义。2020年3月，习近平总书记在参加十三届全国人大二次会议时提出，要继续集成市场、人才、技术、创新、投资、经济体制等方面的协同优势，将科技创新和技术进步作为根本之策。

结合我国经济高质量发展的转型需要，以及面对新型冠状病毒肺类疫情的特殊挑战，如何通过培养造就现代化人才体系①，助力人才强国战略，构建新就业形态，以提升人力资本输出效率；如何通过结合知识研发、技术创新，

① 现代化人才体系包括战略科技人才、科技领军人才、青年科技人才和高水平创新团队。

深化科教兴国战略，构建新产业形态，促进产业升级活力；如何通过科技投入与成果转化，对接创新驱动发展战略，构建新增长形态，催生新业态增长动力，是校企协同提升创新效率所面临的新诉求和新挑战。

校企协同可以界定为跨学科交叉的知识研究、创新型技术人才培养以及与产业、区域发展相结合的创新资本投入与成果转化机制的作用集合，并产生区域协同的技术创新溢出效应。然而，校企协同创新驱动作用的充分发挥还具有明显的"短板效应"，主要表现为：缺乏与主体特征相对应的资本配置体系，知识集成，转移、扩散及资本化路径不足，人才培养存在空间和结构失衡的供求矛盾，校企协同研发的专利产出率与可转化率还有待提升等问题。

校企协同的实现过程，包括创新资本投入的孵化效应、知识溢出效应、人力资本系统效应、合作转化效应。因此，如何完善创新资本投入、知识要素积累、人力要素培养、科研成果转化的链接机制，以及不同链接机制的协同关系如何表达，是诠释校企协同的实现过程的主要内容。创新资本投入通过资本流动引导，实现了价值创造作用。张慧颖等（2015）指出科研经费总投入与新产品开发绩效具有正相关关系。知识交叉与融合是知识链接路径过程的重要体现，Lehmann（2015）分析了知识传播的主导作用，指出知识产业化与校企协同关系密切。人力培养模式实现了人力资本类型的动态过渡，Zhou（2018）分析了人力资本合作对知识溢出的推动作用。多元主体的资源集成和优势互补能够提升成果转化效率，Eustache（2018）根据校企协同的多主体资源整合，将协同行为界定为内核式创新生态系统和价值链创造过程的统一。可见校企协同行为的核心目标是实现成果转化，提升价值创造。

综观已有研究，国内外学者对校企协同在创新驱动理论中的应用和实践进行了详细论述，已从创新资本投入、人力要素培养、知识要素积累、科技成果转化等多维度将校企协同对创新效率的影响因素和作用机理进行了较为深入的研究。鉴于此，本章将探讨高校和企业如何实现深度协同，回答实现主体优势整合、发挥技术创新驱动力、提升创新绩效的相关重要问题。利用2003—2017年我国校企协同的相关数据，构建校企协同的系统动力学模型，刻画出校企协同对创新绩效的动力学演化规律，以期丰富校企协同技术创新效率提升的相关理论思考和政策启示。

7.1.1 作用过程和内在机理

协同学最早由 Hermann Haken 于 1969 年提出，协同是由各构成部分巧妙协作，形成可以实现能级跃迁并向有序化结构过渡的动态过程；Henry Etzkowitz 在三螺旋理论中，将校企协同行为定位为以技术、人力资本、知识为来源的创新潜在孵化器。本部分将结合协同学视角对校企协同的作用过程与内部机制展开分析。

1. 校企协同创新绩效提升的过程分析

结合校企协同的价值共创过程，Yasuyuki（2014）结合校企协同的多主体知识中转职能、王海军等（2018）结合交互载体的协同创新过程分析发现，校企协同知识要素积累对创新效率有正向推动作用。Cowan（2013）分析了知识要素积累的空间特征，研究表明知识主体对区域企业层面的专利贡献率为 7%，与区域技术创新研发能力具有高度正相关性。

校企协同的人力培养过程更有利于促进创新合作。Wen - Hsiang（2011）指出校企协同能促进创新资源在“转移能动性”和“转移效力”上的合作激励。Johan（2017）研究表明人力资本的跨组织流动特征，有利于构架创新合作机制。Gregory（2013）将校企协同系统行为定义为不同主体在协同交互模式下所形成的产业模块发展驱动效率的持续性优势。

2. 校企协同创新绩效提升的机理分析

校企协同行为具有高知识密集性、双向交互性、系统协同性等特征。Bstieler（2017）分析了校企协同的跨组织作用边界，研究表明校企协同是通过知识、人力、资本的动态集成，并对接市场的整体作用系统。Florian（2018）通过细化校企合作的创新过程，表明知识和技术的深度协同范式能够提升产业层面的技术密度和市场化优势，形成知识密集型经济体。

对于科技成果转化机制，校企协同能够发挥学科领域之间的互补性、集成性和嵌入性特征。在短期作用过程中，Annique（2015）提出校企协同能形成以知识主体和生产主体的上游协同体，构成具有空间整体特征的技术研发转化系统。而长期来看，Freitas（2013）认为校企协同所产生的外生资源整合和内生优化驱动效应，能形成适合产业发展战略的周期性特征。

通过文献计量，已有研究的主要贡献和不足可概括为以下层面：第一，学者对于校企协同的讨论，侧重于单维度或各维度之间的作用机理，少有结合校企协同作用过程的整合、反馈、系统、动态等特性进行整体性概括；第二，研究学者大都聚焦于校企协同作用机制的定性分析，而对校企协同量化表达和系统演化的探讨还有待进一步挖掘；第三，学者从不同视角与维度分析了校企协同对创新效率的影响，并未从以人力资本流动为载体的知识扩散视角对创新效率的表征进行充分诠释。

7.1.2 研究设计与基本假设

1. 研究设计

结合以往研究，本书将创新资本投入、知识要素积累、人才资本培养的单维度作用刻画成空间特征向量，嵌入多主体在知识、人力和技术的系统性过程，形成创新资本投入—人力要素培养、创新资本投入—知识要素积累、知识要素积累—人力要素培养的二维协同面，进而组合形成校企协同的内部作用空间，即“创新资本投入—人力要素培养—知识要素积累”深度协同的空间集合。

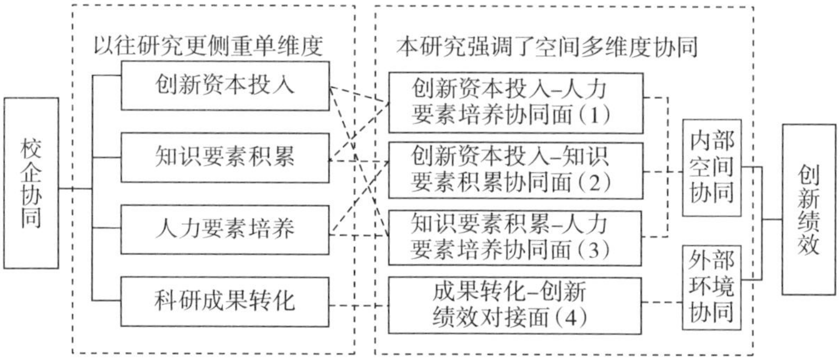

图7-1 校企协同对创新效率影响的逻辑模型

注：此作用机理图是通过文献总结，结合本研究内容进行绘制的。

不同协同面的过程机制体现在：创新资本投入—人力要素培养协同面：通过创新资本投入对人力要素培养实现引导和培养。体现了创新驱动发展的价值创造方向，有利于促进人才培养的领域性侧重。另外，创新资本投入的资本配置，也能实现人力资本流动的专业化集聚，从而提升人才培养向人力资本的动态转化，提升核心领域专业人才的战略储备。创新资本投入—知识要素积累协同面：资本投入深入促进了知识要素和人力资本的有效对接，从而构建了知识生产函数的作用范式，即多领域知识资源深度集成，结合知识更新和知识淘汰过程，实现知识积累和知识转化。知识要素积累—人力要素培养协同面：知识要素积累和人力要素培养的协同过程体现了知识和技术链接机制的动态作用，知识链强调了科研成果能以知识资源的形式实现流动和转化，技术链诠释了技术创新到技术应用的实践价值。两者深度对接完善了技术创新过程。创新资本投入—人力要素培养、创新资本投入—知识要素积累、知识要素积累—人力要素培养协同面的共同作用，搭建了校企协同的内部作用空间，重点反映了校企协同生产函数的创新资本、知识资源、人力资本的动态配置、协同效应和作用路径等理论内涵。

校企协同的外部作用空间则重点体现了校企协同技术创新成果的市场化过程，成果转化—创新绩效对接面：通过创新成果转化构建创新资源优化配置和创新绩效收益分配的作用路径。创新资源优化配置动态连接了要素投入和协同合作，创新绩效收益分配完善了创新资源的系统性流动过程。结合校企协同内部和外部的共同作用，刻画了创新资本投入、知识要素积累、人力要素培养、科技成果转化等协同层面对创新绩效系统且动态的影响过程。

2. 基本假设

校企协同创新资本投入能有效联通知识主体和技术主体间的价值共创路径，一方面创新资本的价值引导作用能促进知识技术的扩散、共享与对接；另一方面校企协同能形成系统性创新驱动效应，强化创新资本投入的价值增值优势。基于此，本书提出假设 1：校企协同创新资本投入具有对价值创造和资源引导的调节作用，与创新效率正相关。

知识要素积累能突破不同主体的作用边界，通过知识要素的扩散、共享、内化、更新和集成等过程，形成多学科交叉和跨领域融合的协同优势，从而提升创新效率。基于此，本书提出假设 2：校企协同知识要素积累有利于学科交叉、领域融合及知识技术转化，对创新效率产生正向推动作用。

人才资本既能作为知识扩散的重要载体，利用高校和企业主体间的要素转化，促进基于人力资本的知识和技术协同对接，也能通过强化校企协同人力资本的要素质量，提升创新绩效。基于以上分析，本书提出假设3：校企协同人力要素培养有助于技术转化、知识流动和创新合作，从而提升创新效率。

校企协同创新成果转化是将创新过程与创新需求对接的重要体现。科技成果转化能力提升不仅能增强校企协同创新的市场竞争优势，也能构建技术创新的市场导向作用路径，产生市场对校企协同的反向优化激励，完善校企协同的外部作用空间。基于以上分析，本书提出假设4：校企协同科技成果转化能实现多元主体的资源共享和优势互补，有利于创新效率提升。

7.1.3 研究方法与模型分析

1. 模型构建与检验

系统动力学是结合路径反馈、控制模拟与定量分析的系统研究方法，该方法既能厘清作用主体间的要素关系，又能反映多主体协同效果的动态变化。考虑到校企协同是一个复杂的动态过程，通过有效互动和多重路径，形成了创新绩效实现的作用体系。同时，校企协同又具有明确的主体系统边界。因此本书从系统视角入手，对创新驱动实现过程中知识、人力、转化和资本的作用路径进行整体描述，利用该方法构建校企协同行为系统动力学模型，展开分析。

校企协同的动力学描述将遵循以下假定条件：校企协同是通过创新资本投入、知识要素积累、科技成果转化与人力要素培养，产生创新绩效的系统性集合；高校作为知识主体，知识势能要高于其他作用主体；校企协同过程中，人力要素培养并不直接产生创新收益，而是转化为技术生产过程的生产要素，作用于创新绩效。

本书通过整理2003—2017年《中国教育统计年鉴》《中国统计年鉴》和《中国科技统计年鉴》的相关数据，结合校企协同技术创新的共演过程，抽象出校企协同的系统动力学函数（如表7-1所示），构建系统动力学模型（如图7-2所示）。根据研究设计，所有构建的系统动力学模型共涉及45个变量，其中实际数据嵌入变量8个。其中校企协同内部空间部分变量嵌入实际数据（灰色背景标出）①，以保证系统动力学模型和实际情况一致。校企协同外部空间与创新绩效的对接过程，则用于变量拟合来提升模型对协同行为刻画的客观性。通过内外空间两个层面和实际情况的高度模拟，以保证系统动力学模型分析的有效性。

表 7－1　校企协同的系统动力学函数

协同层面	函数性质	函数表达
创新资本投入	A	外部研发经费投入＝企业研发资金投入＋国外研发资金投入＋政府研发资金投入
	R	资本投入能力＝LN（内部研发经费投入＋外部研发经费投入）
	L	高校人力资本培养投入＝LN（专职教师数量）×高校教育经费投入＋人力资本培养能力
	R	高校研发资本＝（高校个数＋研发机构数量）×LN（高校 R&D 人员投入）
人力要素培养	L	高校人力资本产出＝人力资本培养能力×LN（高校人力资本培养投入）
	R	人力资本培养能力＝LN（高校知识存量）×高校人力资本培养投入
	A	人力资本输出量＝博士毕业生数量×0.3＋硕士毕业生数量×0.2＋本科生毕业生数量×0.1
知识要素积累	R	知识创新能力＝高校研发资本×（高校个数＋研发机构数量）×LN（高校 R&D 人员投入）
	L	高校科研成果存量＝LN（高校科研成果存量＋科研成果产出）＋成果转化能力
	R	科研成果产出＝LN（R&D 科研项目数×发表科技论文数量×高校专利授权数）
	A	发表科技论文数量＝WITH LOOKUP（［（0，40），（13，120）］，（0，42.14），（1，47.75），（2，54.1），（3，61.4），（4，66.9），（5，77.8），（6，83.1），（7，90.6），（8，98.49），（9，101.6），（10，106.3））
科技成果转化	A	高校技术转让年实际收入＝LN（高校科研成果存量＋科研成果产出）＋成果转化能力
	R	成果转化能力＝LN（高校科研成果存量）×（高校企业项目合作能力＋高校科研院所项目合作能力）
	L	高校创新成果＝成果转化能力×LN（高校创新成果）
	A	高校创新成果转化绩效＝高校创新成果×高校创新成果转化系数×LN（高校知识存量）

① 创新资本投入的实际指标有国外研发资金投入、企业研发资金投入、R&D 项目经费投入等，知识创新的实际指标有研发机构数量、高校个数等，人力培养的实际指标有高校专职教师数量等。

注：相关变量和函数选取参考了 Does University - Industry collaboration improve innovation efficiency? Evidence from Chinese Firms；University - industry collaboration and firms’ R&D effort；Universities - industry collaboration：A systematic review 等文献对校企协同行为的指标刻画，并结合本研究目标进行优化确定。

运用 Vensim PLE 软件对系统动力学模型进行仿真，设置 *DT*（模拟期）为 1 年，仿真周期为 15 年，校企协同系统动力学模型的知识存量初值设定为 200，常量比例数值的设置统一设置为 0.5（中间水平），资本变量单位统一为亿元、知识和技术等变量单位统一为 unit。

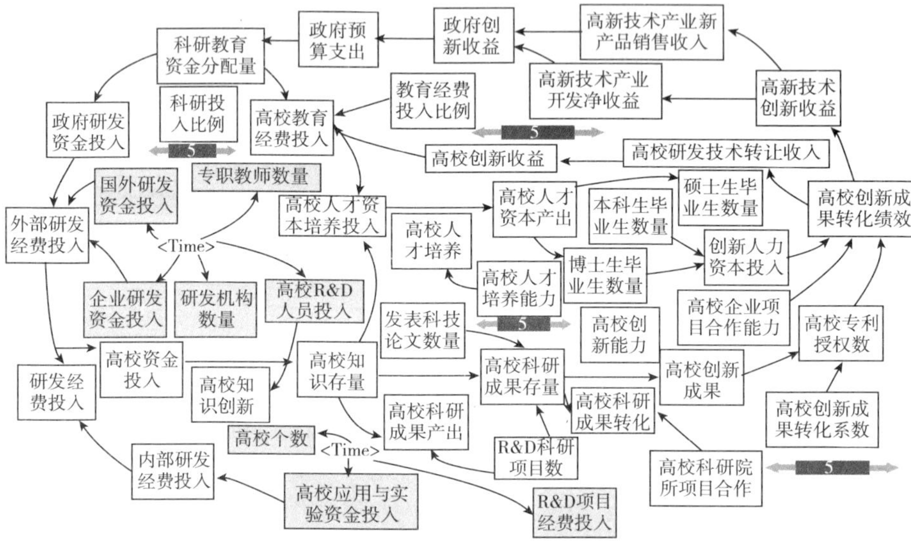

图 7-2　校企协同的系统动力学模型

注：系统动力学模型图是利用 Vensim PLE 软件仿真模拟，通过软件系统抓取绘制的。

2. 模型检验

利用系统动力学模型进行仿真，可以得到部分变量的模拟数据。通过变量模拟值与实际值的拟合计算，对该系统模型进行检验。其中高校专利授权数（个）、发表科技论文数量（万篇）、R&D 科研项目数（项）、博士人力资本培养量（万人）、硕士人力资本培养量（万人）以及本科人力资本培养量

（万人）的拟合优度 R^2 均在0.9以上①。整体来说，该模型拟合程度较好，基本能反映校企协同技术创新的现实特征，因此是有效的。

本研究利用校企协同外部空间与创新绩效的对接过程来进行模型检验。结合校企协同的作用特点，本研究将选择校企协同行为给高技术产业带来的切实效益作为表征变量，更为客观。高新技术产业开发净收益与新产品销售收入可以充分体现校企协同技术创新成果的市场转化能力，本研究以此为表征变量对影响机制进行拟合检验和模拟分析（拟合情况如图7－3所示）。

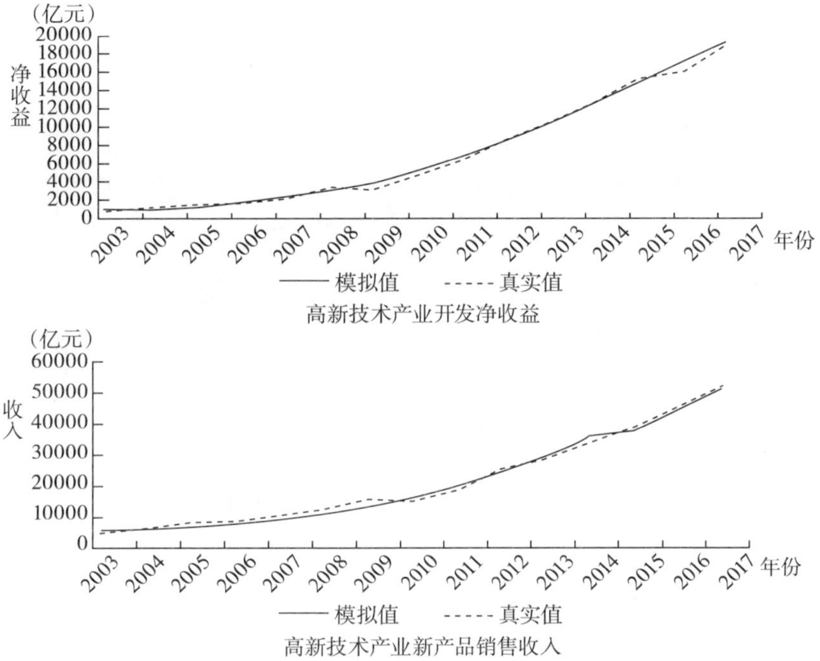

图7－3　校企协同的系统动力学模型检验

注：该模型检验图是通过高新技术产业开发净收益与新产品销售收入的系统动力学模型仿真数据与真实数据，对比分析绘制的。

① 拟合度 R^2 是反映系统模型与真实情况接近程度的参数。相关变量的拟合度分别为：高校专利授权数（个）0.960、发表科技论文数量（万篇）0.932、R&D科研项目数（项）0.945、博士人力资本培养量（万人）0.951、硕士人力资本培养量（万人）0.925、本科人力资本培养量（万人）0.914。

7.1.4 动力学演化与仿真

1. 校企协同作用机制的演化特征

结合系统动力学模型仿真结果，可以看出校企协同在创新资本投入、知识要素积累、人力要素培养、科技成果转化等不同维度的演化趋势与演化规律（如图7-4所示）。校企协同内部作用空间的演化具有整体上升趋势，外部作用空间受到市场转化的随机性波动，呈现出振荡趋势，校企协同不同层面作用趋势均具有明显的阶段性波动。

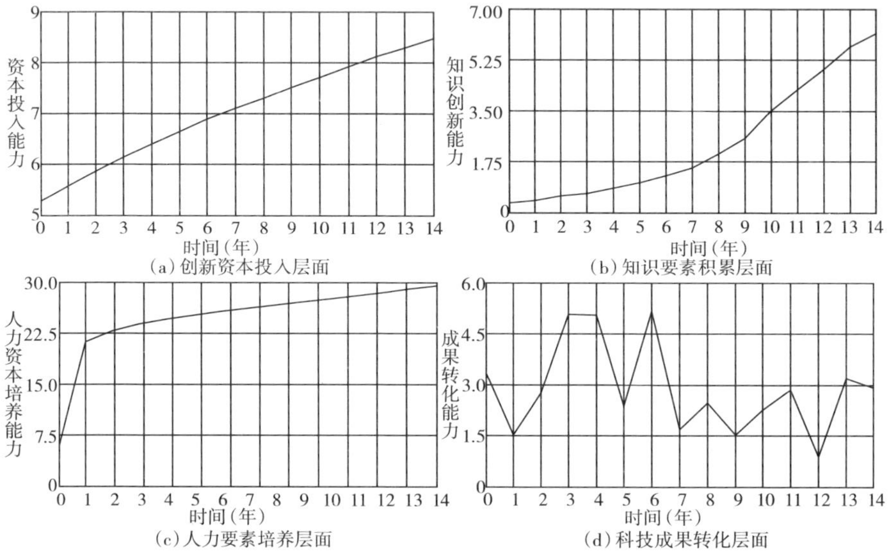

图7-4 校企协同的动力学演化特征

注：动力学演化特征图是利用Vensim PLE软件仿真模拟，通过软件系统抓取绘制的。

创新资本投入层面：校企协同资本投入［如图7-4（a）所示］总体呈现稳定的单调小幅外凸型增长趋势。内外渠道资本投入量的边际增长率，具有先增加后减少的阶段特征说明校企协同资本投入总量年增长率有逐渐放缓的平稳性趋势。

知识要素积累层面：校企协同知识要素积累水平［见图7-4（b）］呈现不明显的S形，体现了稳态跃迁的周期性特征。模拟初期校企协同的知识主体对于知识水平的推动效果较弱；但随着协同程度的不断深入，知识主体创新能力明显加强；当知识主体知识积累能力完成从低到高的自组织稳态水平跃迁后，知识要素积累能力逐渐趋于平稳。从模拟仿真结果可以看出，知识要素积累能力的边际增长效率具有倒U形变化趋势。

人力要素培养层面：校企协同的人才培养能力体现了人力资本从知识培养到应用培养的系统过程［如图7－4（c）所示］，呈现显著的两阶段线性函数关系。第一阶段人力资本成长趋势较为明显，反映了知识主体对学历人才培养力度的稳定性。第二阶段人力资本成长趋势体现平缓性增长特征，实现校企协同对人力资本的技术化过渡。随着校企协同行为的深度与广度加深，两阶段人才培养能力提升均具有正叠加累积性。

科技成果转化层面：校企协同成果转化能力呈现明显的周期性U形波动趋势［如图7－4（d）所示］。从不同周期作用特性可以看出，校企协同成果转化水平具有较为完整的“增长—衰退—下降—回升”的阶段性，并伴随小幅随机性振荡。从作用趋势的包络线可以看出，校企协同成果转化能力基本实现了从低位向高位跃迁，且外部波动对校企协同成果转化效率存在一定冲击效应，导致成果转化能力逐渐回归速率放缓的平稳演化特征。

2. 校企协同对创新效率影响的敏感性分析

通过创新资本投入、知识要素积累、人力要素培养、科技成果转化的敏感系数调整，对比分析校企协同对创新绩效的影响效果，得出创新效率提升的相关结论。其中，科研投入比例作为创新资本投入的调整变量，用于分析创新效率对校企协同创新资本变动的敏感特征；高校知识要素积累通过知识链接机制与技术链接机制的动态匹配，形成校企协同创新成果生成的孵化机制；高校人力资本培养能力为人力资本系统特征的调整变量，刻画了校企协同对人力资本应用和循环路径的作用效率；成果转化能力是校企协同和市场对接效率的调整变量，从而形成了校企协同创新的四元驱动调整框架。通过改变模型中相关参数的权重和输出特性，选择高新技术产业开发净收益与新产品销售收入作为表征变量，刻画了校企协同对创新效率影响的动力学特征。

（1）校企协同创新资本投入对创新效率的影响。

科研投入比例是政府科研教育经费经过有效分配，通过外部经费投入促进校企协同系统的创新效率，实现创新资本投入作用发挥的主要途径。当科研投入比例的输出特性按同幅度提升时，校企协同在高新技术产业开发净收益层面的变化特征如图7－5所示。结果表明，科研投入比例提升对于校企协同创新效率的激励效果相对不明显。其中$DT=1\sim14$时，校企协同的创新绩效变化效率不显著，直到$DT=15$时高新技术产业开发净收益与高新技术产业新产品销售收入才有相应提升，资本投入对高校协同创新作用的平均贡献度为1.082%，而高新技术产业开发净收益提升幅度相对明显。

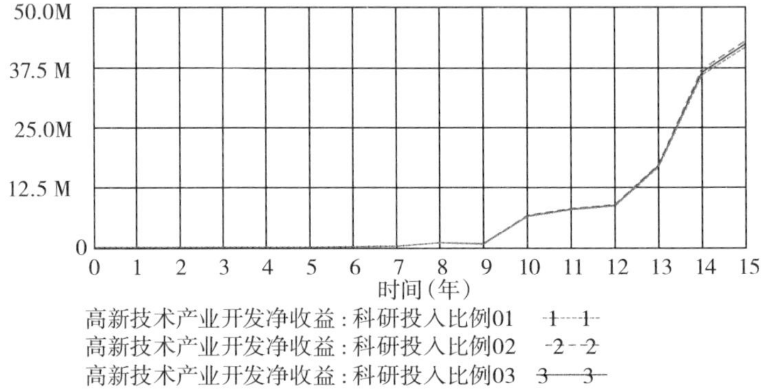

(a)高新技术产业开发净收益

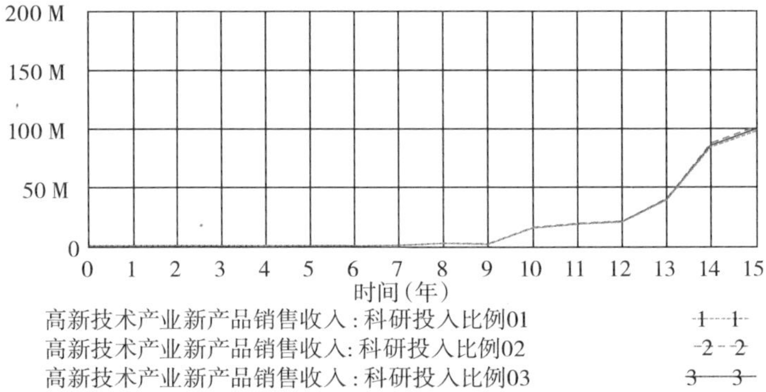

(b)高新技术产业新产品销售收入

图7－5　创新资本投入对创新绩效影响的敏感性分析

（2）校企协同知识要素积累对创新效率的影响。

知识积累能力是知识协同体通过知识集成与领域交叉，以知识要素生产参与多主体协同创新的基本过程。知识要素积累能力的输出特性按照比例增加时，创新收益变化趋势如图 7－6 所示，可以看出校企协同的知识要素积累能力与创新收益具有较为明显的正相关关系，高新技术产业开发净收益与新产品销售收入的平均增长率比例区间为 7.18%～16.04%，且知识要素积累对于校企协同创新作用的平均贡献度为 11.60%。随着高校知识要素积累能力增长幅度提升，高新技术产业开发净收益与高新技术产业新产品销售收入增加幅度逐渐减弱。因此校企协同通过强化以提升知识要素的协同程度，对创新收益的影响具有规模报酬递减特征，知识要素积累与创新效率存在明显的平行互动关系。

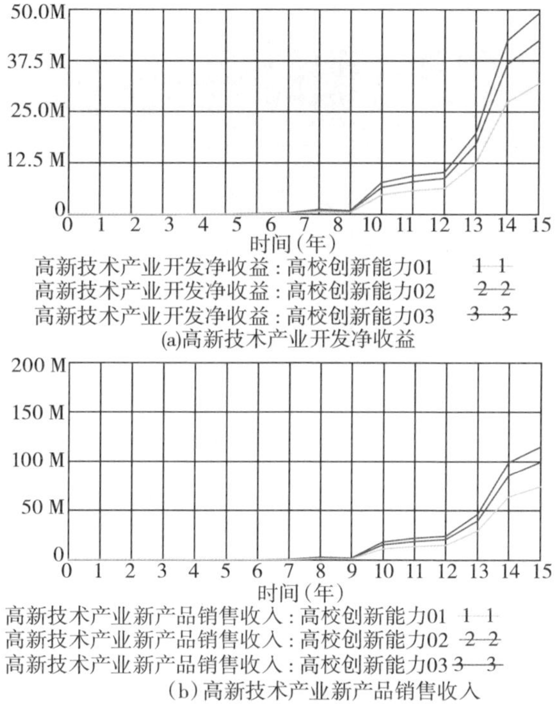

图 7－6　知识要素积累对创新绩效影响的敏感性分析

（3）校企协同人力要素培养对创新效率的影响。

人力要素培养能力是校企协同以人力资本为载体，通过人力培养实现人力资本的有机转化。人才培养能力的输出特性按照比例调整后，高新技术产业开发净收益与高新技术产业新产品销售收入的变化特征如图 7－7 所示，两者均具有较为明显的提升。其中 $DT = 9 \sim 15$ 时提升幅度逐渐增加，高新技术产业开发净收益提升幅度相对更为显著。人力要素培养创新绩效的提升区间为3.91% ~8.64%，其年平均增长率为6.46%。另外，人才培养能力与创新收益产出基本保持一致，即校企协同对创新效率的提升作用具有规模经济特征。

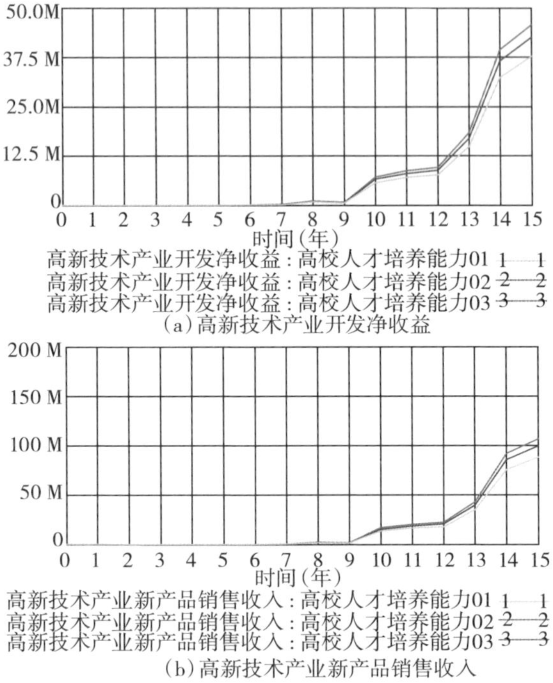

图7－7　人力要素培养对创新绩效影响的敏感性分析

（4）校企协同科技成果转化对创新效率的影响。

科技成果转化能力直接反映了校企协同行为与市场对接的有效程度，是创新驱动能力作用效果的重要表征变量。科研成果转化能力按照比例改变输出特性时，仿真结果如图7－8所示，高新技术产业开发净收益与新产品销售收入均具有较大幅度的提升，且 $DT = 9$ 时提升效果明显，校企协同行为对创新绩效的提升比率区间为4.08% ~17.07%，年平均增长率为7.75%，且高新技术产业新产品销售收入对高校科研成果转化能力更为敏感。敏感性分析结果显示，科研成果转化能力加强与校企协同创新效率提升存在明显的规模报酬不变现象，充分验证了科技成果转化能力与创新效率的正相关关系。

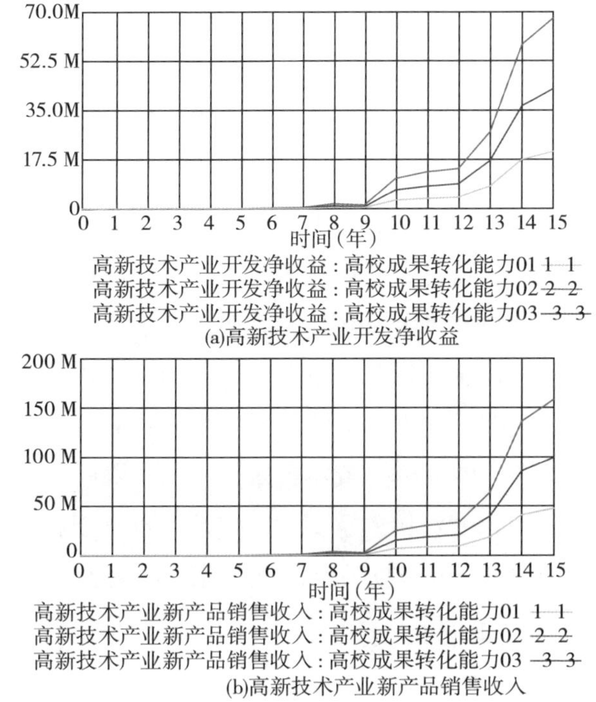

图 7－8　科技成果转化对创新绩效影响的敏感性分析

纵向比较可得，科研投入比例提升对创新效率的驱动作用效果最小，而科研成果转化能力对创新绩效提升作用最为明显。知识要素积累与人才资本培养分别反映了知识要素和人力资本要素以校企协同为平台对创新绩效的提升作用，结果显示，提升知识和人力资本要素在技术创新与生产过程中的参与度，能较大幅度改善校企协同创新行为的作用效果，但知识要素积累对于高新技术产业创新收益的推动作用更为明显，人力要素培养次之。

3. 校企协同对创新效率影响的案例分析

结合本书研究内容，选取“中国高铁”为案例①，对校企协同创新绩效

① 相关案例来自《产学研合作与后发国家创新主体能力演变——以中国高铁产业为例》，结合产业技术能力的三阶段演变过程，抽象出知识—人力—技术要素协同的动态过程，对本书结论加以实践说明。

提升的动力学特征展开分析。我国高铁企业以市场驱动为导向，通过企业与研究机构在巴斯德象限（基础研究领域）的深度合作，实现了“逆向反求”到“正面设计”的技术飞跃。在引进和消化吸收阶段，我国通过技术知识的国际化整体溢出，跨越式缩短了高铁技术轨道的发展周期。通过高校专家与科研人员的人力优势集成，突破了自然环境差异造成的技术转移难题，说明了以人力要素为载体的知识要素集成过程，能充分发挥“人力—知识”双向协同的创新绩效提升优势。在高铁技术改进阶段，以原铁道部为核心，形成了企业＋高校＋科研院所的联动体，结合时速350千米以上的目标进行技术优化与攻关，验证了校企协同是实现知识积累向技术应用转化的核心过程，通过主体联动有效突破了技术升级的研发壁垒，具有赶超型后发优势。在高铁技术自主创新阶段，体现了“资本—知识—技术协同”（内部空间）与成果转化（外部空间）深度对接的重要性，推动了自主创新过程中资源配置的动态优化，促进了技术研发与攻关能力的正向匹配。

4. 主要研究结论与讨论

本章通过构建校企协同的多维度动力学模型，打开了“校企协同如何影响创新绩效”的黑箱，通过作用机制演化和敏感性仿真分析了校企协同不同层面对创新绩效的影响。本研究主要创新点在于：将校企协同不同层面的作用路径，通过动态系统视角进行了整合分析，率先细化了校企协同内部和外部空间的动力学体系；实现了校企协同过程中，对人力资本从知识积累到技术应用的流动性描述，并提出了以人力资本流动为载体的知识扩散分析视角。通过分析获得以下结论：第一，本书以创新资本投入、知识要素积累、人力要素培养，以及科技成果转化的多层次体系和Abubakar（2019）提出的知识要素与结构化协同对创新绩效的作用机理为基础，全面概括了校企协同的作用职能和协同路径。第二，人才培养和知识积累对校企协同创新作用绩效具有显著的正向影响，胡贝贝等（2017）指出知识存量的创新产出弹性在0.89～0.97，人力资本的创新产出弹性在0.52～0.64，且具有规模递增效应。本书在此基础上，动态验证了两者的双向协同效应，即知识要素积累实现了人才培养从知识学习到技术应用的要素转化，人才流动促进了知识要素积累在多主体间的协同扩散。第三，杨武等（2019）研究表明，资本投入对创新绩效具有单一门限效应。本书进一步提出目前我国创新资本投入对校企协同创新绩效的推动效果不明显，即创新资本投入在量上的增加，作用效果存在一定的挤出效应，通过模拟仿真证明了门限效应的抑制作用。

本书的研究意义主要体现在以下两个方面：

第一，在我国情境下，资本拉动对于校企协同创新能力的提升存在双重影响，创新资本投入对校企协同创新绩效存在一定的正向推动作用，但贡献度不够显著且存在时滞，充分验证了创新资本结构调整的必要性。一方面，我国创新资本驱动模式对校企协同的正向拉动作用不明显，即创新资本在单一量上的增加已经不能满足创新效率提升的切实需要。调整创新资本的流动路径、资源优化配置方式、引入市场化导向作用等手段，才更有利于强化校企协同的作用效率。另一方面，知识创新以知识主体为载体，对创新绩效的提升效应非常显著。创新资本投入向知识主体流动，有利于更为充分地发挥校企协同行为的作用优势。这一思考明确了知识要素积累对校企协同创新驱动力的作用内涵，拓展了资本配置驱动效率的作用特点，对发挥资本效用的最大化具有更为重要的现实意义。

第二，在我国深入推动校企协同创新驱动发展的战略转型中，知识要素积累和人力要素培养与校企协同创新绩效间存在明显的正相关关系。校企协同的人才培养过程，实现了“传统知识主体对于人力资本学历型教育”向“知识 + 技术主体对人力资本应用型教育”的过渡，并强调了以人才培养为载体的知识积累与扩散职能。知识要素和人力要素在校企协同的生产函数中，已经不是单纯的要素投入，而是通过知识和人力创新资源的动态演化，构建自组织优化路径的循环过程。对于知识要素积累来说，要加强学科交叉和领域融合的深度和广度，缩短知识溢出和扩散的作用周期，有效弱化知识边际效益递减造成的影响。人才培养是人力资本要素化的基础，结合市场需求反馈，构建多层次与全方位创新型人才培养机制，也是提升校企协同创新绩效的重要途径。

本章主要从校企协同的角度分析了不同层面校企协同行为对创新绩效的

动力学特征和影响，在创新主体间的互动和相关作用路径方面还有待深入，具有一定的局限性，因此，将进一步对多元创新主体的作用特征和合作关系展开讨论。

7.2 西部区域创新能力促进经济增长的作用路径分析

7.2.1 系统动力学的方法特点与分析步骤

系统动力学是基于系统论、控制论和信息论，立足于系统中整体与部分之间辩证关系的研究方法，通过关系—流图—仿真等步骤对研究主体进行深入分析。该方法根据反馈控制的非线性动力特征，包括时滞、非线性、系统反馈、结构特征等路径刻画，较好地匹配了系统行为加总效应的分析需要。因此该研究方法有以下特点：其一，系统动力学是一门可用于社会、经济、生态和生物等领域的综合性研究方法。变量之间的关系具有非线性、复杂性、高度相关性、多重反馈等特点。其二，系统动力学的研究对象必须是具有明确系统边界的主体，虽然系统之间的耦合和协同可以扩大作用主体的研究范畴，但对于主体的界定需要明确研究边界。其三，系统动力学具有较强的差异性，即不同学者对于系统的刻画会因为研究目的的侧重点和变量选取产生差异，因此对于方法的应用需要结合实践检验提升研究方法的客观程度。其四，系统动力学属于实验经济学范畴，是将黑箱效应逐渐显化的过程，对于处理抽象复杂系统问题具有较为明显的优势。

系统动力学是一种定性和定量、理论和实践相结合的研究方法。定性分析主要是对系统内部各个参与主体的作用情况与关系进行分析，定量分析是通过模型构建对参与主体之间的关系进行数据化表达。结合本研究目的与系统动力学研究方法的特点，具体步骤主要如下：

首先，西部区域创新能力与经济增长的系统性分析：结合本书所选取的研究层面，从环境、企业、知识、获取、绩效五个维度进行变量选取与描述，并分析这五个层面之间的关系与其对区域创新能力的推动作用。同时收集相关数据并结合数据之间的趋势描述对西部地区区域创新系统的作用情况进行性质界定。

其次，西部区域创新能力与经济增长的作用路径刻画：结合研究维度对所选取的变量进行分类，并根据变量在系统中的作用特点，细化系统的共演过程，从作用与反馈两个角度明确西部地区区域创新系统内部的因果关系。

再次，西部区域创新能力与经济增长的模型构建：在因果关系的基础上，构建相关的系统动力学模型，结合初期整理和搜集的相应时间序列数据，同时根据变量之间的作用关系，进行相关动力学函数填充，实现系统的运行。

最后，西部区域创新能力与经济增长的模型检验与分析：通过系统模拟值，发现系统仿真与实际情况之间的差距。结合微调提高表征变量实际值和模拟之间的拟合关系，优化系统与现实的契合程度。进而通过模拟仿真，对相关数据变量进行调整，确定系统内部敏感性因素对于整个系统的作用情况。

7.2.2　西部区域创新能力与经济增长的因果关系与作用路径

1. 因果关系

创新驱动的经济发展方式是以知识、人才和制度为依托，对现有的资本、劳动力、物质资源等要素进行重新组合，形成持续、快速、健康的创新驱动力。要刻画区域创新能力有效拉动经济增长的作用路径，就需要结合区域创新系统的作用维度展开分析。本章将结合前文所得的知识获取和转化、知识创新、企业创新、创新环境和创新绩效五个层面进行分析。通过以知识主体、政策主体、技术主体为核心的有效链接，实现知识链、技术链、收益链的对接和融合。知识创新是以知识为要素，形成区域创新能力的作用起点；企业创新作为推动区域经济增长的主体部分，通过集成知识创新和创新环境的多元激励推进经济发展；知识获取和转化是实现创新成果从知识理论向技术应用过渡的主要环节；创新环境对于区域经济增长的创新激励是通过合作主体之间的有效协同产生作用，并不直接参与对经济增长的推动过程，具有一定的引致特征。创新绩效是将区域创新能力和经济增长有机联系的评价维度。结合以上五个层面的作用关系，西部区域创新能力与经济增长的因果关系如图7-9所示。

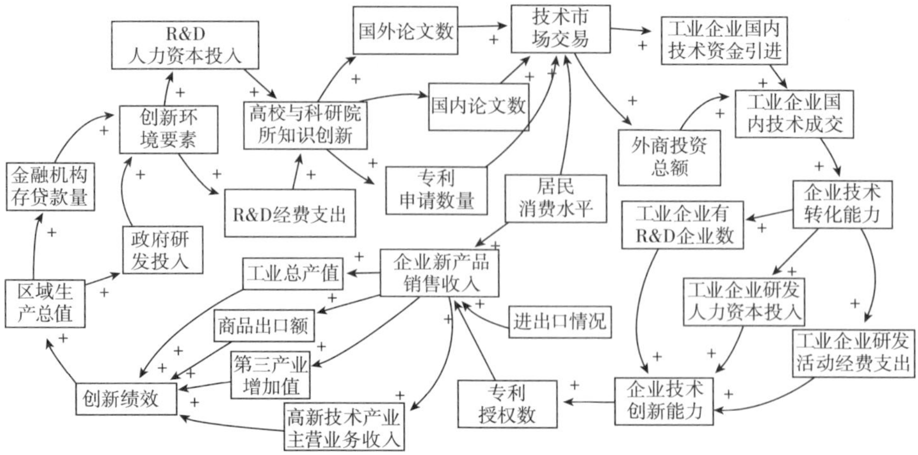

图7－9　西部区域创新能力与经济增长的因果关系

通过上述知识创新、知识获取和转化、企业创新、创新绩效和创新环境的作用路径，对区域创新能力与经济增长的关系进行描述，虽然不同路径在职能上各有侧重，但以上路径并不是单独发生作用，而是相互依存、深度互动的有机系统，从而构建区域创新能力与经济增长的循环体系。

2. 作用路径

西部区域创新能力推动经济增长的过程，是多元主体共同作用的结果，宏观上表现为区域创新系统优化经济增长发展路径的作用范式，因此相关的分析要结合系统行为与内在机制间的依赖关系。系统动力学通过数学模型建立和仿真对系统中要素之间的关系进行刻画，对发展趋势进行描摹和预测。建立“西部区域创新能力与经济增长”的系统动力学模型，可以从整体刻画区域创新能力对经济增长的作用，实现从理论到实际、从抽象到具体的分析依据，其相关动力学路径具体如下：

（1）企业层面。

从微观视角看，企业是实现知识向新产品、新工艺和新服务有机转化的重要载体，对于作用路径的刻画具有高度的细化作用。通过要素投入和产品属性，从生产加工和产品服务两个过程实现创新，通过成本效应和品质效应最终加强区域创新能力，是主体硬实力和环境软实力共同作用的结果。因此，基于微观企业层面，本章进一步细化知识创新路径、知识获取和转化路径、企业创新路径、创新绩效路径、创新环境路径等五个层面，并结合经济增长与区域创新能力的关系，刻画相关作用路径。

知识创造路径：以高校和研究机构为路径起点，提升区域知识创新能力，进而增加专利申请数量、国内外论文发表数量，对接企业和 R&D 资本投入的过程，完成系统闭合回路。表现为：高校知识创新→R&D 人力资本投入/R&D 经费支出→专利申请数量/国内外论文发表数量→企业技术创新→创新绩效/经济增长→R&D 经费支出→高校知识创新。

知识获取和转化路径：该路径强调了知识在市场技术转化的交易过程，通过专利数量和交易情况实现技术收益化，进而通过财政分配形成资本循环体系。表现为：技术市场交易情况→工业企业国内技术资金引进/外商投资额→工业企业国内技术成交→企业创新过程→创新绩效/经济增长→知识主体→知识技术的有效转化→技术市场交易情况。

企业创新路径：主要通过企业平台承接高校知识转移过程，并通过技术吸收与转化，完成知识链和技术链的有效对接，进而提升高技术产业产值，增加创新投入，完成闭合回路。表现为：高校知识创新→知识获取和转化→企业技术转化能力→工业企业研发人力资本投入/工业企业研发活动经费支出/工业企业有 R&D 企业数→专利申请授权数→企业新产品销售收入→创新绩效/经济增长→知识创新/知识获取和转化→企业技术转化能力。

创新绩效路径：主要包括以高校为代表的知识产出和人力资本产出、以企业为基础的技术创新产出、以市场为核心的资本产出等层面的创新绩效，最终形成区域经济生产总值。进而通过生产总值的有效分配，从创新环境层面进一步促进作用主体创新能力。高校通过知识创新提升人力资本培养能力，增加人力资本产出，进而以知识和人力为生产要素，结合企业平台，形成技术创新产出，接着以市场为作用主体实现收益转化。表现为：产业结构（工业总产值/第三产业增加值/高技术产业主营业务收入/商品出口额）→区域 GDP→知识创新/知识获取和转化→企业技术转化能力/创新环境有效驱动→产业结构（工业总产值/第三产业增加值/高技术产业主营业务收入/商品出口额)。

创新环境路径：包括以政策为主体的政府机构、以消费为基础的居民水平、以资金流动为基础的金融体系，通过创新资本投入分配完成产学研合作平台建设，进一步提升创新主体协同度，促进多主体合作过程，辅助多元化链接机制有效互动实现效用。表现为：政府研发投入/金融机构存贷款量→教育经费支出→知识创新/知识获取和转化→企业技术转化能力→居民消费水平/进出口情况→创新绩效/经济增长→政府研发投入/金融机构存贷款量。

经济增长与区域创新能力路径：经济增长是区域创新能力的基本目标，通过经济增长在资本层面的合理分配，在人力资本与环境优化的推动作用下，实现对区域创新能力的推动作用；区域创新能力是实现经济增长的有效保障，通过创新绩效形成区域经济生产总值。两者具有相辅相成的密切关系，结合作用力与反作用力，形成经济增长与区域创新能力的系统动力学循环回路，表现为：经济增长→创新投入→知识创新/知识获取和转化→企业技术转化能力/创新环境有效驱动→创新绩效→经济增长。

(2) 产业层面。

从宏观视角看，区域创新能力与经济增长的作用路径更多是通过产业层面实现驱动效应的，表现为基于需求层面的产业结构调整和基于转化方面的产业技术升级，进而形成结构效应，实现区域经济增长。因此，结合生产要素在产业层面的作用轨迹，可以将宏观层面从创新投入路径、创新获取和转化路径、创新产出路径三个方面进行刻画，作用路径的具体内容如下：

创新投入路径：该阶段主要包括两部分内容：首先，西部地区教育经费支出推动地区人力资本的培养能力，从而为高技术产业和研发实验环节提供人力资本，实现了西部地区人力资本的基本构成。其次，西部地区创新经费投入主要由企业和研发两部分组成。创新企业资金由高技术产业大中型企业科研经费内部支出和企业 R&D 经费内部支出构成。创新环境层面的经费投入主要由财政支出的科研经费部分、金融机构资本支持以及科研经费在 GDP 的占比共同决定。

创新获取和转化路径：该阶段主要由知识主体和技术主体实现。首先，知识主体通过有效吸收内外部资金、人力资本等要素，实现知识创新，进行知识结构调整；其次，在集成知识转移路径的基础上，有效实现知识获取和转化路径的构建；最后，技术主体通过企业规模和企业技术转化能力的共同作用实现产业结构调整。其中高技术产业中企业规模由高技术产业大中型企业研发机构数，以及高技术产业数刻画。通过企业主体推动技术市场成交情况和专利申请量，进而结合企业技术转化能力和企业技术创新能力，实现创新收益。

创新产出路径：该阶段主要从创新绩效和经济增长两个维度进行刻画。创新绩效选择工业总产值、第三产业增加值、高技术产业主营业务收入、商品出口额作为表征变量分析产出过程，从工业生产、第三产业发展、高技术应用与国际部门四个层面进行刻画。经济增长主要利用区域 GDP 进行刻画，通过销售能力和产业收入进一步促进西部地区高技术产业利润增长，加上西部地区商品出口额、西部地区高技术利税量，共同描述西部区域生产总值。通过地区财政支出对产学研合作平台支撑，进一步提升创新主体协同度，构建高校知识创新、企业知识创新的反馈回路。

7.2.3　西部区域创新能力促进经济增长的动力学分析

1. *动力学模型构建与检验*

根据上述基于两个维度的因果关系图和相关作用路径，运用 Vensim PLE 软件平台构建西部地区创新能力对经济增长的系统动力学模型流图（如图 7－10所示），并以此为基础嵌入相关函数和实际数据。相关数据均来自 2000—2014 年的相关年鉴。该模型共涉及 36 个相关变量（图 7－10 中有灰底的变量为实际数据填充，部分变量通过 EXCEL 利用函数关系拟合得到），其中状态变量 7 个、速率变量 7 个、辅助变量 18 个、常量 4 个。模型模拟期为 2000—2014 年，设置模拟步长 $DT=1$ 年。涉及的经费单位统一为亿元，人员单位统一为万人，科研成果、专利申请数等单位统一为件。

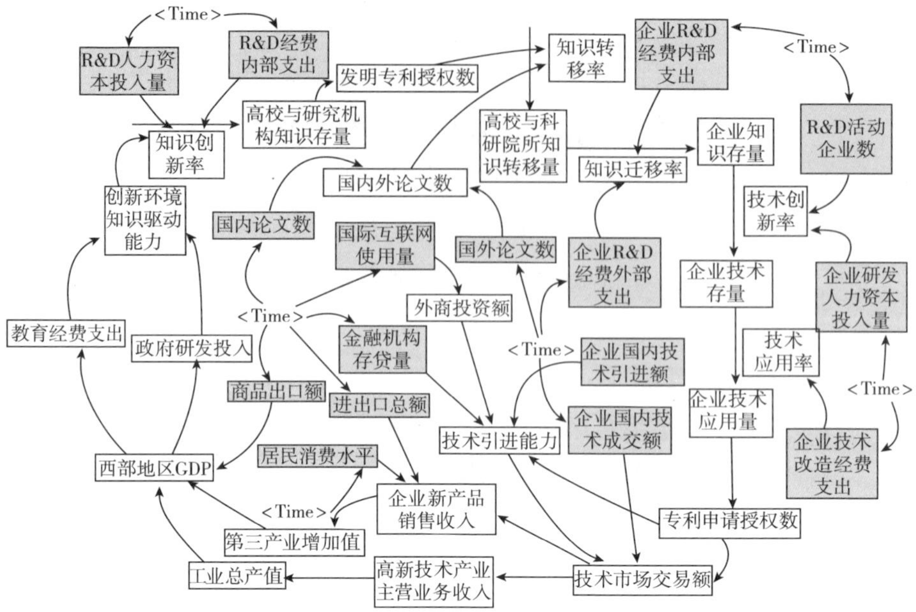

图 7－10　系统动力学模型流图

为使系统动力学模型在不同路径上都能够客观地反映真实情况，便对不同路径上的部分变量采用实际数据的模型嵌入，相关变量如表 7－2 所示。

表 7－2　西部地区创新能力系统动力学实际数据嵌入变量

作用路径	实际数据嵌入的相关变量
知识创新路径	R&D 人力资本投入量、R&D 经费内部支出、国内论文数、国外论文数
知识获取和转化路径	企业国内技术成交额、企业国内技术引进额
企业创新路径	R&D 人力资本投入量、企业 R&D 经费内部支出、R&D 活动企业数、企业 R&D 经费外部支出、企业技术改造经费支出
创新环境路径	国际互联网使用量、进出口总额、居民消费水平、金融机构存贷量
创新绩效路径	商品出口额

通过软件平台模拟，利用西部地区创新能力和经济增长相关变量的实际值和模拟值进行拟合计算，通过拟合度 R^2 的情况，对上述系统动力学模型进行检验。系统中主要要素的拟合度检验结果如表 7－3 所示，可以看出，模拟值与真实值拟合度均达到了 0.9 左右，拟合效果良好，指标要素高度拟合，该模型能较好地反映现实情况。

表 7 –3　拟合度检验结果

相关变量	拟合度 R^2	相关变量	拟合度 R^2
发明专利授权数	0.942	专利申请授权数	0.968
技术市场交易额	0.890	第三产业增加值	0.975
教育经费支出	0.964	政府研发投入	0.989

本章通过不同路径的影响因素刻画了西部地区创新能力和经济增长的系统动力学关系，通过知识创新、知识获取和转化、企业创新、创新环境和创新绩效五个层面的作用路径，描述了区域创新能力和经济增长之间的动力学特征。利用 Vensim PLE 软件平台进行模拟仿真，选择西部地区 GDP 作为表征变量，以此作为模型第 t 期的终点与第 $t+1$ 期的起点，观察系统整体运行模拟值和真实值之间的拟合情况，其演化趋势如图 7 –11 所示。

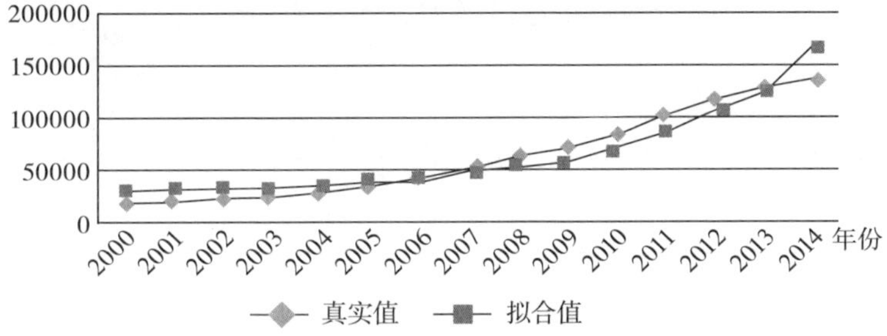

图 7 –11　西部地区 GDP 拟合情况

2. *动力学特征模拟与仿真*

通过系统动力学模型动态仿真可以看出西部地区创新能力对经济增长作用路径的相关特征，如图 7 –12 所示，其中分别选择“高校和研究机构知识存量反映知识创造、企业技术存量反映企业创新、技术市场交易额反映知识获取和转化、创新环境驱动能力反映创新环境、高技术产业主营业务收入反映创新绩效”对应的五条作用路径的动力学特征进行刻画。从模拟仿真可以看出，西部地区创新能力的五个层面基本保持稳定增长的作用趋势。

高校和研究机构知识存量表达了西部地区对知识创新的投入能力，其演化趋势呈小幅内凹的稳定增长趋势，即前期转化速率较为缓慢，在 $DT=7$ 以后速率逐渐增加，边际增长效应逐渐较强。企业技术存量是通过企业技术创新和企业技术淘汰，动态形成的技术存量变化趋势，从作用趋势可以看出，其呈现相对平缓的线性增长趋势。技术市场交易额是通过知识转移和技术创新实现市场转化的表征变量，其能够较为客观地刻画知识获取和转化的作用程度，通过模拟仿真可以看出其作用趋势呈现较为明显的阶段性增长趋势，即模拟前期技术市场的交易能力随着时间变化的增量并不明显，但累积到一定状态后，呈现指数增长趋势，因此知识获取和转化过程中，创新驱动效应的发挥具有一定的滞后特征。创新环境驱动能力影响的因素包括政府、金融机构、国际资本等。通过模拟仿真可以看出创新环境驱动能力呈现伴随波动的平滑增长趋势，增长过程中伴随有阶段性平台特征。高技术产业主营业务收入作为创新绩效的表征变量，从产业角度对创新绩效的作用特征进行描述。通过模拟仿真可以看出，其具有稳健的增长趋势，增长趋势较为明显且具有内凹性特征，说明边际增长率逐渐递增。

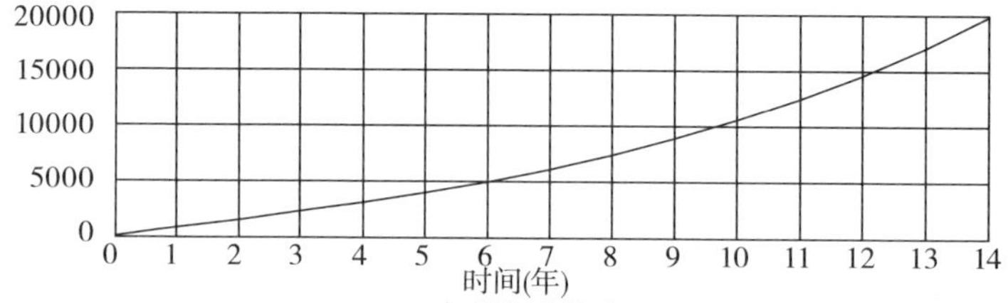

(a)知识创造能力

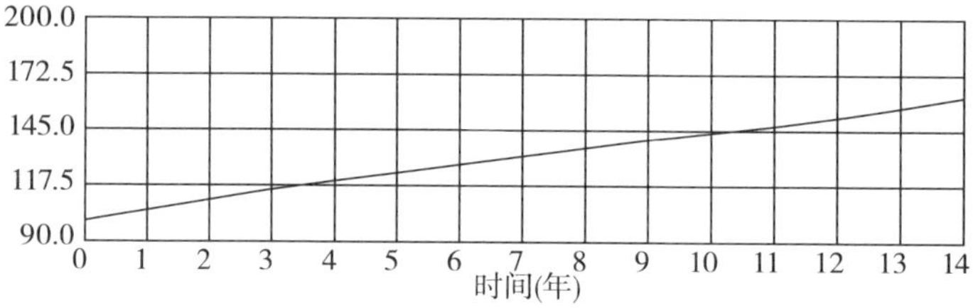

(b)企业技术存量

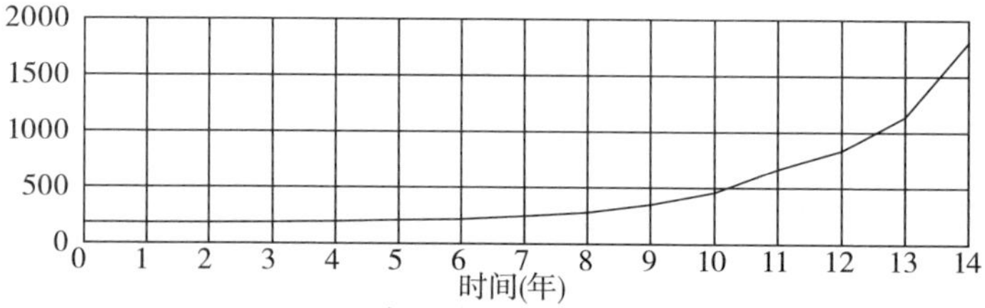

(c)知识获取和转化能力

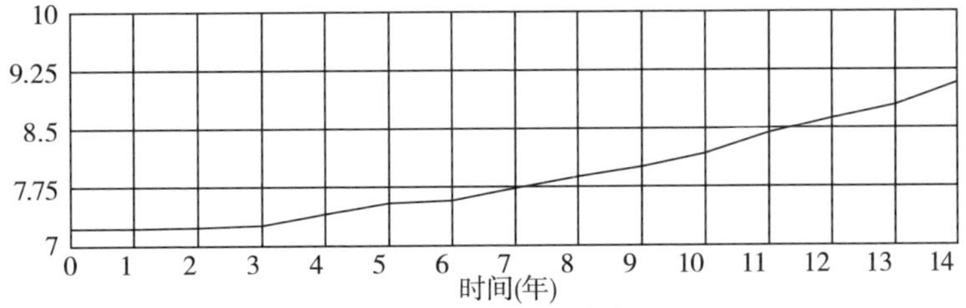

(d)创新环境驱动能力

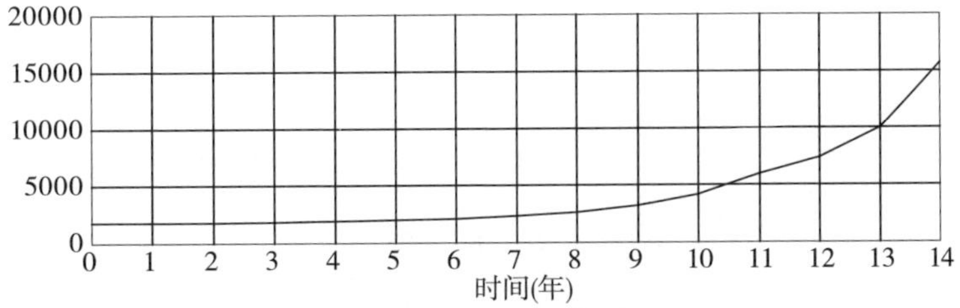

(e)高技术产业主营业务收入

图 7 – 12　西部区域创新能力对经济增长的动力学特征

3. 系统模拟与敏感性分析

（1）模拟方案。

结合本书内容，分别选择高校和研究机构知识存量、企业技术存量、技术市场交易额、创新环境驱动能力、高技术产业主营业务收入作为不同维度作用路径的表征变量。根据控制变量调整的现实意义和输出结果的显著性，分别将以上不同层面的表征变量作为控制变量，根据输入特性进行调整，以西部地区 GDP 作为输出变量来考察政策效果。结合本书内容设计五个模拟方案。

方案一：其他不变，将高校和研究机构知识存量增加 5%。

方案二：其他不变，将企业技术存量增加 5%。

方案三：其他不变，将技术市场交易额增加 5%。

方案四：其他不变，将创新环境驱动能力增加 5%。

方案五：其他不变，将高技术产业主营业务收入增加 5%。

相关政策策略的模拟仿真方案结果如图 7 – 13 所示；各种方案对西部地区 GDP 模拟值的对照情况如表 7 – 4 所示。

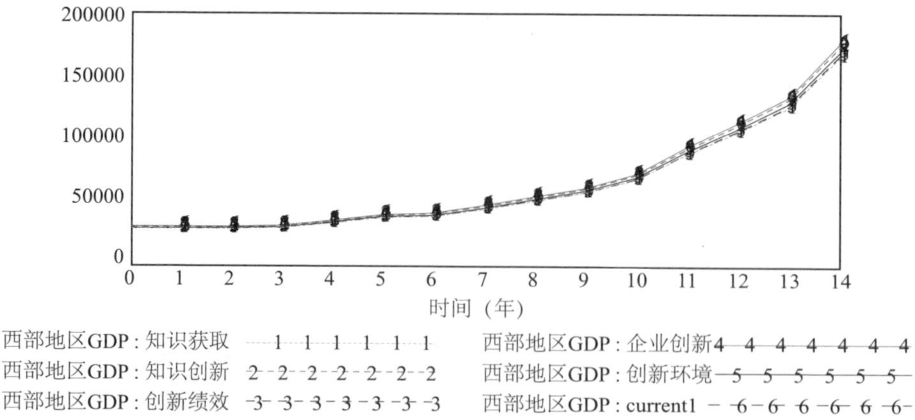

图7-13　不同方案下的西部地区GDP仿真结果对比

表7-4　基本模拟与各种方案模拟GDP对照　　单位：亿元

年份	基本模拟值	方案一	方案二	方案三	方案四	方案五
2000	28866.6	30566.1	31070	29194.5	29800.3	29316.5
2001	28912.6	30613.4	31118	29239.7	29846.5	29362
2002	29170.2	30889.9	31398.7	29503.3	30116.6	29627.8
2003	29734.9	31491.9	32010	30077.5	30704.7	30206.6
2004	33641.1	35738.8	36322.2	34128.5	34853.6	34290.2
2005	37830.7	40286.4	40939.8	38466.1	39296.2	38662.8
2006	38926.6	41451.5	42122.9	39577.6	40434.6	39783.2
2007	44594.6	47567.2	48332.6	45410.9	46409.1	45663.7
2008	50822.1	54279.6	55148.2	51813.5	52966.5	52117.8
2009	57281.9	61177.8	62152.6	58393.4	59705.6	58750.8
2010	67441.2	72011.6	73153.1	68727.1	70289.4	69167.9
2011	87007.8	92868.2	94330.6	88621.1	90664.7	89222.3
2012	104640	111710	113462	106593	109071	107339
2013	123969	132104	134170	126046	128995	126949
2014	164367	174677	177398	166654	170586	167885

从方案一可得到“高校和研究机构知识存量”提升5%，将使西部地区GDP平均每年增长6.4%；从方案二可得到“企业技术存量”提升5%，将使西部地区GDP平均每年增长8.1%；从方案三可得到“知识获取和转化

能力”提升 5%，将使西部地区 GDP 平均每年增长 1.6%；从方案四可得到“创新环境驱动能力”提升 5%，将使西部地区 GDP 平均每年增长 3.8%；从方案五可得到“高技术产业主营业务收入”提升 5%，将使西部地区 GDP 平均每年增长 2.2%。

（2）敏感性分析。

第一，西部区域创新的主体是企业。从敏感性分析可以看出，西部经济增长对企业创新最为敏感，当企业技术投入提高了 5%，经济增长就会提高 8.1%。尽管西部区域是我国区域创新能力的低洼地带，但西部区域创新的主体依然是企业，企业创新能力是区域创新能力的关键。企业可以通过产品创新和生产过程创新增强自身竞争力，从而优化产业结构，促进经济增长方式转换，推动经济增长。

第二，知识创造是西部区域创新的主要原动力。从敏感性分析可以看出，西部经济增长对知识创造比较敏感，知识创造投入提高 5%，经济增长就会提高 6.4%。创新能力是把知识转化为新产品、新工艺、新服务的能力，那么知识就是技术创新的源头，作用过程为知识创造→知识技术对接→技术创新→技术成果转化应用→经济增长，可见知识创造是西部创新的原动力。从敏感性分析的结果来看，西部高校和研究机构的知识创造和企业创新能力对推动区域经济增长具有较为明显的作用优势。

第三，知识获取和转化能力是西部区域创新能力的瓶颈。从敏感性分析可以看出，西部经济增长对知识获取和转化能力最不敏感，知识获取和转化能力提高 5%，经济增长仅仅提高 1.6%。这表明西部地区的知识获取和转化能力并未对区域 GDP 产生积极影响。这也从一定程度上解释了第 4 章中西部地区的创新产出按上游—中游—下游呈现依次递减现象的原因，即西部区域创新能力中的知识获取和转化能力最弱，创新产出从上游向中下游产品的对接转化不够，对经济增长的推动力有限，因此西部地区的创新合作与知识获取和转化能力需要进一步提升。

第四，创新环境是西部区域创新的重要支撑，从敏感性分析可以看出，西部经济增长对创新环境不是很敏感，创新环境投入提高 5%，经济增长提高了3.8%。创新环境要素作为创新系统的一部分，包括基础建设条件、对外开放程度、人力资本素质、市场经济环境、政府支持力度、金融环境、法律、政策、文化等诸多要素，与创新活动相互作用，为创新活动提供支撑和保障，因此，西部必须加大环境建设，提高市场化程度，不断完善西部区域创新环境，发挥创新环境对创新能力的支撑作用，从而推动经济增长。

第五，创新产业化程度是西部区域创新能力对经济增长作用的体现。从敏感性分析可以看出，西部经济增长对创新产业化程度不够敏感，创新产业化程度提高5%，经济增长提高了2.2%。可见西部地区应该依托自身优势产业，改造升级传统产业，淘汰落后产业，形成自己的新兴主导产业，从而推动经济增长。

西部经济增长对企业创新能力和知识创造能力比较敏感，企业创新的作用最强，所以西部应以企业为创新主体，加强知识创造和企业创新能力。此外，西部经济增长对创新环境、创新产业化程度以及知识获取和转化能力不够敏感，且敏感度依次递减，特别是对知识获取和转化能力的敏感性最低，说明目前制约西部区域的创新环境建设、产业化程度以及知识获取和转化已经成为制约西部区域创新能力、推动经济增长的主要瓶颈。

第 8 章　西部区域创新能力与经济增长的空间计量分析

创新和经济增长的关系很早就被人们普遍认识到，创新是经济增长的根本动力，创新能力可以增加产出，并推动生产力持续发展。发达国家尤其如此，越来越依赖创新和创业来保持经济的持续增长。本章从空间计量经济学视角研究我国各区域创新能力与经济增长之间的关系，实证模型中的数据源于 2000—2014 年的《中国统计年鉴》，利用 arcgis 10.0 软件，采用空间滞后模型，选取创新能力、规模以上工业企业新产品销售收入、国际论文数、专利授权数、市场化指数和对外开放程度等指标来进行实证检验，分析经济增长的重要原因。空间滞后变量的估计系数结果表明，中国经济的空间演化过程并非偶然，而是区域创新能力不断提升，提高了要素投入对劳动力的边际生产率和资本的边际生产率的影响，是各种要素（人力、资本）的流动以及技术扩散共同运行的结果。通过空间计量模型的实证分析发现，创新能力对区域经济增长有积极作用，创新跨境扩散效应能够产生积极的影响。通过创新能力的提升能够更好地促进西部区域经济增长，进而为西部区域创新能力的提升提供良好基础条件，如此周而复始渐进上升循环。

8.1　空间计量经济学模型和变量描述

8.1.1　模型设定与指标的选择

在研究经济增长的动力源泉时，必须关注区域创新能力对经济变化的影响。本章试图揭示这种变化的空间背景及其作用效能，并寻找出不同区位特别是沿海地区和西部地区不同体制和机制影响造成的省级实际 GDP 增长率的差异。利用空间计量经济学进行分析，通过使用虚拟变量 $C\_\ NC$ 区分沿海省份与内陆省份。

为了更趋于严谨，我们首先尝试检测创新能力与经济增长空间互动模式的存在，利用莫兰指数和空间 LISA 分析区域性的指标依赖和空间异质性，然后再用计量经济学技术空间相互作用的模型来进行检验分析。值得说明的是，在进行莫兰统计的全局线性空间依赖性检验中，结果显著则说明变量及其空间滞后之间存在强烈的莫兰全局性空间迹象；结果不显著则表示莫兰指数非平稳的存在。

空间数据分析（SDA）与地理信息系统（GIS）相结合能较好地研究地理现象空间分布规律，可以通过莫兰指数检测模型中是否存在空间交互的依赖和空间异质性来进行分析。

本章遵循 Griliches（1979，1980，1986，1995）提出的生产函数的方法，并结合万勇的技术创新与区域经济增长，提出如下公式：

$$y_{it} = \beta_0 + \rho y_i + \beta_1 \ln RIC + \beta_2 \ln NPS + \beta_3 \ln IP + \beta_4 \ln PA + \beta_5 \ln Market + \beta_6 \ln Open + \beta_7 C\_NC + \varepsilon_{it} \quad (8-1)$$

其中，$y_{it} = \ln GDP_{it}$，i 表示各区域，t 表示年度，GDP 表示人均地区 GDP；RIC 表示区域创新能力；NPS 表示规模以上工业企业新产品销售收入；IP 表示国际论文数；PA 表示申请专利授权数；$Market$ 表示市场化水平；$Open$ 表示对外开放程度；C_NC 为虚拟变量，等于 1 表示是沿海区域或靠近邻国的区域，等于 0 表示是内陆区域；β_0 为常数项，表示模型截距；$\beta_1,\cdots,\beta_7$ 是系数；ε_{it} 为模型误差项。其中，$Market$、$Open$ 为模型的控制变量，加入这两个控制变量之后，模型表达的是在市场化水平和对外开放程度相同的情况下，区域技术创新能力对经济增长的影响。我们之所以选择一个线性的模型，是因为它的好处在于 β_1 度量的是解释变量 RIC 的单位变动所引起的因变量即人均地区 GDP 的相对变化程度，那么将此相对变动系数乘以 100，就得出人均地区 GDP 的百分比变动，即人均地区 GDP 的增长率。我们关注 $\beta_0,\cdots,\beta_6$ 等系数变化，因为它们反映了区域技术创新能力等因素对人均地区 GDP 的影响。这涉及一套系统性的创新能力变量及关键因素对区域经济增长的作用。此外，还包括空间滞后形成了空间杜宾模型（SDM）变量，因此我们可以通过相邻省份与本区域的观测估算出可能的扩散效应。

为了比较我国西部区域创新能力与经济增长的关联，利用 OLS 及空间计量方法进行测算。在测算过程中，考虑到内生性的问题，将所有解释变量都进行滞后二期处理。

地理加权回归（GWR）能够为数据集中的区域各要素构建一个独立的模型框架，将各区域中要素的因变量与解释变量在带宽范围内进行整合。进行空间计量，首先要从基本的 OLS 回归入手，在得到一个正确的 OLS 模型后，运用同样的解释变量进行地理加权回归，特别值得注意的是，模型中不能包括表示空间组织的任何“哑元”解释变量。

在全局回归模型中，如果两个或多个变量存在多重共线性，那么结果将不再稳定，甚至不可靠。GWR 输出结果中含有的约束条件数表明，局部多重共线性在小于 0、大于 30 或被设置为“空”的条件数的时候会发生错误问题。比如回归模型的设定中丢失了一个至关重要的解释指标，则会引发回归模型的指定错误，可以通过 OLS 残差分析或 GWR 系数变化分析法来进行补救，寻回丢失的关键指标。

聚类分析工具 LISA 可以统计出每一个要素的 $Getis-Ord\ G_i^*$ 统计值。通过分析模型中获取的 Z 值与 P 值，能够准确探索出高值或低值要素在区域聚类中的区位。通常通过寻找具有显著统计学意义的高值变量，并将其与其相邻要素的局部总和进行对比。当局部总和与所预期的值有很大差异时，会产生一个具有显著统计学意义的 Z 得分。如果 $L_i > 0$，表明区域集聚具有相似性。这类集群有两种可能发生的方式：假如位置 i 有一个高的值，并且由相邻位置较高的聚类值包围，则被称为高高本地聚类；相反 i 具有较低的值而且周围又被较低的领域值包围，则被称为一个低低本地聚类。如果 $L_i < 0$，则显示为异构性的局部空间聚集，这类集群也有两种可能发生的形式：如果本域位置 i 具有很高的值，且它是由具有低值的相邻位置所包围，则被称为高低本地聚类；如果本域位置 i 具有较低的值，并且它是由具有高值的邻域所包围，则称为低高本地聚类。

G_i^* 统计时 Z 得分，可以表示为：

$$G_i^* = \frac{\sum w_{i,j}x_j - \bar{X}\sum_{j=1}^{n} w_{i,j}}{S\sqrt{\frac{\left[n\sum_{j=1}^{n} w_{i,j}^2 - \left(\sum_{j=1}^{n} w_{i,j}\right)^2\right]}{n-1}}} \tag{8-2}$$

其中 x_j 是要素 j 的属性值，$w_{i,j}$ 是要素 i 和要素 j 之间的空间权重，n 为要素总数，且：

$$\bar{X} = \frac{\sum_{j=1}^{n} x_j}{n} \tag{8-3}$$

$$S = \sqrt{\frac{\sum_{j=1}^{n} x_j^2}{n} - (\bar{X})^2} \tag{8-4}$$

具有显著统计学意义的正的 Z 得分，Z 得分越高，高值（热点）的聚类就越紧密。相反，对于统计学上的显著性负 Z 得分，Z 得分越低，低值（冷点）的聚类就越紧密。

8.1.2 样本选择和数据来源

本章首先选取全国 31 个省份的数据，按照东部、中部、西部、东北进行估计，然后再选取西部 12 个省级区域专门对西部地区进行分析（西藏由于部分数据的缺失而进行了数据修匀处理）。其中规模以上工业企业新产品销售收入 *NPS*、国际论文数 *IP*、申请专利授权数 *PA* 数据来源同第 4 章。

区域创新能力（*RIC*）采用《中国区域创新能力评价报告》中的区域创新能力综合值。该指标的数据获取有两个途径：一是已有的其他研究成果，《中国区域创新能力评价报告》最具有权威性；二是通过相关统计年鉴收集整理，使用本论述第 5 章的因子分析计算取得。本章直接采用《中国区域创新能力评价报告》中的数据，主要原因有两点：第一，该报告中的评价指标体系共涉及大约 132 个指标，涵盖面比较广；第二，该报告的评价指标体系会根据创新能力影响因素的变化以及相关统计年鉴的统计口径变化及时进行调整。例如，将大中型企业 R&D 经费内部支出调整为规模以上工业企业 R&D

经费内部支出，近些年新增电耗总量、工业排放等指标，而这些指标在以往的统计年鉴里并未被收录。鉴于以上原因，为更准确地反映历年的区域创新能力综合值，本章选用了该报告的数值。

市场化水平（*Market*）采用樊纲和王小鲁的《中国市场化指数：各地区市场化相对进程报告》中的数据计算出来的我国各省级区域市场化指数，樊纲、王小鲁等的市场化指数是当前国内研究中较为权威和通行的指标，对于这套指标中缺失年份的数据，我们利用数据修匀技术进行处理，以得到全面的数据指标。

对外开放（*Open*）用来测算一个国家或者地区的对外开放水平，兰宜生、何枫研究认为，对外开放程度指标涵盖外贸与外资两个范畴。这里我们为方便计算而借鉴兰宜生、何枫的方法，选取对外开放程度等于外贸依存度与外资依存度之和的模式来计算我国各省级区域的对外开放程度（详见附表 3）。

具体测算模型为：

$$FTR = \frac{FT}{GDP} \times 100\% \qquad FCR = \frac{FDI}{GDP} \times 100\% \tag{8-5}$$

$$Open = FTR + FCR = \left(\frac{FT}{GDP} + \frac{FDI}{GDP}\right) \times 100\% \tag{8-6}$$

其中，*FTR* 表示外贸依存度，*FT* 表示进出口总额，*FCR* 表示外资依存度，*FDI* 表示实际外国直接投资额。数据处理过程中，首先采用当年的汇率将地区进出口额、外国直接投资额等以美元为单位的指标转换为以人民币为单位，然后以 2000 年为基年，利用对应各区域的居民消费价格指数，将相关指标数据转换为不变价格，以消除物价水平变动的影响。

通过式（8－5）和式（8－6），选取《中国统计年鉴》《中国对外经济统计年鉴》以及国家和各省级政府统计局网站的相关统计数据，可以得到对外开放程度指数表（见附表 3）。

8.2　实证检验与计量结果

8.2.1　全国区域创新能力与经济增长关联的实证结果

我们采用普通 OLS 模型，选取全国 31 个省（自治区、直辖市）的数据进行计量，得到的 OLS 估计结果如表 8 - 1 所示。从表 8 - 1 中可以发现大多数独立变量都不太显著（参考其 *t* 值及 *P* 值），因此模型需要进一步调整。可以看出 *C_ NC* 哑变量并不能完全代表整个沿海地区内部空间结构（安瑟伦，1996），如果约束条件数过多将会影响模型的适用性和解释的合理性。因此，通过消除 *IP*、*PA* 与 *C_ NC* 三个变量，寻找替代模型即新的调整后得更加稳定的 OLS 估计。

表 8 - 1　OLS 估计结果

变量	OLS			Adjusted OLS		
	coeff	coeff	p - value	coeff	t - value	p - value
Const	2. 052	2. 376	0. 027	1. 9623	2. 8466	0. 0089
RIC	0. 3845	2. 341	0. 0285	0. 3893	2. 548	0. 0223
NPS	0. 494	8. 254	0. 0012	0. 4921	9. 4895	0. 0011
IP	- 0. 0005	- 0. 013	0. 989			
PA	0. 132	0. 179	0. 034			
Market	0. 162	1. 891	0. 072	0. 23	2. 773	0. 7839
Open	0. 123	0. 149	0. 8829	0. 1361	2. 562	0. 0169
C_ NC	0. 053	0. 1969	0. 8902			
R^2	0. 8846			0. 8975		
*MCN**	25. 12			17. 47		

*MCN** 是多重共线性条件数

模型调整后提高了解释力和可靠度，同时将多重共线性条件数降低到了可接受的值 17. 47。但残差仍空间自相关，创新能力差异空间的相互依存关系会影响 OLS 的理论假设，误差项中存在的自相关问题将导致方差的有偏估计，甚至产生不可靠的标准回归，因此需要进一步利用空间模型进行检验和改进。

表 8 - 2 给出了基于一组领域的权重矩阵，在从 1500 千米到 2800 千米的距离对区域空间效应进行测算（最小允许距离截距是 1488 千米）。在地理经济学中，莫兰指数可能是对空间自相关最优秀的检验方法。使用莫兰指数，空间自相关性最强的模型是 SW - 7，也就是在 2000 千米的距离带内。但是根据安瑟伦和雷伊（1991）的方法会得到两种来源不同的空间自相关形式：一是被反映在空间自相关误差项，并且通常被称为空间扰动相关，这可以由研究中的经济增长、创新能力、市场行为的空间边界与区域划分的行政边界不

匹配引致。二是空间自相关的实质性形式被称为空间滞后依赖，这可以从各种溢出效应反映，如技术扩散、要素流动和转移支付的派生并导致扩散或极化效应。在一系列广泛的蒙特卡罗实验中，发现莫兰指数不允许这两种形式的设定，而拉格朗日稳健性检验能够做出更好的判断。在 2000 千米的距离限制条件下研究中国区域数据，使用拉格朗日稳健性测试存在比空间误差自相关更显著的空间滞后模型（见表 8－2 中的最后一列）。这表明我们设定的经验模型中，因为中国经济系统中一些变量的溢出效应还没有被纳入模型中，得到的 OLS 模型仍然有偏估计。

表 8－2　空间相关性的检验

空间权重矩阵		莫兰指数		拉格朗日稳健性检验（Ⅰ）		拉格朗日稳健性检验（Ⅱ）	
SWM（空间模型设定）	距离（千米）	*Z* 值	*P* 值	*LM*	*P* 值	*LM*	*P* 值
SW－1	Contiguity（邻近）	－1. 089	0. 272	0. 422	0. 514	2. 695	0. 101
SW－2	1500	0. 385	0. 702	0. 491	0. 483	70562	0. 008
SW－3	1600	－0. 132	0. 879	0. 023	0. 881	7. 72	0. 005
SW－4	1700	－2. 799	0. 005	0. 975	0. 32	8. 123	0. 004
SW－5	1800	－2. 499	0. 015	0. 236	0. 627	8. 635	0. 003
SW－6	1900	－2. 693	0. 007	0. 181	0. 669	9. 958	0. 002
SW－7	2000	－3. 042	0. 002	0. 165	0. 692	11. 21	0. 001
SW－8	2100	－1. 423	0. 163	0. 211	0. 645	12. 18	0
SW－9	2200	0. 247	0. 805	1. 578	0. 209	13. 04	0
SW－10	2300	0. 208	0. 853	1. 983	0. 158	14. 1	0
SW－11	2400	0. 435	0. 652	2. 273	0. 132	14. 66	0
SW－12	2500	0. 488	0. 654	0. 925	0. 087	14. 69	0
SW－13	2600	1. 153	0. 294	4. 887	0. 027	13. 42	0
SW－14	2700	0. 233	0. 852	4. 332	0. 037	14. 15	0
SW－15	2800	1. 337	0. 166	5. 558	0. 018	12. 84	0

根据表 8－2 中 R^2 值的拟合优度、*P* 值以及拉格朗日稳健性检验，选取 SW－7 空间滞后模型。然后，我们使用空间计量软件计算空间滞后模型的最

大似然估计，见表 8 -3。

表 8 -3　OLS 和空间滞后模型的估计比较

变量	OLS			SLM（空间滞后模型）		
	系数	Z 值	P 值	系数	Z 值	P 值
Const	0.962	2.844	0.0088	9.588	5.503	0
RIC	0.137	0.561	0.0168	0.141	4.029	0.000055
NPS	0.386	2.453	0.0222	0.532	4.823	0.000001
Market	0.002	2.777	0.7832	0.015	2.384	0.017152
Open	0.492	9.485	0	0.483	14.02	0
W_ GDP				-0.899	-4.547	0.000005
LIK	-25.686			-16.533		
AIC	61.3519			44.157		
SC	68.3598			53.1178		

如表 8 -3 所示的极大似然估计，赤池信息准则（*AIC*）值、施瓦茨准则（*SC*）值基于当空间滞后变量（*W_ GDP*）被添加到模型中后拟合度大大提高。改进后，*W_ GDP* 空间滞后系数为 0.000005，*P* 值非常显著，说明模型更加稳定可靠。相较于 OLS 估计，市场化水平（*Open*）为 0.492，对比空间滞后模型系数的 0.483，差异较小；但规模以上工业企业新产品销售收入 *NPS* 在空间滞后模型中的系数为 0.532，与 OLS 中的 0.386 对比，增大许多；创新能力 *RIC* 在空间滞后模型中的系数为 0.141，与 OLS 中的 0.137 对比，有一定程度地增加。显而易见，这种变化使得模型设定更优。

如果空间滞后模型的设定是正确的，那么非空间依存度应该存在残差。在这种情况下，对于所有的空间权重矩阵，拉格朗日稳健性检验中的空间滞后模型空间误差自相关值实际上已经微不足道了。添加空间滞后变量（*W_ GDP*）后的模型能够更适于当地代表经济增长的空间效果。

同样，表 8 -4 中的检验结果表明空间自相关性最强的模型是 SW -7，也就是 2000 千米的距离带内创新能力对区域经济增长的拉动作用较为明显。

表 8-4　LM 检验空间误差自相关

SWM	距离（千米）	行标准化	零排列	*LM* 值	*P* 值
SW-7	2000	yes	no	0.8704	0.3508
SW-1	邻近	yes	no	0.9156	0.3387
SW-2	1500	yes	no	0.003	0.9542
SW-3	1600	yes	no	0.672	0.4357
SW-4	1700	yes	no	1.2112	0.2746
SW-5	1800	yes	no	0.7023	0.4011
SW-6	1900	yes	no	0.6663	0.4138
SW-8	2100	yes	no	0.8956	0.3446
SW-9	2200	yes	no	0.4653	0.4954
SW-10	2300	yes	no	0.3258	0.5718
SW-11	2400	yes	no	0.1547	0.6948
SW-12	2500	yes	no	0.1723	0.6751
SW-13	2600	yes	no	0.2778	0.5968
SW-14	2700	yes	no	0.5603	0.4524
SW-15	2800	yes	no	0.5265	0.468

莫兰指数的统计量如表 8-5 所示，这里分别分析了初始状态 2000 年及 2014 年的创新能力、规模以上工业企业新产品销售收入、市场化程度、对外开放程度以及人均地区 GDP 增长率指标的莫兰指数统计。随后我们将绘制 LISA 图来反映空间选取变量的集聚分布格局。

表 8-5　莫兰指数的统计量

变量	莫兰指数		莫兰指数标准值		*P* 值		区域观测值
	2000 年	2014 年	2000 年	2014 年	2000 年	2014 年	
RIC	-0.016	0.082	0.040	0.530	0.940	0.760	31
NPS	0.290	0.325	2.144	2.178	0.030	0.030	31
Market	-0.051	0.090	0.265	0.593	0.791	0.650	31
Open	0.130	0.101	0.741	0.613	0.490	0.580	31
W_ GDP	0.463	0.679	2.571	3.731	0.010	0.018	31

根据莫兰指数的统计量来绘制中国区域经济与创新能力的聚类空间分布图。

西部区域多数的省域经济增长与创新能力要素之间的关系多表现为低低聚类的状态，即本域和邻域的经济增长很少来自创新能力的带动效应，西部区域中的四川、陕西、重庆是三个特殊的例外，陕西、四川表现为高低本地聚类状态，而重庆则表现为高高本地聚类状态。这主要是由于这三个省（直辖市）高技术产业园区较多，已经形成多个国家级的开发新区，彼此之间可以形成互助的拉动效应，知识创新外溢效应对经济增长的拉动作用也较为明显。

8.2.2 东部、中部、西部、东北区域创新能力与经济增长的实证

利用同样的方法可以测算出我国东部地区、中部地区、西部地区、东北地区的创新能力与区域经济增长的关联估计结果，如表 8－6 所示。

表 8－6 区域创新能力与经济增长关联的估计结果

区域	变量	系数
东部地区	*Const*	7.652
	RIC	0.732
	NPS	0.223
	Market	0.138
	Open	0.102
中部地区	*Const*	9.215
	RIC	0.14
	NPS	0.552
	Market	－0.015
	Open	0.476
西部地区	*Const*	8.528
	RIC	0.009
	NPS	0.556
	Market	－0.014
	Open	0.342
东北地区	*Const*	9.206
	RIC	0.246
	NPS	0.512
	Market	0.017
	Open	0.453

8.3　计量结果分析

8.3.1　全国样本的计量结果分析

从全国层面来看：第一，创新能力的影响系数为 0.141，仅高于市场化程度的影响，这也反映出我国创新能力的整体水平不高。第二，规模以上工业企业新产品销售收入对经济增长效用显著。规模以上工业企业新产品销售收入每提高 1 个单位，经济增长提高 0.532 个百分点。这也表明我国的经济增长主要还是依靠大量的人力与资本投资的工业新产品产值增加的拉动效应，说明了由新产品销售引起的产业结构调整升级促进了经济增长，新产品就是知识创造的结果，这也印证了产业调整路径对经济增长的拉动效用的显著性。第三，市场化程度影响系数为 0.015，对经济增长的影响最小，这主要是因为中西部的市场化程度不高。第四，对外开放程度的影响系数为 0.483。说明随着我国加入世界贸易组织（WTO），对外开放程度与国际贸易往来的效应明显，我们已经成为重要的工业出口国与外资引入国，通过我们的计量检验也明确证实了这一点，我国的对外开放程度已经获得了显著的提升。

从区域层面来看：第一，从区域创新能力的影响系数来看，各区域创新能力系数均为正数，东部为 0.732、中部为 0.14、西部为 0.009、东北为 0.246。区域创新能力对经济增长的作用最显著的为东部，东北和中部依次递减，而西部区域创新能力的影响系数最低。第二，从规模以上工业企业新产品销售收入的影响系数来看，西部最高（0.556），接下来分别是中部、东北、东部。第三，从市场化程度的影响系数来看，西部和中部为负值，且西部最低（-0.015）。第四，从对外开放程度的影响系数来看，西部为 0.342，西部地区对外开放程度对经济的促进作用低于中部和东北，排在第三位。

综上所述，可以看出：第一，西部区域创新能力最低，结合第 5 章的内容，不难得出西部知识获取和转化能力及创新环境的支撑能力较低，使得创新产出的产业化程度不高，最终表现为区域创新的综合能力不强，导致推动经济增长的动力不强。第二，对经济增长拉动最明显的则是工业企业新产品销售收入这个变量，主要原因是由于近些年西部从东部的产业承接，带来了大量新产品的产出，而东部没有像前些年那样从国外承接大量产业。这也说明东部区域经济的增长已经逐步开始转向依靠创新能力的提升来拉动，而西部区域经济增长主要依靠产业承接所带来的工业企业新产品销售收入来拉动。第三，对外开放程度的提高对经济增长有着促进作用。需要说明的一点是，东部地区由于受外部环境变化的影响，增长模式发生变化，由原来的主要依靠外资拉动开始转向内生的创新驱动，表现为对外开放程度对东部整体经济增长的影响远小于创新能力等因素的影响。而西部企业的整体技术创新能力水平相对并不高，因此西部应进一步提高对外开放程度。第四，西部市场化程度的系数为负，反映出西部区域的计划经济惯性作用依然很明显，市场化水平低，已经严重制约西部区域经济增长。

创新是经济增长的源泉。在创新能力高的区域，其对经济增长的拉动更为显著，反之，在创新能力较差的区域，创新能力对经济增长的拉动效应较弱。创新能力 *RIC* 的系数，分区域样本计量结果表明，最高是东部，其次为东北地区，再次为中部，西部的则最低。由此，我们发现东部区域创新能力对经济增长的促进作用最明显，东北、中部次之，西部最小。这种现象产生的原因是东部区域的人力资源集聚、资本集聚、高知识密度的产业集群、信息网络服务发达、基础设施条件优越等创新能力转化为直接生产力的效果较好，能很快将创新能力中的要素以专利、产品研发成果等方式投入生产中，从而获得高额的经济回报，因而东部创新能力对经济增长的促进作用较大。而对于西部区域来讲，由于技术创新转化为生产等方面的能力有限，导致区域创新能力对经济增长的促进作用在全国区域中显得最弱。

由此可以得出，我国创新能力对经济增长的促进作用存在较大的区域差异性。整体上表现出由东部、东北到中部、西部的拉动作用效果依次递减的空间分布特征。正是基于这点考虑，中央政府出台的同样具有提升区域创新能力的政策会在不同的区域形成差别巨大的经济增长效果。因此，西部不能完全复制东部经济增长的过程。显而易见，西部应依托已有资源和产业优势，只能以提高创新能力内生驱动经济增长。

8.3.2　创新能力是西部经济增长的动力源泉

在本章，我们已经重新考虑从空间计量的角度来考察我国区域经济增长与创新能力的问题。通过分析在 2000—2014 年中国区域经济的增长表现，发现与促进亚洲经济体（20 世纪 90 年代东南亚的崛起）的快速增长具有相同特点，中国经济增长与创新能力的空间溢出效应的特质都比较显著。

1. 经济演化历史表明，创新是经济增长的原动力

中国近年来的经济增长经验，可以在很大程度上理解为古典经济发展的一个极好的例子，资源转移将我国从温饱型农业产业国，发展为今天工业企业体系完备的工业制造大国，区域经济发展失衡，经济发展之间的差距反映了不均匀局部工业化的过程导致的区域地理空间分布的差距。经济发达的地区其经济增长源泉主要来自创新能力的提升，工业产业的创新及非农劳动力的增长，而经济增速较快的落后地区的经济增长则主要依靠工业生产产品、资本存量、外国直接投资。此外，空间估计系数的滞后变量表明极化过程发生在中国空间经济非均衡发展。估计结果说明，随着市场化经济的发展，由于资源要素的流动，转移支付和技术扩散产生了各种各样的溢出效应，大大改善劳动力的边际生产率和外资使用效率，让西部经济增长率更接近中国经济前沿。这些空间计量结果不同于那些传统的中国区域研究，它们最直接揭示了我国各区域创新能力促进经济增长的空间影响作用。

为了尽快摆脱经济增长困境，我国各区域都在积极寻找驱动经济增长的“药方”，探索新的经济增长动力，而创新能力的提升无疑会成为新一轮经济增长最主要的动力来源，成为各级地方政府竞争的焦点，西部区域更应该在创新能力方面有新的突破。

2. 自主创新是西部经济跨越式发展的正确选择

通过自主创新能力的提升来拉动西部经济增长是重要的战略路径抉择。目前西部区域经济增长面临较大的压力，进而可能导致区域贸易保护主义的抬头，阻碍市场化的进程，进而影响区域经济的进一步发展与创新能力的提升，所以更应该结合区域资源禀赋，通过自主创新能力的提升与产业结构的

调整优化，为西部经济增长注入源源不断的活力。应该结合西部的特色和“一带一路”的政策背景，促进西部区域创新能力提升，创新产业方式，根据区域资源禀赋做医药深度加工制造，高精尖航空、电子设备制造、汽车制造产业，酒、饮料和富硒茶，电力热力生产供应等经营状况良好的产业。淘汰落后的及过剩的产能，如选矿、煤炭开采等，在原油开采中用注重环境效应与区域经济效应并重，提升石油加工冶炼技术，获得深加工的超额技术利润；而对于资源依赖型的区域应改善畜牧环境，提升肉类深加工与建设一条龙服务产业，农业中的蔬菜水果粮食产业，可以优选农业观光发展道路，走向农场企业化，避免单体农户的经营风险；而对于木材加工业应防止过度开采深化加工制造，而对于皮革制造等经营状况较差的行业的产能，应根据市场供需进行加工生产。

我们调研发现，2016 年上半年产能过剩严重的行业排名前三的为有色金属、石油加工和黑色金属冶炼，以同样的划分标准，宁夏、新疆和贵州成为产能过剩严重地区的前三位。西部应通过结合区域资源禀赋与特色，扬长避短，充分发挥西部地区地大物博、矿产物产丰富、人力资本较为廉价的优势，以产业创新拉动区域经济快速可持续发展。

第9章 结论、政策建议及发展展望

9.1 本书的研究结论

本书通过对区域创新能力与经济增长关系相关的国内外已有文献进行梳理，分析了目前区域创新能力、经济增长、区域创新能力与经济增长的关系等问题的研究现状，以西部12个省（自治区、直辖市）为研究对象，对西部区域创新能力对经济增长的作用进行实证研究，得到以下主要结论：

（1）西部区域创新能力与经济增长之间的动态空间演化呈非均衡特征。

第一，通过分析2000—2014年西部区域创新活动的投入产出情况，发现西部创新投入和产出呈现逐步增长的趋势，但与东部、中部、东北地区相比，仍然存在差距，特别是与东部差距非常显著。第二，西部区域创新活动的产出表现为从上游到中游再到下游依次递减趋势。此外，西部创新环境条件仍有待改善，创新产业化程度偏低。第三，由于西部承接了东部的产业转移，同时东部经济增长乏力，西部的经济增长速度已经快于东部。第四，通过对区域创新能力和经济增长的空间动态演化路径的分析，发现二者之间存在非线性关系。

（2）西部区域创新能力整体偏低，且各省（自治区、直辖市）之间差距较大。

第一，我国区域创新能力呈现为由东向西依次递减趋势。此外，通过对区域创新能力影响因素的分析发现，我国区域创新能力对外资依赖程度高，因此对外开放程度是影响我国区域创新能力，从而促进经济增长的重要因素。第二，西部区域内部各省（自治区、直辖市）创新能力水平差距较大，且各公共因子差异较大。区域创新的投入产出因子 F_1 对创新能力的方差贡献率为52.36%。该因子涵盖所有的企业创新指标，说明区域创新的主体是企业。西部应进一步加大创新的投入，加强产学研合作，提高创新的产出绩效。第三，知识创造和获取转化因子 F_2 对创新能力的方差贡献率为 22.50%。西部应提高知识创造能力和知识获取转化能力。第四，区域创新的产业结构和环境因子 F_3 对创新能力的方差贡献率为 11.94%。西部创新环境的条件较差，应当提高市场化程度，进行产业升级，促进创新的绩效产出。

（3）西部经济增长与创新能力发展之间具有互动发展的作用路径。

知识创造路径：高校知识创新→R&D 人力资本投入/R&D 经费支出→专利申请数量/国内外论文发表数量→企业技术创新→创新绩效/经济增长→R&D 经费支出→高校知识创新。

知识获取和转化路径：技术市场交易情况→工业企业国内技术资金引进/外商投资额→工业企业国内技术成交→企业创新过程→创新绩效/经济增长→知识主体→知识技术的有效转化→技术市场交易情况。

企业创新路径：高校知识创新→知识获取和转化→企业技术转化能力→工业企业研发人力资本投入/工业企业研发活动经费支出/工业企业有 R&D 企业数→专利授权数→企业新产品销售收入→创新绩效/经济增长→知识创新/知识获取和转化→企业技术转化能力。

创新绩效路径：产业结构（工业总产值/第三产业增加值/高技术产业主营业务收入/商品出口额）→区域 GDP→知识创新/知识获取和转化→企业技术转化能力/创新环境有效驱动→产业结构（工业总产值/第三产业增加值/高技术产业主营业务收入/商品出口额）。

创新环境路径：政府研发投入/金融机构存贷款量→教育经费支出→知识创新/知识获取和转化→企业技术转化能力→居民消费水平/进出口情况→创新绩效/经济增长→政府研发投入/金融机构存贷款量。

经济增长与区域创新能力路径：经济增长→创新投入→知识创新/知识获取和转化→企业技术转化能力/创新环境有效驱动→创新绩效→经济增长。

（4）知识获取和转化能力已经成为制约西部区域创新能力的关键因素。

通过敏感性分析，发现在上述六条路径中：第一，西部经济增长对企业创新能力和知识创造能力比较敏感，企业创新的作用最强，西部应以企业为创新主体，加强知识创造和企业创新能力；第二，西部经济增长对创新环境、创新产业化产出能力以及知识获取和转化能力不够敏感，且敏感度依次递减；第三，经济增长对知识获取和转化能力的敏感性最低，说明知识获取和转化能力已经成为制约西部区域创新能力的关键因素。

（5）创新能力对经济增长的促进作用存在较大的区域差异性，呈现由东向西依次递减的空间分布特征

通过空间计量发现，第一，西部区域多数省（自治区、直辖市）的经济增长与创新能力要素之间的关系多表现为低低聚类状态，陕西、四川表现为高低本地聚类状态，而重庆则为高高本地聚类状态。第二，西部区域经济增长主要依靠工业企业新产品销售拉动，而西部的市场化程度与对外开放程度在全国区域中处于垫底水平。第三，我国创新能力对经济增长的促进作用存在较大的区域差异性，东部区域创新能力对经济增长的促进作用最明显，东北、中部次之，西部最小，即呈现为由东向西依次递减的空间分布特征。

9.2　政策建议

通过前文的实证分析，我们发现西部区域创新能力水平与东部、中部、东北区域相比偏低，西部创新能力对经济增长的空间效应影响系数为0.009，而东部、中部、东北区域的影响系数分别为0.732、0.14、0.246，由此可见，西部区域创新能力对经济增长作用最小。根据创新能力促进经济增长的理论以及前文的论述，我们认为要推动西部经济的增长，缩小与东部等区域之间的差距，就必须要提高西部区域创新能力。

9.2.1　增强创新意识，积极发挥政府引导作用

长期以来，西部地区在经济发展过程中忽视环境的承载能力和资源的有限性问题，过分依靠资源和劳动力投入来实现经济增长。西部区域应当充分认识到这种增长方式的弊端，转化原有的忽视创新的不可持续增长模式的理念。西部区域的当地政府要首先认识到创新对西部区域实现可持续经济发展的重要作用，建立以政策引导、激励和监督为主要内容的政府引导机制，提高区域创新能力，走符合西部地区优势的特色技术创新之路。

政策引导应围绕人力资源、政府财政、金融环境以及知识产权等方面，激励企业、高校和科研机构等创新行为主体进行创新活动，提高创新中介机构的服务能力，不断促进科技成果的市场转化。同时，政府还应科学地建立创新能力的监督目标体系，及时发现创新活动中的问题并做出相应政策调整，充分发挥政府在区域经济中的管理和协调功能，为区域内各创新主体提供广泛而规范的服务。

近年来，西部地区在市场环境建设方面取得了长足的进步，但还要更进一步地提高市场开放程度，使西部区域市场运行与国际紧密接轨。此外，营造一个良性竞争和紧密合作的文化氛围有利于衍生许多新的企业和创新，这些都需要一个服务型政府。政府的组织、服务职能应按照市场经济规律，通过经济、法律的手段，引导市场更好地发挥对科技资源配置的基础性作用。

9.2.2 构建创新投入的长效机制

通过前文的实证研究，我们发现影响西部区域创新能力的第一公共因子即区域创新的投入产出因子，加大对创新的投入对西部提升区域创新能力有着重要作用。虽然西部区域的创新投入逐年增长，但创新投入的强度明显偏低，因此加大创新的人力和资本投入力度，是西部区域创新能力提升推动经济增长的关键。

第一，建立提升区域创新能力的财政科技投入机制。西部各地区应根据本地区的发展战略、经济基础、科技资源存量情况，逐步完善其提高区域创新能力的财政投入长效机制。通过财政投入长效机制明确财政科技投入占地方财政支出比例逐年提高的幅度，确保科技经费增长幅度高于财政经常性收入的增长幅度。

第二，强化企业创新投入主体的地位。2014 年西部 R&D 经费内部资金来源于企业和政府的比重分别为 60.58% 和 34.80%，而全国的平均水平分别为 75.42% 和 20.25%，东部分别为 77.41% 和 17.91%。这反映出西部区域的企业虽然已经成为创新活动的主体，但对政府仍然具有一定的依赖性。因此西部的企业应进一步加大科技投入，开展前沿和关键的重大技术问题攻关，增加对创新成果产业化发展的投入。

第三，加大创新的金融支持力度。西部地区国有大中型企业由于资信条件较好，通常可以比较顺利地从货币市场或者资本市场进行技术开发活动的资金融通，同时，这些企业往往也是政府扶持和支持的重点企业，也比较容易从政府那里取得专项项目的资金支持。但是那些中小型的高新企业，由于缺乏资金支持，往往存在很大的资金缺口。因此政府应该从以下四个方面完善金融体系：一是在鼓励商业银行对大型企业进行商业信贷的同时，引导商业银行开发针对科技型中小企业的金融产品；二是设立针对科技型中小企业提供资金融通的风险投资公司和风险投资基金；三是不断完善资本市场为企业提供金融支持；四是政府直接采用资金或者信用融通的方式为科技型中小企业提供资金扶持。

第四，建立西部区域创新专项基金。设立专门的创新专项基金，对西部区域的科技创新项目进行资助。即通过政府引导资金、社会民间资金以及各级行业协会、政府、银行联合组建设立的各类基金进行专项科技创新项目支持。

第五，优化人力资源管理，加强人才队伍建设。一方面，西部要发挥市场对资源配置的机制，形成企业需求导向，通过市场供需变化而不是行政组织来配置人力资源。鼓励企业进行研究机构平台建设和对人才的投入，企业根据需求和市场人力资源情况，自适应地调整和解决问题。同时要建立与市场规则相匹配的人才选用规则，明确其权利和义务。另一方面，西部经济条件相对落后，因此在市场配置人才资源的过程中，要进行人才资源的信息整合，不能带有性别、年龄、身份的差别区分，既要考虑技术型人才，也要考虑企业家等高层管理人才。对领军人才和海外专家等高端人才要完善国际与区域共享机制，确立人力资源的主导地位。

9.2.3 完善西部区域知识创新产出服务体系

2001—2014 年，西部区域的国际论文数、三种专利授权数、新产品占全国比重范围分别为 11.96% ~16.17%、8.82% ~13.22%、8.16% ~10.55%，创新产出呈依次递减趋势，且整体比重偏低。西部区域创新产出能力的现状反映出很多创新的上游和中游产出成果形式仅仅停留在理论和实验形态，未能真正实现商业化和市场化。因此，西部应从以下几个方面完善其知识创新产出服务体系：

第一，建立与市场化相适应的研发模式。很多西部的研究开发活动忽略了研究的市场价值。因此，这类研究开发活动没有以市场为导向，没有考虑知识成果的转化问题，导致成果形态仅仅表现为某种展品，这种没有进行商业化和市场化的产出不能算作真正意义上的创新产出。完善知识创新产出服务体系应首先从源头入手，即以市场需求为导向进行研究开发活动，产出符合市场需求的创新产出成果，这样才能从根本上为提高知识创新成果的转化率奠定基础，进一步推动其商业化进程。

第二，完善西部知识成果转化的服务体系。根据前文实证结果，西部知识获取和转化能力对经济增长的作用最小，当知识获取和转化能力提高5%时，仅能拉动经济增长1.6个百分点，这说明西部区域的成果转化服务体系没有真正发挥其对经济增长的促进效应。西部地区中作为科技大省的陕西，虽然有着丰厚的科技资源，却没能真正将科技资源有效地转化为经济发展成果，甚至出现了70%的技术成果被外省买走的现象，究其根本原因就是科技成果的本地转化率非常低。因此，首先，应该加强西部区域知识转化平台建设，降低需求方和供给方的交易成本和机会成本，真正实现创新成果的经济价值；其次，继续完善市场管理和经营机制，发展民营中介服务机构，为高校、科研机构以及企业带来社会效益；最后，要注重中介服务机构人力资本素质的提高，为市场输送专业人才，从而改变科技资源与经济发展不相匹配的问题。

9.2.4 加强西部区域的对外合作交流

西部区域应强化技术的合作与交流，通过区域间学习交流平台与外商贸易和投资带来的技术溢出效应促进技术交流、合作和转移。

区域间学习交流平台能够促进区域和企业内部进行相互学习。第一，通过构建创新主体间的学习网络，鼓励科研人员、高校与科研机构之间能够相互联系和相互交流，从而促进创新知识的共享，有助于创新主体的技术转化。第二，鼓励民间采用多种形式进行科技交流与合作，如技术展览、交流座谈、邀请讲学等形式。

FDI 能够带来先进的生产技术和管理技术，能够非常有力地提升区域产业技术水平，从而推动产业结构优化升级，促进经济增长。而商品进出口贸易则能够带来规模经济效应，加快技术进步，优化创新资源配置，提高要素使用效率，促进经济增长。因此，第一，西部区域应利用国外的科技和人力资源优势，积极开展国际科技交流合作，引进国际先进技术和符合自己创新产业发展方向的技术，同时针对热点领域广泛应用的技术，加大研究力度；第二，西部区域也应利用本地区的市场优势和技术优势，吸引外资在本地区设立研发或者合作研发机构。

9. 2. 5　整合科技资源以提升区域自主创新能力

知识创造能力是区域创新能力的源泉。而知识转化为技术后被企业商业化应用，企业技术创新推动了市场繁荣，市场通过企业使创新产业化，继而产业升级并推动了经济增长。

第一，加大知识创新体系建设，提高创新活动的原始动力。基础性研究领域的知识创造主要由高校和科研机构来承担完成，西部地区要根据其各省（自治区、直辖市）经济发展的实际需要，充分发挥高校和研究机构的技术人才优势，通过市场引导，对关键技术进行研发，从源头上为西部区域经济增长输入源源不断的动力。因此，针对高校和研究机构大多为国家事业单位的现状，应加大对西部高校和科研机构的管理体制改革。首先，推动资源优化整合，改变现有过于行政化的管理模式；其次，鼓励高校和研究机构的相关研究人员进入市场，以市场为导向，通过市场的需求引导科研活动；最后，制定相应配套奖励激励措施，形成稳定的研究团队。

第二，充分发挥企业是创新活动的主体作用。企业技术创新能力直接决定了经济增长的动力，因此，根据西部区域的实际情况，应从以下两个方面进行考虑：一方面，转变企业家观念。尽管随着经济体制改革的深入，企业已经成为创新活动的主体，但西部受计划经济思想影响较深，特别是西部的国有企业比重偏大，且这些国有的大中型企业在西部经济中占有相当的比重。这种思想观念在很长时间内还会有惯性作用，西部区域的企业对政府的依赖心理仍然很明显。另一方面，西部区域的企业多以省（自治区、直辖市）内和国内市场为主，创新观念比较淡薄，因此要给西部区域企业的管理者树立现代企业管理思想，只有这些企业高层管理者思想更新了，才能真正影响企业的活动。

第三，建立西部区域企业市场竞争的激励、约束、评价机制。通过市场竞争推动企业技术创新，西部区域有条件的企业应结合自身产业的特色和优势建立以企业为主导的企业技术中心和研究机构，并结合技术合作、技术联盟等形式开展技术攻关，使企业能够充分利用各种要素资源，逐步建立西部企业技术创新体系。

第四，西部要建立政府引导并以市场为导向的产学研结合机制。鼓励和支持企业与国内外企业、研究机构、高校根据需求建立研发机构、工程技术中心、产业联盟等创新组织，共同承担一些国家的重大技术科技项目，更好地发挥西部高校和研究机构的知识创造作用，增强西部区域的创新能力，推动经济持续快速地增长。

9.2.6 优化西部区域创新环境

创新环境对创新能力起着重要支撑作用，西部区域创新环境条件亟须改善，政府应重视创新环境建设的以下几个方面：

第一，思想上从过去单纯静态地进行要素投入建设转移到提升区域创新的动态能力建设上来，即从简单强调基础设施条件建设，转化为将基础设施硬环境建设与诸如教育环境、政府研发投入、对外开放程度、金融环境、市场机制等因素有机结合的思路上来。

第二，继续加大对西部基础设施环境的建设。基础设施环境是区域创新活动的前提，西部在交通、通信、互联网等基础设施等方面的建设无法为西部区域创新能力与经济增长提供物质保障和支持。因此，我们有必要一方面针对运输网线进行建设，构建能够支撑经济发展需要的运输网络体系；另一方面加大对信息产业基础建设的投入，为区域创新能力提升奠定物质保障基础。

第三，进一步优化西部创新软环境建设。西部地区应当完善有效的市场环境，为区域创新活动主体提供平等的市场机会，发挥市场经济环境的促进作用；增加教育经费支出，提高教育水平，从而提升劳动者素质，为市场培养高素质劳动力；通过贸易开放加快技术进步，优化资源配置，提高要素的使用效率；通过加大政府对研发活动的财政投入和金融支持，为区域提供多渠道资金融通。这些要素有机地结合在一起，为创新活动提供环境支撑，即支撑知识转化为新产品、新工艺和新服务，这个创新过程提升区域创新能力，最终促进经济增长。

9.2.7　合理安排西部区域创新驱动经济发展的实施重点

西部区域整体产业化程度很低，2000—2014 年高技术产业主营业务收入占全国的比重在4.53%～10.60%，而东部地区为72.39%～88.70%。创新的成果最终要通过市场化机制推动产业升级，并最终促进经济增长。因此西部应当根据自身产业特色和优势，有选择地接受国外和东部的产业转移，并坚持自主研发和技术引进相结合，合理安排西部区域创新发展的实施重点。对传统的能源、原材料等产业，实现增长方式的转换和产业结构升级改造，淘汰西部落后产业、发展新兴产业，提升西部区域创新的综合产出能力。

第一，在农业产业层面，西部要发挥特色种植和畜牧业的比较优势，可以建立毛纺生产基地。以生物和信息等高新技术为动力，进行产品垂直创新，实现从特色产品升级为绿色可持续现代农业产品。同时要充分利用市场，培育出一批具有优势品牌效应的企业，并通过重组推动农业产业结构升级和技术更新。

第二，在工业产业层面，首先，从西部资源产业来看，丰富的水资源可以建大型水电站，丰富的石油天然气资源可以建设煤焦化、炼油、天然气等相关产业，丰富的煤炭储存可以建设煤炭相关产业，丰富的风能和太阳能资源可以发展新能源产业。此外，西部还蕴藏有大量的有色金属等矿产资源。因此，西部在保证环境条件的基础上应进行产品创新，深化资源的后续深加工。其次，西部拥有雄厚的装备制造业基础，形成了一系列重大装备制造业相关国家级生产和研发基地，但过去装备制造业发展重点有所趋同，今后应以技术创新进行产业调整升级。最后，西部地区的陕西、四川、重庆等省市高校、科研机构众多，应利用人力资本优势形成具有一定局部优势的高新技术产业集群。

第三，在新兴产业层面，西部应将新兴产业作为重点，加快企业的技术进步与创新，提高创新产出成果的产业化程度，以新兴产业带动产业升级转型。成都、绵阳、重庆、西安和宝鸡等地应发挥在网络信息安全和电子信息产业上的优势，不断扩大产业规模，通过质量的提升，形成竞争优势。云南、四川、陕西和重庆等地区立足生物制药等相关高新技术产业，不断从技术上取得突破。西安阎良和四川成都在国家航空技术和商用航空技术方面都建立了优势产业基地，如能在此基础上形成与之相关的一系列技术优势，形成在全国具有影响的全产业链体系，则技术研发的空间溢出效应会更加明显。总之，西部应在立足自身优势资源条件下，以高新技术升级改造传统产业，不断深化资源的后续深加工，转换经济增长方式。

9.3 发展展望

基于本书文献综述的局限及实证研究中存在的不足，我们对未来关于创新能力与区域经济增长的研究重点方向做如下展望：

其一，关于计量数据的选取，本书只重点关注21世纪以来2000—2014年这15年间我国省际区域的最新数据，其数据尺度应从省域向地市、县域更细微的层次转变，构建较为全面化和细致化的区域创新能力与经济增长关系分析的整体数据库，以支撑知识经济时代在区域范畴中更为微观细致的实证研究；后期我们可以通过尝试对研究区域的长期跟踪，更好地将历史数据与监测数据相融合，从长期动态数据着手，准确分析区域经济创新能力与经济增长的空间变动格局，更深层次研究二者的作用关系。其二，对于方法运用，本书仅选用了因子分析法、系统动力学方法、计量经济学方法，后期可以进一步通过多种方法进行综合比较论证，以增强结论的科学性。运用GIS技术方法，构筑起一个更注重时空逻辑且连续的研究框架。其三，未来的研究应更关注区域差异因素的分析，构建多尺度、多层面的区域分析模型；后期可以更深入研究区域间创新能力与经济增长的动态耦合关联度，以及对经济溢出、空间溢出效应的测度。其四，应从长效机制出发深入分析创新能力对经济增长的作用路径。通过引入更细致的多重控制变量，使创新能力对经济增长的促进机理更为明晰。

参考文献

[1]Cooke P. Regional innovation system, clusters and the knowledge economy [J]. Industrial and Corporate Change, 2001, 10(4): 945 - 975.

[2]Schiuma G. Lerro A, Knowledge - based capital in building regional innovation capacity[J]. Journal of Knowledge Management, 2008, 12(5): 121 - 136.

[3]Tura T., Harmaakorpi V. Social capital in building regional innovative capability[J]. Regional Studies, 2005, 39(8): 1111 - 1125.

[4]Foss N. J. Higher—order industrial capabilities and competitive advantage [J]. Industrial Studies, 1996, 3(1): 1 - 20.

[5]Cooke P., Uranga M. G., Etxebarria G. Regional system of innovation: An evolutionary perspective [J]. Environment and Planning, 1998, 30(9): 1563 - 1584.

[6]Antonelli C. The micro dynamics of technological change[M]. London: Rout Ledge, 1999.

[7]Dosi G., Teece D. J., Chytrt J. Technology, organization, and competitiveness: Perspectives on industrial and corporate change[M]. Oxford: Oxford University Press, 1998.

[8]甄峰,黄朝永,罗守贵. 区域创新能力评价指标体系研究[J]. 科学管理研究,2000(6):45 - 53.

[9]吴林海. 中国科技园区域创新能力理论分析框架研究[J]. 经济学家,2001(3):106 - 111.

[10]Furman J. L., Porter M. E., Stern S. The determinants of national innovative capacity[J]. Research Policy, 2002, 31(6): 899 - 933.

[11]Riddel M., Schwer R. K. Regional innovative capacity with endogenous

employment: Empirical evidence from the U. S. [J]. The Review of Regional Studies, 2003, 33(1): 73 -84.

[12]柳卸林,胡志坚. 中国区域创新能力的分布与成因[J]. 科学学研究, 2002(5):550 -556.

[13]张治河,等. 创新学:一个驱动 21 世纪发展的新兴学科[J]. 科研管理,2011(12):143 -150.

[14]Romijn H., Albu M. Innovation, networking and proximity: Lessons from small high technology firms in The UK [J]. Regional Studies, 2002, 36(1): 81 -86.

[15]INSEAD. 2012 Global Innovation Index[EB/OL]. http://www. global innovation index. org/content.

[16]柳卸林. 技术创新经济学(第三版)[M]. 北京:清华大学出版社,2014.

[17] EU. 2012 Innovation Union Scoreboard [EB/OL]. http://innovation. itu. int/2012/02/22/the - eus - innovation - union - scoreboard/.

[18]中国科技发展战略小组. 中国区域创新能力报告 2015[M]. 北京:知识产权出版社,2016.

[19]朱海就. 区域创新能力评估的指标体系研究[J]. 科研管理,2004,25(3):30 -35.

[20]刘凤朝,潘雄峰,施定国. 基于集对分析法的区域自主创新能力评价研究[J]. 中国软科学,2005(11):83 -92.

[21]张军涛,陈蕾. 基于因子分析和聚类分析的中国区域自主创新能力评价——创新能力视角[J]. 工业技术经济,2011(4):36 -44.

[22]Porter M. E., STERN S. Measuring the "Ideas" production function: Evidence from international patent output[R]. NBER Working Paper No. w7891, 2000.

[23]Mikel B., et al. Regional systems of innovation and the knowledge production function: The Spanish case[J]. Tech Novation, 2006, 26(4): 463 -472.

[24]Li Xibao. China's regional innovation capacity in transition: An empirical approach[J]. Research Policy, 2009, 38(2): 338 -357.

[25] Quatrato F. The diffusion of regional innovation capabilities: Evidence from Italian patent data[J]. Regional Studies,2009,43(10):1333-1348.

[26]王晓光,方娅. 基于产业集群的哈大齐工业走廊区域创新能力评价[J]. 科技进步与对策,2010,27(10):100-103.

[27]陈雄辉,等. 基于复杂网络理论的广东区域创新能力测度方法研究[J]. 科技进步与对策,2010(20):121-124.

[28]巴吾尔江,等. 基于主成分分析的区域科技创新能力评价[J]. 科技进步与对策,2012(12):26-30.

[29]郭丽芳,王汉斌,樊小霞. 联系度改进 TOPSIS 法的中部六省区域创新能力研究[J]. 工业技术经济,2013(1):76-82.

[30]张彦红,范勇,田晓琴. 2008—2011 年贵州省区域创新能力比较分析及对策研究[J]. 科技进步与对策,2013(3):47-50.

[31]吴汉利,汪海霞. 我国西部地区区域自主创新能力评价研究[J]. 科技管理研究,2014(1):12-15.

[32]高晓霞,芮雪琴,宋燕. 中国省市区域创新能力动态研究——基于2001—2010 年面板数据[J]. 科技管理研究,2014(2):15-19.

[33]方玉梅. 高新区创新能力形成机理研究[J]. 科技管理研究,2010(12):8-10.

[34]刘凤朝,冯婷婷. 国家创新能力形成的系统动力学模型及应用[J]. 科研管理,2011,32(8):17-25.

[35]齐亚伟. 我国区域创新能力的评价及空间分布特征分析[J]. 工业技术经济,2015(4):84-90.

[36]李博. 中国研发创新能力地区差距的分解研究[J]. 中国科技论坛,2014(5):86-92.

[37] Furman J. L., Hayes R. Catching up or standing still? National innovative productivity among follower countries,1978-1999[J]. Research Policy, 2004,33(9): 1329-1354.

[38]邵云飞,范群林,唐小我. 基于内生增长模型的区域创新能力影响因

素研究[J]. 科研管理,2011(9):28－34.

[39]魏守华,吴贵生,吕新雷. 区域创新能力的影响因素——兼评我国创新能力的地区差距[J]. 中国软科学,2010(9):76－85.

[40]张宗和,彭昌奇. 区域技术创新能力影响因素的实证分析——基于全国30个省市区的面板数据[J]. 中国工业经济,2009(11):37－46.

[41]范柏乃,陈玉龙,胡超君. 我国区域自主创新能力的影响因素及其支撑体系研究[J]. 科技与经济,2013(6):26－30.

[42]陈劲,陈钰芬,余芳珍. FDI对促进我国区域创新能力的影响[J]. 科研管理,2007,28(1):7－13.

[43]陈柳,刘志彪. 本土创新能力、FDI技术外溢与经济增长[J]. 南开经济研究,2006(3):92－103.

[44]徐磊,黄凌云. FDI技术溢出及其区域创新能力门槛效应研究[J]. 科研管理,2009,30(2):16－25.

[45]李晓钟,张小蒂. 外商直接投资对我国技术创新能力影响及地区差异分析[J]. 中国工业经济,2008(9):77－87.

[46]刘和东. 区域创新内溢外溢与空间溢出效应的实证研究[J]. 科研管理,2013(1):28－36.

[47]Greunz L. If regions could choose their neighbors: A panel data analysis of knowledge spillovers between European regions[J]. Cahiers Economiques de Bruxelles,2001(1): 63－84.

[48]王锐淇,蒋宁,汪春晖. 我国区域产业分布特征与区域创新能力关系探析[J]. 科技进步与对策,2011,28(6):31－37.

[49]Yam R. C. M., et al. Analysis of sources of innovation, technological innovation capabilities, and performance: An empirical study of Hong Kong manufacturing industries[J]. Research Policy,2011,40(3):391－402.

[50]张家峰,赵顺龙. 区域技术创新能力的影响因素分析——以江浙沪两省一市为例[J]. 国际贸易问题,2009(7):56－60.

[51]李涛,李斌. 校企协同对技术创新效率的影响机制研究:基于动力学

演化视角的佐证[J]. 科研管理,2020,(9);65 – 76.

[52]Fromhold – Eisebith ,Martina. Innovative milieu and social capital complementary or redundant concepts of collaboration based regional development[J]. European Planning Studies, 2004,12(6): 747 – 765.

[53]李新功. 以社会资本为契机提高区域技术创新能力[J]. 管理世界,2007(1):158 – 159.

[54]严成樑. 社会资本、创新与长期经济增长[J]. 经济研究,2012(11):48 – 60.

[55]Smith A. An inquiry into the nature and causes of the wealth of nations, 1776[M]. New York: Random House, 1937.

[56]Richardo D. On the principles of political economy and taxation, 1817[M]. Cambridge: Cambridge University Press, 1951.

[57]Harrod R. F. Toward a dynamic economics: Some recent developments of economic theory and their application to policy[M]. London: Macmillan, 1948.

[58] Domar E. D. Capital expansion, rate of growth, and employment[J]. Journal of Monetary Economics, 1946,14(2): 137 – 147.

[59]马克思. 资本论(第一卷)[M]. 北京:人民出版社,2004.

[60]Solow R. M. Technical change and the aggregate production function[J]. Review of Economics and Statistics, 1957, 39(3):312 – 320.

[61]Swan T. W. Economic growth and capital accumulation[J]. Economic Record, 1956(32): 334 – 361.

[62]Romer P. M. The origins of endogenous growth[J]. Journal of Economic Perspectives, 1994,8(1):3 – 22.

[63]Shultz T. W. Institution and the rising economic value of man[J]. American Journal of Agricultural Economics, 1968,50(5):1113 – 1122.

[64]Lucas,RobertE. On the mechanism of economic development[J]. Journal of Monetary Economics, 1988,22(1): 3 – 42.

[65]Younge Allyn A. Increasing return and economic progress[J]. Economic

Journal, 1928(38): 527 – 542.

[66]杨小凯,黄有光. 专业化与经济组织——一种新型古典微观经济学框架[M]. 张玉纲,译. 北京:经济科学出版社,1999.

[67]North D. C. Institutions, institutional change, and economic performance [M]. New York: Cambridge University Press, 1990.

[68]陈晓红. 区域技术创新能力对经济增长的影响——基于中国内地31个省市2010年截面数据的实证分析[J]. 科技进步与对策,2013(2):36 – 40.

[69] Barro R. J. , Sala—I—Martin X. Economic growth [M]. New York: McGraw—Hill, 1995.

[70]纳克斯. 不发达国家的资本形成[M]. 谨斋,译. 北京:商务印书馆,1966.

[71]阿瑟·刘易斯. 经济增长理论[M]. 郭金兴,译. 北京:机械工业出版社,2015.

[72]弗朗索瓦·佩鲁. 新发展观[M]. 张宁,等,译. 北京:华夏出版社,1987.

[73]Boudebil J. Problems of regional economic planning[M]. Edinburgh: Edinburgh University Press,1996.

[74]Hirschman A. O. The strategy of economic development[M]. New Haven: Yale University Press,1958.

[75]Krugman P. Increasing return and economic geography[J]. European Economic Review,1999,99(3):483 – 499.

[76]Williamson O. E. Transaction cost economics: The governance of contractual relations[J]. Journal of Law and Economics,1979,22(2): 233 – 261.

[77]陈英. 技术创新与经济增长[J]. 南开经济研究,2004(5):34 – 37.

[78]王瑾. 技术创新促进区域经济增长的机理研究[J]. 经济纵横,2003(11):26 – 28.

[79]解学梅. 都市圈协同创新机理研究:基于协同学的区域创新观[J]. 科学技术哲学研究,2011(1):95 – 99.

[80]纪玉山,吴勇民．科技创新促进经济增长的微观机理与政策选择[J]．经济社会体制比较,2007(5):40－46.

[81]方丰,唐龙．科技创新的内涵、新动态及对经济发展方式转变的支撑机制[J]．生态经济,2014(6):103－105.

[82]陈建青,扬甦华．创新、经济增长与制度变迁的互依性[J]．南开经济研究,2004(4):28－30.

[83]刘洪军,陈柳钦．制度创新与经济增长:对发展中国家跨越贫困陷阱的道路的思考[J]．经济科学,2001(4):114－119.

[84]吕晓刚．制度创新、路径依赖与区域经济增长[J]．复旦学报(社会科学版),2003(6):26－31.

[85]惠树鹏．技术创新与我国区域经济增长的差异性研究[J]．甘肃社会科学,2009(3):88－91.

[86]李正辉,徐维利．区域科技创新与经济增长:基于省级面板数据模型的实证分析[J]．科技与经济,2011(1):20－24.

[87]王家庭．技术创新、空间溢出与区域工业经济增长的实证研究[J]．中国科技论坛,2012(1):55－61.

[88]欧阳秋珍,陈昭．技术溢出、自主创新与我国经济波动[J]．经济经纬,2013(5):78－83.

[89]殷德生．技术创新、知识溢出与贸易竞争[J]．世界经济研究,2014(9):28－34.

[90]黄健柏,谢良,钟美瑞．我国创新型人力资本与经济增长关系的实证研究[J]．科技进步与对策,2009(1):1－4.

[91]王宵雅．物质资本、人力资本与区域创新差距[J]．管理现代化,2016(2):46－48.

[92]钱晓烨,迟巍,黎波．人力资本对我国区域创新及经济增长的影响[J]．数量经济技术经济研究,2010(4):107－121.

[93]杜伟,杨志江,夏国平．人力资本推动经济增长的作用机制研究[J]．中国软科学,2014(8):173－183.

[94]吴宇晖,付淳宇. 分级教育、人力资本与区域经济增长[J]. 社会科学辑刊,2014(3):88－94.

[95]徐小钦,黄蕾. 产业积聚、持续创新与区域经济增长内在关联性分析[J]. 科技管理研究,2006(1):73－76.

[96]金祥荣,余冬筠. 创新效率、产业特征与区域经济增长[J]. 浙江大学学报(人文社会科学版),2010,40(5):116－125.

[97]谢波. 资源产业集聚、技术创新能力与区域经济增长——基于省际面板的实证分析[J]. 科技进步与对策,2013,30(7):31－36.

[98]李宏彬,等. 企业家的创业与创新精神对中国经济增长的影响[J]. 经济研究,2009,44(10):99－108.

[99]周方召,刘文革. 宏观视角下的企业家精神差异化配置与经济增长——一个文献述评[J]. 金融研究,2013(12):127－139.

[100]李子奈,鲁传一. 管理创新在经济增长中贡献的定量分析[J]. 清华大学学报(哲学社会科学版),2002,17(2):25－31.

[101]葛顺奇,罗伟. 外商直接投资与东道国经济增长——基于模仿与创新的研究[J]. 世界经济研究,2011(1):56－60.

[102]万勇. 区域技术创新与经济增长研究[M]. 北京:经济科学出版社,2011.

[103]汪涛,丁雪,杜根旺. 国内外区域创新能力研究综述与未来展望[J]. 技术经济,2014,33(9):43－48.

[104]范柏乃,陈玉龙,段忠贤. 区域创新能力研究述评[J]. 自然辩证法通讯,2015,37(10):95－102.

[105]熊彼特. 经济发展理论[M]. 何畏,等,译. 北京:商务印书馆,1990.

[106]德怀特·H. 波金斯,等. 发展经济学[M]. 黄卫平,彭刚,等,译. 北京:中国人民大学出版社,2005.

[107]蔡圣华,等. 西部地区能源优势与长期经济增长[M]. 杭州:浙江大学出版社,2011.

[108]刘战礼. 创新与经济增长关联性及其贡献变化率测度研究[D]. 长

春:吉林大学,2010.

[109]王毅,吴贵生．基于复杂理论的知识创造机理研究[J]．科学学研究,2005,23(1):101－105.

[110]陈建勋,潘昌才,吴隆增．知识创造能否提升组织绩效?——一项实证研究[J]．科研管理,2009(1):107－115.

[111]张铁男,赵健宇,袭希．组织知识创造的能级跃迁模型研究[J]．管理工程学报,2013,13(4):41－52.

[112]张爱丽．内外部社会资本对知识创造作用的实证研究[J]．科学学研究,2010(4):228－231.

[113]王重鸣,田茂利．技术创业企业知识创造过程及其影响因素[J]．科研管理,2006,27(6):28－31＋79.

[114]刘树林,姜新蓬,余谦．中国高技术产业技术创新三阶段特征及其演变[J]．数量经济技术经济研究,2015(7):104－116.

[115]朱学新,方健雯,张斌．我国科技创新和技术转化经济效果的实证分析[J]．中国科技论坛,2007(7):15－18.

[116]徐舒,左萌,姜凌．技术扩散、内生技术转化与中国经济波动——一个动态随机一般均衡模型[J]．管理世界,2011(3):22－31＋187.

[117]李靖,张贵．技术进步对经济增长影响的实证分析[J]．科学学与科学技术管理,2008(1):194－195.

[118]陈凯华,等．网络DEA模型在科技创新投资效率测度中的应用研究[J]．管理评论,2013,25(12):3－14＋68.

[119]曾萍,邓腾智,宋铁波．社会资本、动态能力与企业创新关系的实证研究[J]．科研管理,2013(4):50－59.

[120]康志勇．技术选择、投入强度与企业创新绩效研究[J]．科研管理,2013(6):42－49.

[121]杜靖．基于动力机制视角的传统企业创新转型路径选择[J]．企业经济,2013(6):37－41.

[122]潘松挺,蔡宁．企业创新网络中关系强度的测量研究[J]．中国软科

学,2010(5):108 - 115.

[123]龚艳萍,陈艳丽．企业创新网络的复杂适应系统特征分析[J]．研究与发展管理,2010(1):68 - 74.

[124]何悦,朱桂龙,戴勇．企业创新绩效影响因素的系统动力学研究[J]．软科学,2010,24(7):19 - 23.

[125]周景坤,段忠贤．区域创新环境与创新绩效的互动关系研究[J]．科技管理研究,2013(22):9 - 13.

[126]于明洁,郭鹏,贾颖颖．区域创新环境与创新产出协调发展研究[J]．情报杂志,2012,31(4):196 - 201.

[127]郑艳民,张言彩．创新环境对校企协同创新作用的实证分析[J]．技术经济,2014(5):46 - 49 + 117.

[128]吴玉鸣．大学知识创新与区域创新环境的空间变系数计量分析[J]．科研管理,2010,31(5):116 - 123.

[129]赵强,杨锡怀,孙琦．产业集群创新环境的灰色层次综合评价[J]．东北大学学报(自然科学版),2006(1):103 - 106.

[130]蔡宁,闫春．开放式创新绩效的测度:理论模型与实证检验[J]．科学学研究,2013,31(3):469 - 480.

[131]贺灵,单汨源,邱建华．创新网络要素及其协同对科技创新绩效的影响研究[J]．管理评论,2012,24(8):58 - 68.

[132]解学梅．中小企业协同创新网络与创新绩效的实证研究[J]．管理科学学报,2010,13(8):51 - 64.

[133]徐彪,李心丹,张珣．区域环境对企业创新绩效的影响机制研究[J]．科研管理,2011,32(9):147 - 156.

[134]李成龙,刘智跃．产学研耦合互动对创新绩效影响的实证研究[J]．科研管理,2013(3):23 - 30.

[135]迈克尔·波特．国家竞争优势[M]．李明轩,邱如美,译．北京:华夏出版社,2002.

[136]左大培,杨春学．经济增长理论模型的内生化历程[M]．北京:中国

经济出版社,2007.

[137] Isabel Díez – Vial, Ángeles Montoro – Sánchez. How knowledge links with universities may foster innovation: The case of a science park[J]. Technovation, 2015, 50 – 51(10):41 – 52.

[138]Lubik S. ,et al. Value creation from the innovation environment: Partnership strategies in university spin – outs[J]. R & D Management, 2013, 43(2): 136 – 150.

[139]Najafi T. S. ,et al. How collaborative innovation networks affect new product performance: Product innovation capability, process innovation capability, and absorptive capacity[J]. Industrial Marketing Management, 2018, 73(3):193 – 205.

[140]梁圣蓉,罗良文. 国际研发资本技术溢出对绿色技术创新效率的动态效应[J]. 科研管理,2019,40(3):21 – 29.

[141]Rajalo S. , Vadi M. University – industry innovation collaboration: Reconceptualization[J]. Technovation, 2017(4): 42 – 54.

[142]Robin C. ,Natalia Z. University effects on regional innovation[J]. Research Policy, 2013,42(3): 788 – 800.

[143]Rauter R. ,et al. Open innovation and its effects on economic and sustainability innovation performance[J]. Journal of Innovation & Knowledge, 2018,4(4):226 – 233.

[144]万源星,许永斌. 高新认定办法、研发操纵与企业技术创新效率[J]. 科研管理,2019,40(4):54 – 62.

[145]Kolympiris C. , Klein P G. The effects of academic incubators on university innovation[J]. Strategic Entrepreneurship Journal, 2017,11(2):145 – 170.

[146]Xie X. , Zou H. , Qi G . Knowledge absorptive capacity and innovation performance in high – tech companies: A multi – mediating analysis[J]. Journal of Business Research, 2018, 88(Jul):289 – 297.

[147]Garcia – Perez – De – Lema D. , Madrid – Guijarro A. , Martin D. P. Influence of university – firm governance on SMEs innovation and performance levels

[J]. Technological Forecasting and Social Change, 2016, 123(Oct): 250 - 261.

[148]周涵婷,余晓,宋明顺. 浙江省高校产学研协同创新网络结构特征分析[J]. 科研管理,2017,38(41):164 - 170.

[149]张慧颖,李振东. 创新投入、新产品开发绩效与新产品市场绩效的关系研究——顾客隐性需求的调节作用[J]. 科学学与科学技术管理,2015,36(12):128 - 138.

[150]Lehmann E. E. , Menter M. University - industry collaboration and regional wealth[J]. Journal of Technology Transfer, 2015, 41(12):1 - 24.

[151]Zhou J. , Mei L. , Chen J. Leveraging university competitiveness: Evidence from alliance portfolio practices at zhejiang university[J]. Emerging Markets Finance and Trade, 2019,4(6): 827 - 842.

[152]Eustache M. Modelling the Triple Helix of university - industry - government relationships with game theory: Core, Shapley value and nucleolus as indicators of synergy within an innovation system[J]. Journal of Informetrics,2018, 12(4):1118 - 1132.

[153]赫尔曼·哈肯. 协同学——大自然构成的奥秘(第四版)[M]. 凌复华,译. 上海:上海译文出版社,2005.

[154]亨利·埃茨科威兹. 三螺旋——大学、产业、政府三元一体的创新战略[M]. 周春彦,译. 北京:东方出版社,2005.

[155]Yasuyuki Motoyama. Long - term collaboration between university and industry: A case study of nanotechnology development in Japan [J]. Technology in Society, 2014, 36 (2):39 - 51.

[156]王海军,成佳,邹日菘. 产学研用协同创新的知识转移协调机制研究[J]. 科学学研究,2018,36(7):1274 - 1283.

[157]Cowan R. ,Zinovyeva N. University effects on regional innovation[J]. Research Policy, 2013, 42(3):788 - 800.

[158]Wen - Hsiang Lai. Willingness - to - engage in technology transfer in industry—university collaborations[J]. Journal of Business Research, 2011, 64

(11): 1218－1223.

[159]Johan O., Oivind R. The dynamics of intellectual property rights for trust, knowledge sharing and innovation in project teams[J]. International Journal of Information Management, 2017, 37 (6): 583－589 .

[160]Gregory P. Trencher, Masaru Yarime, Ali Kharrazi. Co－creating sustainability: cross－sector university collaborations for driving sustainable urban transformations[J]. Journal of Cleaner Production,2013, 50 (7): 40－55.

[161]张治河,冯陈澄,李斌,华瑛. 科技投入对国家创新能力的提升机制研究[J]. 科研管理,2014,35(4):149－160.

[162]Bstieler L., Hemmert M., Barczak G. The changing bases of mutual trust formation in inter－organizational relationships: A dyadic study of university－industry research collaborations[J]. Journal of Business Research, 2017, 74 (May):47－54.

[163]Florian S. Research subsidies, industry－university cooperation and innovation[J]. Research Policy, 2018, 47 (7):1256－1266.

[164]Pedro Janeiro, Isabel Proença, Vítor da Conceição Gonçalves. Open innovation: Factors explaining universities as service firm innovation sources[J]. Journal of Business Research,2013, 66 (10): 2017－2023.

[165]Annique Un C., Asakawa K. Types of R&D collaborations and process innovation: The benefit of collaborating upstream in the knowledge chain[J]. Journal of Product Innovation Management, 2015, 32(1):138－153.

[166]Freitas I. M. B., Marques R. A. University－industry collaboration and innovation in emergent and mature industries in new industrialized countries[J]. Research Policy, 2013, 42(2):443－453.

[167]张艺,陈凯华,朱桂龙. 产学研合作与后发国家创新主体能力演变——以中国高铁产业为例[J]. 科学学研究,2018,36(10):1896－1913.

[168]Abubakar M. A., et al. Knowledge management, decision－making style and organizational performance[J]. Journal of Innovation & Knowledge, 2019, 4

(2):104－114.

[169]胡贝贝,王胜光,张秀峰．创新经济体知识生产中的规模递增效应——基于我国高新区的实证检验[J]．科研管理,2017,38(2):52－58.

[170]杨武,杨大飞,雷家骕．R&D投入对技术创新绩效的影响研究[J]．科学学研究,2019,37(9):1712－1720.

[171]刘晓蓉,安树伟."十二五"时期我国区域经济发展环境分析[J]．西安财经学院学报,2010(3):11－15.

[172]中共中央文献研究室．十八大以来重要文献选编[M]．北京:中央文献出版社,2014.

[173]徐新华,吴文．我国西部地区发展特色农业存在的问题与对策分析[J]．特区经济,2011(7):208－209.

[174]李明峰,徐晴．中西部经济发展视角下东部企业内迁的研究[J]．经济体制改革,2011(4):176－179.

[175]董建蓉,李文生．论我国西部地区承接东部产业转移的有利条件[J]．经济体制改革,2011(5):44－47.

[176]石清华．西部大开发以来西部地区经济收敛性及影响经济增长的因素分析[J]．经济问题探索,2011(8):71－76.

[177]李涛,李斌,刘佳欣．我国西部地区经济增长方式选择和路径转化[J]．西安财经学院学报,2013(11):38－42.

[178]毛其琳．西部大开发有助于缩小西部地区的收入不平等吗——基于双倍差分法的经验研究[J]．财经科学,2011(9):94－103.

[179]詹·法格博格,戴维·莫利,理查德·纳尔逊．牛津创新手册[M]．柳御林,译．北京:知识产权出版社,2009.

[180]杨维忠,张甜,刘荣．SPSS统计分析与行业应用案例详解[M]．北京:清华大学出版社,2011.

[181]武松,潘发明．SPSS统计分析大全[M]．北京:清华大学出版社,2014.

[182]中华人民共和国国务院:国家中长期科学和技术发展规划纲要

(2006—2020 年)[N]. 人民日报,2006 (第 1 版).

[183]陈劲. 从技术引进到自主创新的学习模式[J]. 科研管理,1994,15(2):32 -34 +31.

[184]汪建成,毛蕴诗. 技术引进、消化吸收与自主创新机制[J]. 经济管理,2007(3):22 -27.

[185]孟群,王滨. 对自主创新内涵的再认识[J]. 科技与经济,2006(17):2 -4.

[186]宋周莺,刘卫东. 西部地区产业结构优化路径分析[J]. 中国人口·资源与环境,2013(10):31 -37.

[187]谭开明,魏世红. 基于主成分分析的西部地区创新能力评价研究[J]. 西安财经学院学报,2013(1):73 -77.

[188]任保平. 西部二元工业化及其协调发展[J]. 财经科学,2014(1):63 -67.

[189]吴贵生. 技术创新管理[M]. 北京:机械工业出版社,2011.

[190]J. A. Mathew. Latecomer strategies for catching - up: The case of the renewable energies and the LED programmer [J]. Internationd Tournal of Technological Learning Innovation and Development, 2007,1(1):34 -42.

[191]K. Lee, C. Lim, W. Song. Emerging digital technology as a window of opportunity and the Korean firms[J]. Internationd Tournal of Technology Management, 2005(29):40 -63.

[192]张清华,郭淑芬,黄志建. 我国自主创新技术赶超战略与路径研究[J]. 科学管理研究,2014,32(2):1 -4 +46.

[193]Anders Skonhoft. Catching up and falling behind, a vintage model Approach[J]. Department of Economics, University of Trondheim, Norway. Evolutionary Economics,1995(5):285 -295.

[194]Linsu Kim. Imitation to Innovation: The Dynamics of Korea's Technological Learning [M]. Brighton:Harvard Business Press, 1997.

[195]张国胜. 技术变革、范式转换与我国产业技术赶超[J]. 中国软科

学,2013(3):53－65.

[196]生延超. 日本、韩国的技术赶超及其对中国的启示[J]. 中国科技论坛,2009(6):136－140.

[197]郭丽娟,邓玲. 产业承接、技术外溢与西部地区自主创新[J]. 经济问题探索,2013(11):25－31.

[198]生延超. 要素禀赋、中间产品与技术赶超作用机理[J]. 财贸研究,2008(3):8－14+57.

[199]余泳泽. 我国技术进步路径及方式选择的研究述评[J]. 经济评论,2012(6):128－134.

[200]张望. 技术差距、人力资本结构与企业自主创新强度[J]. 统计与信息论坛,2014(10):58－65.

[201]王其藩. 系统动力学[M]. 上海:上海财经大学出版社,2009.

[202]程华,等. 区域技术创新与经济增长的系统动力学模型仿真——基于浙江省的研究[J]. 科技管理研究,2015(10):93－96.

[203]沈体雁,冯等田,孙铁山. 空间计量经济学[M]. 北京:北京大学出版社,2010.

[204]林光平,龙志和. 空间经济计量:理论与实证[M]. 北京:科学出版社,2014.

[205]李涛,孙研. 我国西部区域创新能力影响因素的空间计量分析——基于西部地区面板数据的实证研究[J]. 湖南社会科学,2016(1):134－139.

[206]刘爱芹,技术创新对区域经济发展的影响效应研究[D]. 天津:天津大学,2009.

[207]孙研,李涛. 我国高新技术产业创新效率测算[J]. 统计与决策,2021,(8);115－118.

附　录

附表 1　2014 年邮电业务总量和互联网普及率

省（自治区、直辖市）	邮电业务总量（亿元）	排名	2014 年互联网普及率（%）	排名
北京	889. 89	8	75. 3	1
天津	243. 61	27	61. 4	6
河北	825. 53	10	49. 1	12
山西	431. 13	19	50. 6	9
内蒙古	336. 04	24	45. 7	16
辽宁	647. 29	13	58. 8	7
吉林	328. 20	25	45. 2	19
黑龙江	430. 47	20	41. 7	21
上海	906. 01	7	71. 1	2
江苏	1 680. 33	3	53. 8	8
浙江	1 682. 62	2	62. 9	5
安徽	630. 02	14	36. 9	26
福建	856. 93	9	65. 5	4
江西	445. 81	18	34. 1	31
山东	1 212. 65	4	47. 6	13
河南	1 011. 06	6	36. 9	27
湖北	719. 09	12	45. 3	18
湖南	744. 88	11	38. 6	24
广东	3 353. 35	1	68. 5	3
广西	502. 10	17	39. 4	22
海南	139. 43	28	47. 6	14
重庆	417. 90	21	45. 7	17

续表

省（自治区、直辖市）	邮电业务总量（亿元）	排名	2014 年互联网普及率（%）	排名
四川	1 026. 97	5	37. 3	25
贵州	381. 67	22	34. 9	30
云南	566. 85	15	35. 1	29
西藏	47. 83	31	39. 4	23
陕西	566. 60	16	46. 4	15
甘肃	277. 52	26	36. 8	28
青海	80. 75	30	50. 0	11
宁夏	102. 63	29	45. 1	20
新疆	349. 26	23	50. 3	10

附表 2　2000—2014 年我国各省（自治区、直辖市）区域经济增长率

单位：%

序号	地区	2000 年	2001 年	2002 年	2003 年	2004 年	2005 年	2006 年	2007 年	2008 年	2009 年	2010 年	2011 年	2012 年	2013 年	2014 年
1	北京	18.03	17.36	16.71	16.01	20.63	13.63	14.15	18.98	12.13	15.88	16.13	15.15	10.01	10.75	7.73
2	天津	13.05	17.06	12.07	19.87	20.67	18.86	17.49	16.25	25.82	18.37	22.64	22.58	14.03	12.01	8.90
3	河北	11.38	8.41	9.09	15.00	22.49	19.09	14.06	19.05	18.08	6.47	18.33	20.21	8.40	7.03	3.44
4	山西	9.09	23.46	14.55	22.82	25.08	17.03	12.81	21.60	21.02	6.05	25.04	22.14	7.79	4.56	0.76
5	内蒙古	10.47	22.33	13.25	23.05	27.33	28.10	24.29	25.80	27.43	25.49	19.83	23.03	10.59	6.52	5.05
6	辽宁	11.92	7.80	8.45	9.97	11.15	17.82	17.22	19.64	22.12	13.01	21.33	20.42	11.79	9.53	5.19
7	吉林	9.65	16.43	10.76	13.35	17.28	15.96	18.09	23.62	21.56	13.30	19.08	21.94	12.97	9.27	5.80
8	黑龙江	12.27	4.22	7.29	11.55	17.08	16.02	12.52	13.92	17.62	3.33	20.75	21.35	8.82	5.58	4.04
9	上海	12.79	14.48	10.19	16.60	20.59	13.52	13.12	17.58	12.38	9.84	14.09	11.82	5.14	8.11	8.02
10	江苏	11.50	10.18	12.16	17.31	20.58	22.01	18.24	18.92	17.76	13.67	20.22	18.55	10.08	10.54	8.93
11	浙江	12.52	14.28	16.02	21.26	20.03	15.36	17.15	19.30	14.41	7.00	20.58	16.58	7.26	8.92	6.40
12	安徽	4.46	6.86	8.41	11.46	21.32	12.94	14.06	20.11	20.50	13.39	22.82	23.80	12.49	11.72	8.42
13	福建	10.42	3.90	9.69	11.55	15.64	13.98	15.46	21.95	17.02	13.06	20.44	19.16	12.20	11.00	10.00
14	江西	8.06	8.62	12.63	14.57	23.13	17.36	15.13	17.77	17.82	18.13	23.46	23.82	10.65	11.29	9.05
15	山东	11.49	7.64	11.75	17.54	24.37	23.27	19.23	17.61	19.66	9.09	15.56	15.81	10.25	10.43	7.60
16	河南	12.27	7.70	9.08	13.79	24.55	23.77	16.77	21.43	22.62	5.83	18.54	16.62	9.91	8.76	8.53
17	湖北	10.84	9.03	3.62	11.81	4.29	15.74	16.28	21.76	22.75	14.39	23.20	22.95	13.34	11.42	10.44
18	湖南	10.98	3.79	8.34	12.25	21.07	15.41	15.32	22.52	21.27	17.06	22.81	22.64	12.63	11.14	9.81
19	广东	14.15	24.60	12.15	17.35	19.06	18.56	16.96	18.83	14.84	10.61	16.54	15.64	7.25	9.47	8.54
20	广西	4.96	11.18	10.72	11.78	21.71	18.71	18.47	23.34	20.42	8.19	23.34	22.48	11.21	10.85	8.46

续表

序号	地区	2000 年	2001 年	2002 年	2003 年	2004 年	2005 年	2006 年	2007 年	2008 年	2009 年	2010 年	2011 年	2012 年	2013 年	2014 年
21	海南	10. 03	7. 70	11. 38	11. 45	15. 25	11. 98	15. 35	18. 55	19. 29	13. 36	24. 80	22. 19	13. 20	11. 28	10. 17
22	重庆	7. 41	11. 10	12. 71	14. 21	18. 48	13. 89	12. 56	19. 42	23. 63	28. 12	21. 37	26. 32	13. 97	12. 04	11. 57
23	四川	8. 05	7. 06	10. 05	12. 87	19. 62	15. 76	16. 96	21. 62	19. 05	13. 15	21. 44	22. 35	13. 54	10. 55	8. 13
24	贵州	8. 96	14. 07	9. 72	14. 71	17. 63	17. 96	14. 75	20. 74	21. 57	17. 38	17. 62	23. 89	20. 18	18. 02	14. 59
25	云南	5. 35	9. 37	8. 16	10. 52	20. 57	12. 69	14. 64	19. 09	20. 22	8. 24	17. 09	23. 10	15. 93	14. 77	8. 30
26	西藏	11. 22	24. 32	14. 05	13. 53	16. 53	13. 56	16. 31	17. 59	15. 70	11. 48	14. 98	19. 38	15. 71	16. 35	12. 89
27	陕西	11. 65	21. 05	12. 07	14. 84	22. 72	18. 80	19. 81	20. 92	25. 35	19. 24	23. 91	23. 60	15. 52	12. 12	9. 16
28	甘肃	5. 51	14. 44	9. 48	13. 62	20. 62	14. 54	17. 72	18. 70	17. 53	6. 66	21. 64	21. 83	12. 55	12. 04	7. 99
29	青海	10. 57	13. 86	13. 50	14. 55	19. 45	16. 57	17. 70	22. 53	22. 71	12. 45	24. 89	23. 70	13. 36	12. 07	8. 54
30	宁夏	9. 97	27. 06	11. 77	18. 08	20. 61	12. 86	17. 24	25. 11	23. 54	23. 20	24. 85	24. 42	11. 37	10. 09	6. 77
31	新疆	16. 76	9. 33	8. 12	16. 97	17. 11	17. 89	16. 94	15. 69	19. 31	1. 75	27. 13	21. 56	13. 54	12. 50	9. 83

附表 3　我国各省级区域的对外开放程度

序号	地区	2000 年	2001 年	2002 年	2003 年	2004 年	2005 年	2006 年	2007 年	2008 年	2009 年	2010 年	2011 年	2012 年	2013 年	2014 年
1	北京	1. 3636	1. 3226	1. 3472	1. 3441	1. 3314	1. 3124	1. 3009	1. 2703	1. 2091	1. 2280	1. 1993	1. 1353	1. 0995	1. 0644	1. 0474
2	天津	0. 9955	0. 9837	0. 9876	0. 9775	0. 9560	0. 9414	0. 9274	0. 8899	0. 8443	0. 8526	0. 8233	0. 7852	0. 7644	0. 7416	0. 7281
3	河北	0. 1019	0. 1014	0. 1024	0. 1002	0. 0961	0. 0944	0. 0928	0. 0887	0. 0835	0. 0841	0. 0816	0. 0772	0. 0752	0. 0731	0. 0718
4	山西	0. 1002	0. 1004	0. 1020	0. 1002	0. 0962	0. 0941	0. 0922	0. 0881	0. 0822	0. 0826	0. 0801	0. 0762	0. 0743	0. 0721	0. 0709
5	内蒙古	0. 1616	0. 1606	0. 1603	0. 1569	0. 1525	0. 1488	0. 1467	0. 1402	0. 1326	0. 1329	0. 1288	0. 1220	0. 1183	0. 1146	0. 1129
6	辽宁	0. 3827	0. 3827	0. 3871	0. 3807	0. 3679	0. 3630	0. 3586	0. 3412	0. 3260	0. 3259	0. 3163	0. 3007	0. 2924	0. 2855	0. 2807

续表

序号	地区	2000 年	2001 年	2002 年	2003 年	2004 年	2005 年	2006 年	2007 年	2008 年	2009 年	2010 年	2011 年	2012 年	2013 年	2014 年
7	吉林	0. 1322	0. 1305	0. 1312	0. 1296	0. 1245	0. 1227	0. 1211	0. 1155	0. 1099	0. 1098	0. 1059	0. 1006	0. 0982	0. 0954	0. 0935
8	黑龙江	0. 1041	0. 1033	0. 1040	0. 1030	0. 0992	0. 0980	0. 0962	0. 0913	0. 0865	0. 0863	0. 0831	0. 0785	0. 0761	0. 0744	0. 0733
9	上海	1. 0526	1. 0526	1. 0474	1. 0467	1. 0247	1. 0149	1. 0028	0. 9721	0. 9190	0. 9228	0. 8950	0. 8509	0. 8275	0. 8089	0. 7880
10	江苏	0. 5021	0. 4982	0. 5019	0. 4969	0. 4775	0. 4676	0. 4602	0. 4412	0. 4187	0. 4205	0. 4051	0. 3846	0. 3750	0. 3664	0. 3585
11	浙江	0. 4038	0. 4046	0. 4084	0. 4009	0. 3860	0. 3810	0. 3770	0. 3619	0. 3446	0. 3499	0. 3370	0. 3198	0. 3129	0. 3059	0. 2997
12	安徽	0. 0999	0. 0994	0. 1004	0. 0987	0. 0944	0. 0932	0. 0920	0. 0874	0. 0823	0. 0831	0. 0806	0. 0763	0. 0746	0. 0729	0. 0717
13	福建	0. 5285	0. 5354	0. 5383	0. 5338	0. 5130	0. 5019	0. 4979	0. 4731	0. 4525	0. 4609	0. 4465	0. 4242	0. 4141	0. 4041	0. 3961
14	江西	0. 0765	0. 0769	0. 0768	0. 0763	0. 0737	0. 0724	0. 0716	0. 0683	0. 0644	0. 0648	0. 0629	0. 0597	0. 0582	0. 0567	0. 0554
15	山东	0. 2710	0. 2662	0. 2679	0. 2650	0. 2557	0. 2515	0. 2489	0. 2384	0. 2264	0. 2264	0. 2199	0. 2094	0. 2051	0. 2006	0. 1969
16	河南	0. 0455	0. 0452	0. 0451	0. 0444	0. 0421	0. 0413	0. 0408	0. 0387	0. 0361	0. 0363	0. 0351	0. 0332	0. 0324	0. 0315	0. 0309
17	湖北	0. 0807	0. 0804	0. 0808	0. 0790	0. 0753	0. 0732	0. 0720	0. 0687	0. 0646	0. 0649	0. 0631	0. 0596	0. 0580	0. 0564	0. 0553
18	湖南	0. 0716	0. 0723	0. 0727	0. 0709	0. 0675	0. 0660	0. 0650	0. 0616	0. 0581	0. 0583	0. 0565	0. 0536	0. 0525	0. 0512	0. 0503
19	广东	1. 5622	1. 5732	1. 5952	1. 5852	1. 5395	1. 5056	1. 4792	1. 4268	1. 3511	1. 3836	1. 3417	1. 2739	1. 2391	1. 2093	1. 1820
20	广西	0. 1033	0. 1027	0. 1037	0. 1026	0. 0983	0. 0959	0. 0946	0. 0892	0. 0828	0. 0846	0. 0821	0. 0776	0. 0751	0. 0735	0. 0720
21	海南	0. 2744	0. 2786	0. 2799	0. 2795	0. 2678	0. 2639	0. 2599	0. 2474	0. 2314	0. 2330	0. 2223	0. 2095	0. 2030	0. 1976	0. 1930
22	重庆	0. 1058	0. 1040	0. 1044	0. 1038	0. 1002	0. 0994	0. 0971	0. 0927	0. 0878	0. 0893	0. 0865	0. 0821	0. 0800	0. 0780	0. 0766
23	四川	0. 0616	0. 0603	0. 0605	0. 0595	0. 0567	0. 0558	0. 0545	0. 0515	0. 0490	0. 0486	0. 0471	0. 0447	0. 0436	0. 0424	0. 0418
24	贵州	0. 0713	0. 0700	0. 0707	0. 0699	0. 0672	0. 0665	0. 0654	0. 0615	0. 0571	0. 0579	0. 0562	0. 0535	0. 0521	0. 0508	0. 0496
25	云南	0. 0822	0. 0829	0. 0831	0. 0821	0. 0774	0. 0763	0. 0749	0. 0708	0. 0670	0. 0667	0. 0643	0. 0613	0. 0597	0. 0579	0. 0565
26	西藏	0. 0919	0. 0918	0. 0914	0. 0906	0. 0882	0. 0870	0. 0852	0. 0824	0. 0780	0. 0769	0. 0752	0. 0717	0. 0692	0. 0669	0. 0650

续表

序号	地区	2000年	2001年	2002年	2003年	2004年	2005年	2006年	2007年	2008年	2009年	2010年	2011年	2012年	2013年	2014年
27	陕西	0.1210	0.1198	0.1212	0.1192	0.1157	0.1143	0.1127	0.1071	0.1007	0.1002	0.0964	0.0912	0.0887	0.0861	0.0847
28	甘肃	0.0532	0.0511	0.0512	0.0506	0.0495	0.0486	0.0480	0.0455	0.0420	0.0415	0.0399	0.0377	0.0367	0.0356	0.0348
29	青海	0.0626	0.0610	0.0596	0.0585	0.0567	0.0563	0.0554	0.0519	0.0472	0.0460	0.0436	0.0411	0.0399	0.0384	0.0373
30	宁夏	0.1664	0.1638	0.1648	0.1621	0.1563	0.1540	0.1511	0.1433	0.1321	0.1311	0.1260	0.1185	0.1161	0.1123	0.1102
31	新疆	0.1385	0.1332	0.1340	0.1334	0.1299	0.1289	0.1273	0.1207	0.1117	0.1108	0.1062	0.1003	0.0966	0.0929	0.0910

资料来源:《中国统计年鉴》。

附表4 2000—2014年我国各省(市)区域人员全时当量

单位:人年

序号	地区	2000年	2001年	2002年	2003年	2004年	2005年	2006年	2007年	2008年	2009年	2010年	2011年	2012年	2013年	2014年
1	北京	98753	95255	114919	109947	151542	171045	168398	187578	189551	191779	193718	217255	235493	242175	245384
2	天津	23237	23893	26216	28808	29553	33441	37164	44854	48348	52039	58771	74293	89609	100219	113335
3	河北	28842	28222	32899	34438	34823	41703	43740	45334	46155	56509	62305	73025	78533	89546	100946
4	山西	14333	16152	17183	18483	18504	27438	38767	36864	43986	47772	46279	47355	47029	49035	48955
5	内蒙古	8465	7997	8679	8686	11417	13504	14751	15373	18264	21676	24765	27604	31819	37280	36435
6	辽宁	48545	52784	64703	56031	59967	66104	69048	77157	76673	80925	84654	80977	87180	94885	99586
7	吉林	24051	17913	19580	19480	22156	25642	28456	32509	31731	39393	45313	44815	49961	48008	49774
8	黑龙江	25634	32219	34198	34635	39233	44203	45068	48205	50717	54159	61854	66599	65118	62660	62648
9	上海	59501	51965	54749	56211	59089	67048	80201	90145	95129	132859	134952	148500	153361	165755	168173
10	江苏	71057	78839	90574	98054	103295	128028	138876	160482	195333	273273	315831	342765	401920	466159	498801
11	浙江	24991	35919	39973	46580	63100	80120	102761	129393	159589	185069	223484	253687	278110	311042	338398
12	安徽	25355	24403	23748	25107	24113	28405	29875	36163	49465	59697	64169	81087	103047	119342	129319

续表

序号	地区	2000 年	2001 年	2002 年	2003 年	2004 年	2005 年	2006 年	2007 年	2008 年	2009 年	2010 年	2011 年	2012 年	2013 年	2014 年
13	福建	22485	24810	22448	26614	31792	35716	40238	47593	59270	63269	76737	96884	114492	122544	135866
14	江西	17966	15149	15335	16999	19225	22064	25797	27123	28241	33055	34823	37517	38152	43512	43469
15	山东	48185	46804	72630	78260	72255	91142	96637	116470	160420	164620	190329	228608	254013	279331	286352
16	河南	34629	36138	41492	40742	42126	51181	59692	64879	71494	92571	101467	118041	128323	152252	161444
17	湖北	44544	44167	55509	51901	50311	61226	62100	67403	72751	91161	97924	113920	122748	133061	140741
18	湖南	28909	28672	29228	26988	31334	38044	39752	44942	50253	63843	72637	85783	100032	103414	107432
19	广东	71107	79052	86881	93812	93051	119359	147233	199464	238684	283650	344692	410805	492327	501718	506862
20	广西	13015	9532	12085	13188	14801	17947	18940	20141	23243	29856	33987	40135	41268	40664	41208
21	海南	1150	927	848	1040	1409	1225	1209	1262	1726	4210	4893	5397	6787	6962	7514
22	重庆	16174	16491	17572	17744	20739	24619	26826	31563	34421	35005	37078	40698	46122	52612	58354
23	四川	60223	48180	61312	57867	60117	66382	68584	78849	86736	85921	83800	82485	98010	109708	119676
24	贵州	8131	9488	8960	8623	7793	9779	10737	11365	11458	13093	15087	15886	18732	23888	23969
25	云南	11114	11703	13938	12943	14695	14798	16027	17819	19754	21110	22552	25092	27817	28483	30523
26	西藏	254	220	559	617	426	599	1013	675	635	1332	1259	1081	1199	1203	1262
27	陕西	64127	57275	60533	54239	49020	53656	59458	65072	64752	68040	73218	73501	82428	93494	97138
28	甘肃	18429	17291	14693	16888	14420	16795	16696	18769	20118	21158	21661	21332	24290	25047	27122
29	青海	2173	2005	2037	2265	2649	2590	2610	2915	2501	4603	4858	5006	5181	4767	4731
30	宁夏	2598	2821	2975	2718	3515	4046	4412	5565	5153	6920	6378	7358	8073	8234	9500
31	新疆	4156	4551	5317	5335	6141	6986	7408	8863	8810	12655	14382	15451	15671	15822	15662

附表 5　2000—2014 年我国各省（市）研究与实验发展经费内部支出

单位：万元

序号	地区	2000 年	2001 年	2002 年	2003 年	2004 年	2005 年	2006 年	2007 年	2008 年	2009 年	2010 年	2011 年	2012 年	2013 年	2014 年
1	北京	1556635	1711696	2195401	2562518	3173331	3820683	4329877	5053870	5503499	6686351	8218234	9366439	10633640	11850469	12687953
2	天津	246931	251553	311878	404290	537501	725659	952370	1146921	1557166	1784661	2295644	2977580	3604866	4280921	4646868
3	河北	262738	257504	336031	380530	438428	589320	766640	900165	1091113	1348446	1554492	2013377	2457670	2818551	3130881
4	山西	98942	108238	144131	158256	233570	262814	363388	492506	625574	808563	898835	1133926	1323458	1549799	1521871
5	内蒙古	33444	38828	48285	63898	77951	116956	164860	241982	338950	520726	637205	851685	1014468	1171877	1221346
6	辽宁	416934	538980	715605	829699	1069142	1247086	1357857	1653989	1900662	2323687	2874703	3638348	3908680	4459322	4351851
7	吉林	133741	165428	264085	278001	355065	393039	409212	508658	528364	813602	758005	891337	1098010	1196882	1307243
8	黑龙江	149414	201389	232880	326765	353502	489073	570294	660437	866999	1091704	1230434	1287788	1459588	1647838	1613469
9	上海	737779	880804	1102663	1289187	1711168	2083538	2588386	3074569	3553868	4233774	4817031	5977131	6794636	7767847	8619549
10	江苏	729995	922703	1172582	1504625	2139777	2698292	3460695	4301988	5809124	7019529	8579491	10655109	12878616	14874466	16528208
11	浙江	333538	414138	542865	752256	1155471	1632921	2240315	2816032	3445714	3988367	4942349	5980834	7225867	8172675	9078500
12	安徽	200215	210513	256977	324219	379356	458994	593365	717914	983208	1359535	1637219	2146439	2817953	3520833	3936070
13	福建	211918	226181	243999	375019	458874	536186	674333	821721	1019288	1353819	1708982	2215151	2709891	3140589	3550325
14	江西	81882	77617	117173	169772	215281	285314	377619	487867	631468	758936	871527	967529	1136552	1354972	1531114
15	山东	519501	609310	881631	1038442	1421242	1951449	2341299	3123081	4337171	5795920	6720045	8443667	10203266	11758027	13040695
16	河南	248024	283090	293151	341910	423556	555824	798419	1011299	1222763	1747599	2111675	2644923	3107802	3553246	4000099
17	湖北	348239	368494	478834	548173	566204	749531	944297	1113179	1489859	2134490	2641180	3230129	3845239	4462043	5108973
18	湖南	192442	239755	262135	300904	370442	445235	536174	735536	1127040	1534995	1865584	2332181	2876780	3270253	3679345
19	广东	1071166	1374337	1564491	1798393	2112055	2437605	3130433	4042910	5025577	6529820	8087478	10454872	12361501	14434527	16054458
20	广西	83597	80046	90478	112389	118659	145947	182403	220030	328306	472028	628696	810205	971539	1076790	1119033

续表

序号	地区	2000 年	2001 年	2002 年	2003 年	2004 年	2005 年	2006 年	2007 年	2008 年	2009 年	2010 年	2011 年	2012 年	2013 年	2014 年
21	海南	8306	8457	12178	12126	20870	15950	21044	26020	33479	57806	70204	103717	137244	148357	169151
22	重庆	101294	99904	126195	174401	236525	319586	369140	469876	601525	794599	1002663	1283560	1597973	1764911	2018528
23	四川	448848	574712	619233	794211	780122	965760	1078405	1391401	1602595	2144590	2642695	2941009	3508589	3999702	4493285
24	贵州	41774	53486	60722	78853	86772	110349	145113	137434	189298	264134	299665	363089	417261	471850	554795
25	云南	67995	76982	97928	110074	125061	213233	209187	258776	309909	372304	441672	560797	687548	798371	859297
26	西藏	2412	2006	4926	3104	3633	3497	4832	6964	12285	14385	14599	11530	17839	23033	23519
27	陕西	494570	516917	607149	679914	834788	924462	1013558	1217106	1432726	1895063	2175042	2493548	2872035	3427454	3667730
28	甘肃	72565	83833	109594	127702	143946	196136	239530	257220	318014	372612	419385	485261	604762	669194	768739
29	青海	12937	11747	20823	24070	30364	29554	33412	38093	39092	75938	99438	125756	131228	137541	143235
30	宁夏	16488	15341	19505	23828	30513	31681	49749	74724	75490	104422	115101	153183	182304	209042	238580
31	新疆	32381	32070	35182	37957	60134	64087	84760	100169	160113	218043	266545	330031	397289	454598	491587

附表 6　2000—2014 年我国各省(市)国际科研论文数

单位:篇

序号	地区	2000 年	2001 年	2002 年	2003 年	2004 年	2005 年	2006 年	2007 年	2008 年	2009 年	2010 年	2011 年	2012 年	2013 年	2014 年
1	北京	12536	14507	17586	21393	23533	34674	36578	41162	48076	48554	61302	57008	60784	72672	78287
2	天津	1178	1440	2070	2686	3439	5507	6112	6009	7101	7299	9271	8445	10180	11893	12951
3	河北	401	618	663	1288	1046	2184	2336	2876	4484	4107	6523	4699	5660	6028	6235
4	山西	366	481	583	1029	889	1860	1401	1423	2365	2053	2475	2709	2875	3701	3729
5	内蒙古	57	63	80	96	89	207	213	313	439	481	732	816	1080	1358	1427
6	辽宁	1816	1938	3071	3539	4369	6856	8484	10318	11103	11933	15370	13936	14875	17256	18152

续表

序号	地区	2000 年	2001 年	2002 年	2003 年	2004 年	2005 年	2006 年	2007 年	2008 年	2009 年	2010 年	2011 年	2012 年	2013 年	2014 年
7	吉林	1148	1485	1744	2386	2675	4456	5012	5282	6251	6597	8292	8475	9364	10917	11550
8	黑龙江	1078	1222	1713	2379	3230	5106	6424	7664	9137	9693	12093	11141	11557	13162	13694
9	上海	5226	6085	7824	9844	11385	17821	19133	19928	24011	25066	29588	27672	28597	34191	36933
10	江苏	2862	3636	4445	5550	6930	11337	13162	15659	20252	23051	28730	27946	30599	38340	41763
11	浙江	1596	1936	2799	4053	5392	9083	10365	11016	12633	13495	16337	16149	17540	20051	21334
12	安徽	1264	1920	2066	2042	3188	4639	5411	5784	6375	6510	7655	7620	8498	10635	11531
13	福建	642	702	950	1868	1554	2197	2598	3131	3925	4369	5143	5078	5705	7003	7703
14	江西	89	123	150	178	231	573	875	1183	1690	2152	3351	2899	3498	3901	4254
15	山东	1341	1681	2205	2694	3287	5664	6512	8216	10842	10698	14354	13491	14726	17617	18955
16	河南	578	409	485	588	929	1508	1961	2766	4372	4774	7107	6521	7512	8214	8915
17	湖北	2122	2389	3013	4294	5188	9068	9822	11994	14654	15286	17684	15181	16786	19979	22064
18	湖南	1025	1338	1609	2219	2839	4451	6231	7427	8983	9787	11620	11699	12679	14922	16386
19	广东	1472	1707	1996	2847	3442	5777	6966	8363	10044	11312	14779	14331	16057	19338	20989
20	广西	120	113	155	168	328	524	672	887	1255	1535	1847	2032	2297	2805	3042
21	海南	14	14	15	23	20	54	75	102	124	183	309	368	473	570	628
22	重庆	361	438	627	819	1045	2012	2173	2532	3419	4423	6257	6525	7623	8089	9025
23	四川	1261	1512	1708	2493	3497	5193	6265	7682	9554	10058	12715	12119	13846	16711	18069
24	贵州	72	80	139	176	167	241	275	397	425	581	799	767	803	1129	1294
25	云南	322	409	496	579	539	800	971	1101	1438	1849	2621	2425	3064	3946	4274
26	西藏	0	0	1	1	1	2	2	7	2	8	8	11	14	13	15

续表

序号	地区	2000年	2001年	2002年	2003年	2004年	2005年	2006年	2007年	2008年	2009年	2010年	2011年	2012年	2013年	2014年
27	陕西	1867	2536	3173	3793	4494	7682	8734	10056	12761	13546	17947	17320	18496	21948	23959
28	甘肃	804	910	1111	1324	1681	2614	2501	2871	3658	3793	4277	4537	4646	5697	6152
29	青海	17	22	19	23	41	72	73	86	110	122	148	128	193	214	232
30	宁夏	12	25	12	18	9	39	57	50	79	81	155	184	227	350	374
31	新疆	101	48	83	150	148	275	257	341	510	586	865	932	1109	1471	1616

注：因统计口径和时滞原因，2014年国际科研论文数为估值。

附表7　2000—2014年我国各省（市）区域三种专利申请授权数

单位：件

序号	地区	2000年	2001年	2002年	2003年	2004年	2005年	2006年	2007年	2008年	2009年	2010年	2011年	2012年	2013年	2014年
1	北京	5905	6246	6345	8248	9005	10100	11238	14954	17747	22921	33511	40888	50511	62671	74661
2	天津	1611	1829	1827	2505	2578	3045	4159	5584	6790	7404	11006	13982	19782	24856	26351
3	河北	2812	2791	3353	3572	3407	3585	4131	5358	5496	6839	10061	11119	15315	18186	20132
4	山西	968	1047	934	1175	1189	1220	1421	1992	2279	3227	4752	4974	7196	8565	8371
5	内蒙古	775	743	679	817	831	845	978	1313	1328	1494	2096	2262	3084	3836	4031
6	辽宁	4842	4448	4551	5656	5749	6195	7399	9615	10665	12198	17093	19176	21223	21656	19525
7	吉林	1650	1443	1507	1690	2145	2023	2319	2855	2984	3275	4343	4920	5930	6219	6696
8	黑龙江	2252	1870	2083	2794	2809	2906	3622	4303	4574	5079	6780	12236	20268	19819	15412
9	上海	4050	5371	6695	16671	10625	12603	16602	24481	24468	34913	48215	47960	51508	48680	50488
10	江苏	6432	6158	7595	9840	11330	13580	19352	31770	44438	87286	138382	199814	269944	239645	200032
11	浙江	7495	8312	10479	14402	15249	19056	30968	42069	52953	79945	114643	130190	188463	202350	188544

续表

序号	地区	2000年	2001年	2002年	2003年	2004年	2005年	2006年	2007年	2008年	2009年	2010年	2011年	2012年	2013年	2014年
12	安徽	1482	1278	1419	1610	1607	1939	2235	3413	4346	8594	16012	32681	43321	48849	48380
13	福建	3003	3296	4001	5377	4758	5147	6412	7761	7937	11282	18063	21857	30497	37511	37857
14	江西	1072	999	1044	1238	1169	1361	1536	2069	2295	2915	4349	5550	7985	9970	13831
15	山东	6962	6725	7293	9067	9733	10743	15937	22821	26688	34513	51490	58844	75496	76976	72818
16	河南	2766	2582	2590	2961	3318	3748	5242	6998	9133	11425	16539	19259	26791	29482	33366
17	湖北	2198	2204	2209	2871	3280	3860	4734	6616	8374	11357	17362	19035	24475	28760	28290
18	湖南	2555	2401	2347	3175	3281	3659	5608	5687	6133	8309	13873	16064	23212	24392	26637
19	广东	15799	18259	22761	29235	31446	36894	43516	56451	62031	83621	119343	128413	153598	170430	179953
20	广西	1191	1099	1054	1331	1272	1225	1442	1907	2228	2702	3647	4402	5900	7884	9664
21	海南	320	303	199	296	278	200	248	296	341	630	714	765	1093	1331	1597
22	重庆	1158	1197	1761	2883	3601	3591	4590	4994	4820	7501	12080	15525	20364	24828	24312
23	四川	3218	3357	3403	4051	4430	4606	7138	9935	13369	20132	32212	28446	42218	46171	47120
24	贵州	710	642	615	723	737	925	1337	1727	1728	2084	3086	3386	6059	7915	10107
25	云南	1217	1347	1128	1213	1264	1381	1637	2139	2021	2923	3823	4199	5853	6804	8124
26	西藏	17	22	7	16	23	44	81	68	93	292	124	142	133	121	146
27	陕西	1462	1354	1524	1609	2007	1894	2473	3451	4392	6087	10034	11662	14908	20836	22820
28	甘肃	493	512	397	474	514	547	832	1025	1047	1274	1868	2383	3662	4737	5097
29	青海	117	101	85	90	70	79	97	222	228	368	264	538	527	502	619
30	宁夏	224	231	216	338	293	214	290	296	606	910	1081	613	844	1211	1424
31	新疆	717	755	627	752	792	921	1187	1534	1493	1866	2562	2642	3439	4998	5238

附表 8 2000—2014 年我国各省(市)工业企业新产品销售收入

单位:亿元

序号	地区	2000 年	2001 年	2002 年	2003 年	2004 年	2005 年	2006 年	2007 年	2008 年	2009 年	2010 年	2011 年	2012 年	2013 年	2014 年
1	北京	564.96	555.66	639.72	478.55	964.54	878.20	1213.78	2345.88	2496.71	1982.92	2495.53	3480.33	3317.63	3672.77	4247.00
2	天津	403.79	549.24	702.90	801.74	1302.77	1545.62	1886.51	2143.01	2589.76	2621.59	3170.50	3831.14	4460.10	5569.69	5665.11
3	河北	123.90	137.76	157.98	221.21	343.36	436.46	613.07	796.65	1020.57	1095.22	1306.22	1899.23	2457.66	2916.03	3334.03
4	山西	50.71	37.00	56.38	127.50	184.88	284.15	404.18	519.91	638.04	608.18	597.09	860.99	928.39	1027.27	924.68
5	内蒙古	25.86	33.60	34.15	106.88	261.54	187.06	229.57	252.00	339.90	318.82	526.14	518.89	581.49	628.50	557.32
6	辽宁	300.42	362.06	476.21	666.75	879.07	918.32	1210.47	1409.24	1792.14	2372.35	2161.04	2959.96	3193.60	4093.18	4036.96
7	吉林	144.44	223.12	198.68	62.28	147.81	447.91	821.33	862.34	1144.24	2807.06	1654.17	2407.56	2157.80	703.19	1659.99
8	黑龙江	92.84	82.50	103.93	149.90	187.96	295.92	302.78	437.05	430.70	491.14	551.93	558.68	565.51	582.50	527.28
9	上海	1351.64	1610.44	1952.33	2188.87	2656.56	3148.72	4137.17	4529.09	4715.35	5078.47	6180.81	7772.20	7399.91	7688.38	8446.96
10	江苏	973.25	1063.00	1442.06	1730.35	2414.05	2679.67	3270.33	4995.31	6589.35	7293.94	9387.21	14842.11	17845.42	19714.21	23540.93
11	浙江	509.14	510.84	526.06	1013.67	1529.78	2149.78	2946.83	4016.58	4767.36	4526.20	6282.62	10049.39	11283.97	14882.10	16507.86
12	安徽	103.41	150.81	219.45	173.15	374.54	407.54	512.68	688.29	924.09	1268.96	1997.12	3182.61	3731.85	4379.08	5280.88
13	福建	194.58	258.95	338.72	828.36	764.84	990.50	1129.63	1349.57	1570.80	1527.96	1985.34	3113.89	3291.15	3440.10	3511.71
14	江西	63.37	73.16	87.83	127.31	162.37	235.99	387.12	490.84	569.69	471.59	762.04	941.87	1287.13	1682.93	1756.38
15	山东	729.67	864.75	1165.83	1371.54	2226.15	2480.54	3073.87	4212.70	5380.02	6837.63	8905.67	11184.41	12913.18	14284.18	14555.82
16	河南	141.93	132.64	191.82	257.00	407.02	594.94	837.71	1112.66	1356.70	1631.30	1828.74	2550.16	2576.20	4791.45	5168.95
17	湖北	242.79	235.74	251.13	362.29	449.15	590.60	541.91	1091.54	1657.31	1650.54	2330.16	3099.42	3698.41	4654.48	5274.59
18	湖南	99.99	118.80	166.09	194.42	402.44	457.48	544.66	802.24	1146.13	1773.15	2350.13	3759.52	4768.98	5724.63	6310.37
19	广东	841.53	1075.81	1168.04	2007.60	3055.19	3383.88	4216.53	4770.34	7103.48	7854.80	11301.70	14382.27	15402.85	18013.74	20313.32

续表

序号	地区	2000 年	2001 年	2002 年	2003 年	2004 年	2005 年	2006 年	2007 年	2008 年	2009 年	2010 年	2011 年	2012 年	2013 年	2014 年
20	广西	119.49	105.39	118.28	179.74	260.83	267.08	331.36	501.61	561.09	781.87	951.58	1226.09	1236.93	1586.60	1348.42
21	海南	2.72	17.26	30.57	55.63	64.01	9.20	111.91	81.39	60.33	10.19	94.05	135.05	134.47	160.12	148.26
22	重庆	166.08	194.66	274.34	361.46	488.33	600.07	743.87	1107.75	1532.55	1688.97	2478.03	3028.03	2429.92	2696.11	3610.78
23	四川	203.11	212.22	316.41	345.85	442.18	555.83	821.25	1101.55	1468.07	1778.52	1435.78	2100.32	2095.98	2475.88	2711.30
24	贵州	22.43	23.58	37.03	52.95	67.38	80.74	171.24	184.88	177.62	177.48	310.65	444.21	383.28	368.32	408.37
25	云南	24.54	36.13	32.17	35.21	63.41	60.44	155.64	334.92	285.03	230.75	232.88	380.82	446.82	443.38	518.26
26	西藏	0	0	0	0	0	0	0	0	0.37	4.44	0	1.77	2.10	2.35	0
27	陕西	83.14	81.92	104.82	143.95	211.24	272.14	322.79	444.13	472.40	628.14	868.28	965.71	871.59	1015.48	1126.76
28	甘肃	31.84	21.87	18.22	22.19	40.93	78.99	165.47	225.90	228.84	226.85	344.24	502.69	595.42	618.53	719.35
29	青海	5.60	2.28	4.90	5.86	3.62	13.68	38.35	38.60	48.43	54.14	17.07	8.65	10.38	12.54	8.57
30	宁夏	12.59	8.87	7.87	15.21	25.27	23.61	46.85	47.47	69.50	89.90	101.20	138.59	185.63	279.64	191.28
31	新疆	7.45	11.13	10.38	10.25	39.99	22.05	43.93	82.73	155.40	94.97	255.98	256.15	276.02	353.33	483.79

注;西藏缺失的部分数值忽略不计。

附表 9　2000—2014 年我国各省(市)高技术产业主营业务收入

单位:亿元

序号	地区	2000 年	2001 年	2002 年	2003 年	2004 年	2005 年	2006 年	2007 年	2008 年	2009 年	2010 年	2011 年	2012 年	2013 年	2014 年
1	北京	1020.80	1225.20	1121.91	1256.51	1571.60	2168.47	2831.92	3362.08	3182.11	3019.20	3333.80	3326.35	3569.90	3826.11	4151.55
2	天津	656.30	775.70	953.28	1056.87	1505.30	1908.97	2335.95	2146.96	1965.15	1918.30	2291.10	2697.39	3526.90	4243.47	4282.03
3	河北	155.50	200.30	234.34	270.86	252.20	300.17	327.25	423.22	539.28	622.30	883.10	1041.36	1204.50	1380.99	1508.67
4	山西	29.10	34.71	40.22	42.63	51.00	67.62	95.47	137.43	164.38	172.30	233.90	302.38	621.50	707.76	793.62

续表

序号	地区	2000 年	2001 年	2002 年	2003 年	2004 年	2005 年	2006 年	2007 年	2008 年	2009 年	2010 年	2011 年	2012 年	2013 年	2014 年
5	内蒙古	19.40	26.95	48.37	60.26	74.80	102.81	132.99	162.70	179.19	231.00	225.20	312.17	273.10	344.78	353.42
6	辽宁	354.00	371.40	441.45	507.56	569.30	608.45	721.28	973.51	1118.99	1294.10	1709.80	1898.48	2214.10	2362.39	2351.73
7	吉林	80.00	86.47	97.97	106.83	113.80	145.39	188.13	250.56	359.65	474.40	642.40	918.14	1138.70	1431.32	1667.89
8	黑龙江	166.90	165.61	201.53	251.44	142.70	313.34	227.51	271.03	311.67	356.50	399.20	472.69	524.20	610.79	632.40
9	上海	1057.10	1261.77	1451.84	2536.42	3850.90	4030.28	4609.91	5792.14	6063.54	5785.70	7019.70	7063.56	7051.60	6823.43	7056.89
10	江苏	1235.50	1395.02	1789.33	3128.55	4916.10	6137.52	7536.66	9557.31	11670.72	12781.80	16169.60	19396.02	22863.60	24854.00	26113.90
11	浙江	489.50	581.51	730.04	1069.58	1405.40	1741.78	2406.99	2774.87	2600.30	2569.40	3323.70	3607.31	3976.90	4360.13	4792.42
12	安徽	79.50	80.25	85.87	100.43	133.90	156.49	203.71	267.69	329.11	431.40	661.50	1055.13	1460.00	1831.38	2533.04
13	福建	415.90	498.53	723.70	988.48	1272.60	1421.93	1605.72	1715.87	1922.46	1948.10	2576.50	2989.83	3229.40	3545.04	3627.76
14	江西	100.00	108.09	139.27	141.28	172.70	229.87	322.04	430.36	559.16	743.40	1039.30	1431.97	1856.70	2289.59	2611.88
15	山东	366.10	510.66	646.92	837.68	1186.50	1737.89	2286.29	3094.96	3861.77	4548.80	5148.80	6121.36	7729.20	8946.53	10212.09
16	河南	120.00	125.77	152.48	181.38	247.80	297.59	425.50	553.63	720.10	897.20	1185.60	2033.46	3257.80	4284.44	5293.08
17	湖北	195.10	249.97	258.13	285.03	254.50	396.92	508.72	575.96	793.74	1025.90	1257.00	1552.06	2027.30	2445.27	2948.05
18	湖南	98.20	102.34	124.63	150.68	161.70	205.13	237.33	312.66	497.56	616.10	906.10	1473.45	1880.70	2564.89	2834.39
19	广东	2625.30	3305.98	4359.79	6345.32	8712.50	10434.38	12794.13	14582.93	16070.78	16758.00	20952.80	23227.60	25046.60	27871.10	30328.87
20	广西	44.70	50.02	51.40	62.09	72.50	94.22	111.10	137.60	191.03	234.40	383.80	539.59	806.20	1126.24	1394.30
21	海南	18.10	19.25	24.25	21.53	26.60	30.44	35.42	35.44	44.26	50.40	76.70	92.05	151.90	121.42	131.75
22	重庆	60.60	73.94	76.41	87.71	107.90	135.99	155.44	200.41	271.96	339.10	507.80	1111.77	1883.40	2624.23	3433.66
23	四川	297.10	348.93	385.66	415.54	440.70	578.27	725.11	1020.14	1294.69	1583.30	2104.90	3186.48	3962.10	5160.45	5486.61
24	贵州	67.50	66.46	88.41	93.66	107.20	127.93	132.96	171.16	184.46	245.00	266.00	304.99	342.90	372.04	566.33

续表

序号	地区	2000 年	2001 年	2002 年	2003 年	2004 年	2005 年	2006 年	2007 年	2008 年	2009 年	2010 年	2011 年	2012 年	2013 年	2014 年
25	云南	32. 30	39. 96	47. 50	41. 69	50. 60	59. 76	76. 63	91. 76	111. 39	131. 30	160. 10	188. 75	239. 40	291. 12	312. 07
26	西藏	1. 92	2. 52	2. 37	2. 86	3. 30	3. 65	4. 51	4. 85	4. 41	4. 60	5. 10	5. 24	7. 70	11. 84	15. 91
27	陕西	230. 60	266. 03	292. 14	318. 95	379. 90	414. 29	466. 64	566. 60	610. 41	665. 80	865. 20	1001. 48	1238. 00	1374. 03	1649. 51
28	甘肃	20. 00	27. 54	28. 63	31. 72	36. 40	39. 17	43. 24	49. 73	53. 87	56. 50	76. 20	87. 55	112. 30	140. 92	162. 41
29	青海	2. 40	2. 97	3. 47	4. 62	5. 00	6. 87	8. 44	12. 61	12. 01	15. 00	21. 30	21. 56	38. 70	50. 73	57. 16
30	宁夏	5. 90	6. 90	8. 94	8. 93	11. 20	15. 67	14. 21	19. 03	22. 92	28. 50	30. 90	35. 90	31. 90	31. 77	37. 41
31	新疆	4. 70	4. 57	4. 00	4. 43	9. 30	10. 49	13. 35	18. 87	17. 84	19. 10	25. 50	31. 14	16. 90	20. 68	26. 88

附表 10　2000—2014 年我国各省(市)教育经费支出

单位:亿元

序号	地区	2000 年	2001 年	2002 年	2003 年	2004 年	2005 年	2006 年	2007 年	2008 年	2009 年	2010 年	2011 年	2012 年	2013 年	2014 年
1	北京	193. 07	250. 31	319. 22	353. 87	392. 88	449. 26	522. 72	337. 43	407. 73	469. 02	528. 94	613. 44	737. 38	868. 61	999. 84
2	天津	57. 97	68. 55	85. 92	97. 57	111. 86	123. 97	147. 99	142. 90	165. 71	206. 08	238. 17	292. 10	413. 61	491. 79	569. 96
3	河北	138. 25	155. 91	177. 93	210. 11	232. 00	270. 09	324. 94	355. 44	440. 37	558. 49	614. 53	719. 27	844. 79	937. 30	1029. 81
4	山西	69. 46	79. 46	97. 90	117. 69	130. 48	154. 88	189. 13	219. 85	264. 99	332. 84	380. 91	450. 82	549. 49	620. 66	691. 82
5	内蒙古	53. 30	58. 09	71. 93	85. 50	93. 58	111. 52	129. 34	148. 10	202. 00	262. 55	318. 77	414. 37	504. 00	558. 08	612. 16
6	辽宁	125. 25	146. 33	170. 39	194. 40	225. 64	270. 08	316. 45	328. 23	412. 25	479. 23	534. 92	624. 26	780. 94	855. 57	930. 21
7	吉林	83. 79	90. 29	105. 18	122. 64	132. 99	145. 44	174. 23	172. 42	213. 31	271. 42	300. 70	344. 56	429. 39	488. 71	548. 03
8	黑龙江	104. 48	117. 51	142. 66	158. 78	188. 24	211. 88	234. 21	223. 05	273. 66	338. 66	348. 62	404. 86	483. 82	542. 22	600. 63
9	上海	174. 45	200. 89	232. 05	273. 97	307. 02	383. 27	422. 95	370. 73	431. 83	482. 30	493. 73	558. 27	710. 63	808. 80	906. 97
10	江苏	261. 71	290. 57	337. 06	404. 43	465. 38	557. 00	665. 32	684. 59	851. 33	996. 43	1105. 49	1314. 62	1588. 21	1787. 25	1986. 28

续表

序号	地区	2000 年	2001 年	2002 年	2003 年	2004 年	2005 年	2006 年	2007 年	2008 年	2009 年	2010 年	2011 年	2012 年	2013 年	2014 年
11	浙江	182. 82	220. 04	282. 96	339. 61	411. 58	500. 17	568. 43	631. 51	705. 86	797. 28	891. 15	1062. 57	1206. 91	1327. 98	1449. 04
12	安徽	103. 42	113. 00	134. 21	164. 05	183. 49	221. 63	252. 49	277. 57	345. 13	438. 37	487. 33	599. 09	817. 20	929. 25	1041. 30
13	福建	104. 22	122. 58	145. 11	177. 93	196. 58	222. 46	250. 52	277. 13	332. 22	389. 85	447. 91	534. 11	634. 48	728. 64	822. 80
14	江西	65. 86	75. 28	98. 74	116. 98	134. 99	156. 60	188. 97	221. 36	285. 00	333. 32	377. 65	449. 46	630. 79	729. 64	828. 50
15	山东	208. 74	246. 28	288. 07	333. 88	374. 09	426. 71	498. 82	547. 10	680. 24	774. 91	839. 74	1039. 59	1372. 79	1576. 20	1779. 62
16	河南	153. 17	170. 92	195. 92	228. 84	254. 49	299. 95	357. 95	417. 95	549. 40	656. 15	763. 35	911. 12	1182. 14	1369. 93	1557. 71
17	湖北	153. 84	170. 64	199. 07	230. 20	252. 77	298. 55	339. 23	290. 50	368. 90	451. 96	519. 45	586. 92	684. 40	790. 82	897. 23
18	湖南	139. 73	152. 30	177. 16	210. 49	235. 46	272. 40	323. 44	333. 85	419. 64	506. 61	566. 07	649. 76	798. 76	938. 61	1078. 46
19	广东	314. 46	360. 97	421. 35	520. 34	622. 27	708. 71	806. 64	865. 44	1073. 48	1166. 16	1284. 31	1532. 73	1884. 64	2181. 09	2477. 55
20	广西	84. 01	93. 47	112. 35	134. 60	143. 78	160. 58	183. 28	213. 44	275. 89	347. 62	387. 33	494. 14	593. 85	686. 63	779. 42
21	海南	21. 22	22. 31	25. 66	29. 72	32. 92	38. 93	46. 85	55. 86	75. 80	92. 90	117. 55	142. 27	173. 22	197. 76	222. 29
22	重庆	60. 13	69. 87	86. 78	106. 65	120. 78	143. 44	173. 10	168. 16	230. 97	266. 26	331. 00	406. 84	503. 95	580. 26	656. 56
23	四川	137. 51	162. 00	202. 87	243. 74	266. 25	309. 13	363. 23	365. 42	500. 98	657. 83	808. 85	895. 18	1024. 41	1202. 48	1380. 55
24	贵州	43. 36	52. 85	67. 28	86. 76	95. 40	114. 22	139. 49	154. 97	207. 01	270. 91	309. 41	366. 95	451. 05	565. 52	679. 98
25	云南	90. 09	97. 62	115. 75	129. 50	144. 85	175. 08	198. 51	231. 11	275. 75	342. 29	440. 81	533. 63	658. 29	779. 49	900. 69
26	西藏	7. 70	8. 15	10. 30	14. 12	18. 75	23. 45	30. 17	27. 69	42. 06	49. 41	59. 74	66. 23	82. 61	101. 64	120. 67
27	陕西	85. 25	101. 46	135. 42	159. 77	185. 94	204. 74	233. 15	228. 87	285. 53	380. 62	463. 75	514. 36	683. 83	788. 26	892. 69
28	甘肃	47. 68	53. 53	68. 68	83. 64	91. 43	103. 14	119. 51	132. 15	167. 26	231. 02	276. 11	310. 67	360. 82	420. 96	481. 10
29	青海	10. 66	12. 82	16. 46	19. 04	19. 96	22. 53	28. 73	37. 40	45. 82	60. 80	78. 58	106. 22	155. 25	156. 09	156. 94
30	宁夏	12. 82	14. 86	19. 51	22. 96	24. 48	29. 62	36. 35	39. 87	63. 70	70. 26	81. 31	99. 47	131. 39	144. 64	157. 89

续表

序号	地区	2000 年	2001 年	2002 年	2003 年	2004 年	2005 年	2006 年	2007 年	2008 年	2009 年	2010 年	2011 年	2012 年	2013 年	2014 年
31	新疆	60. 64	70. 22	93. 79	108. 24	117. 94	133. 15	152. 72	153. 27	191. 67	250. 17	295. 93	365. 60	460. 59	529. 79	598. 99

注：由于统计数据口径问题，2013 年为估值。

附表 11　2000—2014 年我国各省(市)居民消费水平

单位：元

序号	地区	2000 年	2001 年	2002 年	2003 年	2004 年	2005 年	2006 年	2007 年	2008 年	2009 年	2010 年	2011 年	2012 年	2013 年	2014 年
1	北京	7326	8197	9291	10584	12405	14835	16770	18911	20346	22154	25015	27760	30350	33337	36057
2	天津	6117	6802	7162	7836	8765	9484	10564	11957	14000	15149	17784	20624	22984	26261	28492
3	河北	2534	2785	3054	3452	3858	4311	4945	5674	6570	7193	8057	9551	10749	11557	12171
4	山西	2037	2232	2562	2934	3451	4172	4843	5525	6187	6854	8159	9746	10829	12078	12622
5	内蒙古	2425	2806	3453	3742	4233	4620	5800	7062	8108	9668	11080	13264	15196	17168	19827
6	辽宁	4490	4789	5095	5159	5561	6449	6929	7965	9625	10848	12934	15635	17999	20156	22260
7	吉林	3381	3651	3869	4557	5136	5135	5710	6675	7591	8410	9141	10811	12276	13676	13663
8	黑龙江	3669	4029	4337	4645	5132	4822	5141	5986	7039	7737	8906	10634	11601	12978	15215
9	上海	11546	12562	14295	15866	18382	18396	20944	24260	27343	29572	32271	35439	36893	39223	43007
10	江苏	3862	4322	4704	5274	6159	7163	8302	9659	11013	11993	14035	17166	19452	23585	28316
11	浙江	4366	4772	5515	6451	6844	9701	11161	12569	13893	15790	18097	21346	22845	24771	26885
12	安徽	2588	2739	2988	3312	3707	3888	4441	5278	6377	6829	8237	10055	10978	11618	12944
13	福建	4428	4611	4900	5324	5913	6793	7826	8772	10361	10950	12871	14958	16144	17115	19099
14	江西	2396	2500	2651	2739	3353	3821	4173	4702	5753	6229	7972	9523	10573	11910	12000
15	山东	3467	3751	3952	4385	4966	5899	7025	8075	9573	10494	11611	13565	15095	16728	19184

续表

序号	地区	2000 年	2001 年	2002 年	2003 年	2004 年	2005 年	2006 年	2007 年	2008 年	2009 年	2010 年	2011 年	2012 年	2013 年	2014 年
16	河南	2208	2385	2581	3129	3681	4092	4632	5141	5877	6607	7837	9171	10380	11782	13078
17	湖北	2857	3183	3535	3985	4684	4883	5533	6513	7406	7791	8977	10873	12283	13912	15762
18	湖南	2723	2845	3013	3284	3739	4894	5498	6240	7145	7929	8922	10547	11740	12920	14384
19	广东	5007	5038	5683	6190	7286	9821	10829	12663	14390	15291	17218	19578	21823	23739	24582
20	广西	2147	2247	2405	2567	2863	3928	4330	4987	6103	6893	7732	9181	10519	11710	12944
21	海南	2904	2961	3198	3275	3620	4145	4736	5552	6550	6695	7553	9238	10634	11712	12915
22	重庆	2466	2642	2836	3217	3596	4782	5417	6545	9835	8308	9723	11832	13655	15270	17262
23	四川	2456	2466	2621	2839	3643	4130	4501	5259	6072	6863	8182	9903	11280	12485	13755
24	贵州	1608	1631	1701	1770	1946	3140	3499	4057	4426	5044	5879	7389	8372	9541	11362
25	云南	2530	2192	2377	2495	2966	3749	4075	4553	4553	5926	6724	8278	9782	11224	12235
26	西藏	1823	1939	2313	2825	3166	3019	2915	3215	3504	4060	4513	4730	5340	6275	7205
27	陕西	2035	2150	2404	2548	2893	3594	3972	5272	6290	7069	8273	10053	11852	13206	14812
28	甘肃	1734	1839	1975	2171	2460	3453	3810	4274	4869	5284	6035	7493	8542	9616	10678
29	青海	2255	2443	2644	2895	3183	3888	4229	4978	5830	6495	7234	8744	10289	12070	13534
30	宁夏	2290	2384	2583	2927	3405	4413	5112	5816	7193	7858	8992	10492	12120	13537	15193
31	新疆	3207	2882	3150	3237	3377	3847	4206	4890	5542	5990	7276	8895	10675	11401	12435

附表 12　2000—2014 年我国各省(市)银行业金融机构各项存贷款余额

单位:亿元

序号	地区	2000 年	2001 年	2002 年	2003 年	2004 年	2005 年	2006 年	2007 年	2008 年	2009 年	2010 年	2011 年	2012 年	2013 年	2014 年
1	北京	15650	19426	26973	32283	37359	44305	51925	57562	66991	88013	103064	114662	128027	139541	152092

续表

序号	地区	2000 年	2001 年	2002 年	2003 年	2004 年	2005 年	2006 年	2007 年	2008 年	2009 年	2010 年	2011 年	2012 年	2013 年	2014 年
2	天津	4145	4722	5537	7854	9286	10813	12255	14786	17643	25039	30273	33512	38691	43974	49980
3	河北	9677	10890	12132	13898	15620	17369	20156	22961	27351	35787	42219	48210	55575	63868	73398
4	山西	5082	5648	6754	8382	9993	11480	13535	15626	18869	23675	28365	32269	37368	41294	45633
5	内蒙古	2611	3057	3481	4099	4894	5950	7315	8789	10945	14799	18198	21791	25066	28320	31998
6	辽宁	11040	13108	14778	17126	18887	20771	23559	26441	31126	39573	47679	53664	61609	69140	77592
7	吉林	4888	5606	6239	6869	7368	7776	8993	9638	11324	14706	16982	19203	22083	25691	29889
8	黑龙江	6479	7346	8117	9070	9574	9981	11061	13408	15711	19070	21807	25302	26801	30076	33751
9	上海	13731	16772	24587	30486	32633	37021	40894	46188	53350	67573	86344	95383	104538	113614	123479
10	江苏	14368	17335	21312	28226	33260	39104	46106	54604	65144	82929	100978	115316	135302	152536	171964
11	浙江	12723	15305	19856	27834	32838	38240	45764	53970	65140	84336	101421	114132	126188	139071	153269
12	安徽	4870	5653	6545	7774	9132	10468	12383	14614	17417	22843	28215	33712	40007	46626	54341
13	福建	5553	7031	8045	9729	11021	12827	15708	18453	21582	27511	34674	40089	47485	54902	63478
14	江西	3707	4275	4946	5904	6736	7575	8777	10038	11875	15769	19751	23624	27919	32694	38286
15	山东	13680	16260	19609	23808	27124	31256	36110	40522	48015	62321	73835	84127	93186	111310	132959
16	河南	9110	10416	12326	14395	16022	17677	20060	22312	25780	32612	39020	44424	51680	61102	72243
17	湖北	7066	8427	9754	11438	12810	14191	16406	18977	22296	29671	36300	40423	47130	54614	63288
18	湖南	5685	6131	7339	8675	9956	11180	13033	15313	18087	23562	28165	32907	38797	45017	52235
19	广东	28625	32522	38128	49767	54349	60280	67765	77518	87594	111612	130110	150205	172177	195349	221641
20	广西	3882	4418	4868	5618	6527	7367	8666	10132	12185	16999	20794	24174	28322	32481	37252
21	海南	1511	1704	1672	1924	2079	2297	2684	3101	3734	5117	6727	7699	8999	10583	12446

续表

序号	地区	2000 年	2001 年	2002 年	2003 年	2004 年	2005 年	2006 年	2007 年	2008 年	2009 年	2010 年	2011 年	2012 年	2013 年	2014 年
22	重庆	3786	4166	5071	6489	7189	8305	10031	11859	14486	19941	24343	29324	35018	39584	44744
23	四川	8567	10051	11537	13508	15270	16949	19947	23505	30183	41107	49990	57125	67740	78421	90786
24	贵州	2173	2585	2989	3644	4376	5112	6025	6984	8332	10583	13160	15647	18918	23455	29079
25	云南	4454	4951	5540	6863	7802	9128	10935	12843	15013	19899	24185	27776	32230	36958	42380
26	西藏	226	310	406	467	532	636	750	867	1048	1277	1599	2072	2718	3578	4709
27	陕西	4856	5742	6951	8364	9386	10592	11916	13754	16848	22320	26813	31324	36523	41797	47832
28	甘肃	2574	2965	3349	3927	4456	4874	5473	6213	7514	9643	11723	14197	17326	20893	25194
29	青海	674	821	955	1111	1229	1379	1634	1987	2423	3199	4151	5074	6320	7625	9200
30	宁夏	780	930	1122	1453	1622	1836	2134	2485	3012	3997	5007	5886	6879	7829	8909
31	新疆	3369	3647	4143	4861	5270	5801	6550	7406	8343	10829	14110	17046	20810	24625	29139

附表 13　2000—2014 年我国各省(市)进出口总额

单位:万美元

序号	地区	2000 年	2001 年	2002 年	2003 年	2004 年	2005 年	2006 年	2007 年	2008 年	2009 年	2010 年	2011 年	2012 年	2013 年	2014 年
1	北京	4962189	5149809	5250529	6850017	9457573	12550643	15803663	19299976	27169290	21473305	30172155	38955598	40810732	42899581	41551859
2	天津	1715400	1816714	2281140	2934244	4202861	5327680	6446194	7144973	8040084	6383123	8210005	10337617	11563427	12850179	13388608
3	河北	523862	573181	666525	897825	1352585	1607035	1853088	2552341	3842053	2962725	4206037	5360084	5056306	5491157	5987736
4	山西	176438	193900	231154	309013	538249	554565	662710	1157948	1439506	856903	1257623	1474306	1504311	1579098	1623281
5	内蒙古	262205	203462	243402	282902	372171	487625	596082	773589	891848	677407	872974	1193090	1125898	1199457	1455632
6	辽宁	1903148	1979199	2173965	2650917	3441086	4101327	4839024	5947435	7243385	6293438	8071215	9603585	10409000	11447819	11399826
7	吉林	257042	320671	370248	614841	679045	652772	791404	1029800	1333213	1174241	1684518	2206093	2456301	2583174	2638079

续表

序号	地区	2000 年	2001 年	2002 年	2003 年	2004 年	2005 年	2006 年	2007 年	2008 年	2009 年	2010 年	2011 年	2012 年	2013 年	2014 年
8	黑龙江	298637	338392	434915	532940	678900	956602	1285655	1729659	2313059	1622951	2551542	3852268	3759029	3887909	3890093
9	上海	5470802	6088332	7262711	11233955	16000992	18633674	22752420	28285388	32205531	27771361	36895065	43754862	43658695	44126822	46639984
10	江苏	4563636	5134775	7028854	11361740	17084901	22792276	28397838	34947179	39227193	33873970	46579896	53958089	54796149	55080227	56355308
11	浙江	2783262	3279667	4195576	6141081	8520488	10738966	13914161	17684737	21113373	18773086	25353466	30937777	31240136	33578871	35503977
12	安徽	334684	361515	418097	594781	721156	911939	1224514	1593229	2018385	1567773	2427337	3130925	3928454	4551897	4917730
13	福建	2122046	2262240	2839737	3532553	4752701	5441119	6265963	7444738	8482107	7964959	10878329	14352243	15593796	16932090	17740784
14	江西	162405	153096	169447	252806	352795	406461	619486	944854	1361793	1277878	2161918	3146881	3341383	3674663	4273082
15	山东	2498976	2894979	3393448	4463682	6065822	7673587	9521381	12247444	15840751	13905337	18915629	23588608	24554432	26653153	27692940
16	河南	228290	278047	320316	471217	661955	772492	979457	1278513	1747934	1347642	1783151	3262258	5173881	5995687	6497221
17	湖北	322286	357720	395314	510930	676581	905475	1176219	1486895	2070567	1725102	2593211	3358693	3196375	3638008	4303962
18	湖南	251222	275792	287584	373236	544352	600019	735226	968585	1254719	1014947	1465639	1894376	2194873	2517531	3083160
19	广东	17009888	17648675	22109631	28352477	35713062	42796497	52719910	63418595	68496880	61109405	78489612	91346733	98402046	109158144	107658447
20	广西	203379	179700	243049	318675	427722	518150	666756	925900	1323617	1425473	1773891	2335597	2948446	3282750	4054885
21	海南	128786	174692	186680	227492	340169	254234	284621	351441	452852	488163	864858	1275604	1432210	1498543	1586266
22	重庆	178590	183391	179307	259476	385715	429284	546968	743794	952139	771252	1242707	2920764	5320358	6869216	9543158
23	四川	254520	309878	446853	563429	686699	790196	1102082	1437812	2211365	2416865	3269386	4772417	5914360	6457466	7020297
24	贵州	65998	64642	69147	98433	151373	140357	161771	227030	336621	230421	314680	488758	663156	829010	1077133
25	云南	181276	198832	222676	266913	374117	474344	622484	879357	959692	804760	1343012	1602877	2101373	2530356	2960742
26	西藏	13031	9291	13037	15986	19989	20547	32838	39346	76583	40210	83607	135837	342414	331941	225495
27	陕西	214008	206066	222403	278262	364238	457687	536029	688734	832883	840539	1210168	1464727	1479903	2012806	2736449

续表

序号	地区	2000年	2001年	2002年	2003年	2004年	2005年	2006年	2007年	2008年	2009年	2010年	2011年	2012年	2013年	2014年
28	甘肃	56953	77825	87740	132714	176315	263027	382493	552367	609543	386555	740295	872858	890075	1023611	864062
29	青海	15973	20490	19664	33914	57552	41331	65172	61207	68882	58679	78896	92382	115747	140274	171789
30	宁夏	44292	53273	44291	65323	90821	96657	143713	158152	187940	120248	195999	228575	221671	321769	543521
31	新疆	226404	176864	269170	476986	563452	794049	910327	1371583	2221736	1394783	1713011	2281967	2517006	2756139	2767232